お役立ち
会計事務所
全国100選

2021年度版

編者 BMS 株式会社実務経営サービス

三和書籍

お役立ち会計事務所全国100選

2021年度版発刊にあたって

高度なサービスを展開する会計事務所

会計事務所は、税理士や、税理士登録をした公認会計士の事務所で、企業や個人の納税を支援しています。税理士は、納税支援を行う専門家としての国家資格であり、納税者の納税義務を適正に実現することを使命としています。

法的な観点から見た税理士・公認会計士の役割は右記のとおりですが、実際に行っていることはそれだけにとどまりません。税理士・公認会計士は長らく、企業経営者や個人事業主が本音で話せる「相談相手」の役割を果たしてきました。これは、税理士・公認会計士が納税支援をする関係上、企業や個人のお金の流れを詳細に把握しており、「虚勢を張ったり、隠し事をしたりしても意味がない相手」だからです。事業の舵取りを担う人間は本質的に孤独なものですが、そのような孤独な経営者、事業主に寄り添い、よき相談相手としての役割を果たしてきたのが税理士・公認会計士です。

近年では、経営者の相談役という税理士・公認会計士の役割を高度に発展させる会計事務所が現れています。コロナ禍における補助金・助成金の活用サポート、本格的な経営計画と達成管理にもとづく企業の経営支援、金融機関との融資交渉の支援、Ｍ＆Ａを含む事業承継支援、医療・介護事業などの専門領域における経営指導、起業家の総合支援、ＤＸの推進など、高度なサービスを提供している会計事務所もあるのです。逆に、本来の業務である納税支援を突き詰めている会計事務所は、最新の税制に対応した相続税対策や、税務調査対応などで数多くの実績を挙げています。こうした会計事務所をうまく活用できれば、事業の舵取りにおける大きな支えになることは間違いありません。

会計事務所選びのためのガイドブック

一方で、個性化が進む会計事務所のなかから、自分に合った事務所を選ぶのは、容易なことではなくなりました。会計事務所は競い合うようにサービスを充実させていますし、その内容は専門化・高度化する傾向にあります。ウェブ検索サービスで会計事務所を調べても、膨大な数の事務所が見つかり、どれが自分に適した事務所なのかを判断するのは容易なことではないでしょう。

本書は、そうした状況のなか、会計事務所選びの一助にしていただく目的で製作されました。本書の編集を行った株式会社実務経営サービスは、全国の会計事務所の成長と発展をお手伝いしている企業です。23年の歴史を持つ会計事務所向け経営専門誌「月刊実務経営ニュース」の発行のため、令和2年度だけでも２００人以上の税理士に取材をしており、延べ人数は３５００人を超えます。本書はこの実績にもとづき、全国から１００の会計事務所をご紹介させていただきます。おかげさまで、今回10冊目にあたる２０２１年度版を発行させていただく運びとなりました。

北海道・東北から九州・沖縄まで、全国屈指の大型事務所から新進気鋭の事務所まで、個性あふれる１００の会計事務所の情報をまとめてあります。新年度版の製作にあたっては、ご紹介する会計事務所を時代の変化に合わせて再検討しました。

それぞれの会計事務所の紹介文をお読みいただき、自社の経営方針、目的に合った会計事務所をお探しいただければ幸いです。本書をきっかけに、皆様が理想の会計事務所に巡り会えることを心より願っています。

株式会社実務経営サービス　代表取締役会長　中井　誠

会計事務所に関するご相談（事務所選び等）を随時お受けしております。（電話０３（５９２８）１９４５　㈱実務経営サービス「会計事務所相談係」まで）

お役立ち会計事務所全国100選 2021年度版

目次

関東

東海

信越・北陸

7

2009年度版から7回連続選出

日本アシスト会計グループ

事務所の特徴

気軽なお困り相談所　日本アシスト会計　検索

私たちは、お客様の良き相談相手でありたいと考えています。

お客様とのご縁は誠に「感謝」であります。

行動基本理念

一、お客様の幸福のため、徹底した奉仕の精神により行動します。

一、私たちの仕事を通じて自己を探求し、社会の幸福に貢献します。

Web・SNS

Webサイト　http://www.assist-kaikei.co.jp　**E-Mail**　assistkaikei.group@tkcnf.or.jp

経営に「必要な経理」を指導

先が見えない経済情勢では、お客様がタイムリーな業績把握ができる社内体制、自立した経理の構築は急務であります。その指導は私たち業界の使命であり、企業再生の基本であると考えています。

パソコン会計を活用した、業績管理重視の指導を行っています。なお、クラウド会計システムを導入し、スピーディなお客様へのサポート体制ができています。

「初歩からの簿記・会計」を指導

当事務所には、独立開業や経営計画の相談が多く寄せられています。経営者の皆様方は悩みも多く、自分との戦いですので孤独といえます。その悩み・孤独を払拭し、安心して経営に邁進できるよう、お客様の良き相談相手となり、共に歩み、お役に立ちたいという思いが当事務所の基本姿勢です。

独立して事業を始めるということは、目的や事情の違いはあれ、最終的な目標は「豊かで幸せな人生を築くこと」にあるといえます。経営は創造するものといえます。創造する心の継続が成功へと導き、思考を具現化するのです。そのためのツールが簿記・会計なのです。

簿記を全く知らないお客様でも、初歩から経理を指導しています。お客様自身が自然に理解し、経営状況が見える体制作りを支援しています。

お客様の「銀行評価」アップ

会計は「経営の業績を把握するための基本ツール」です。帳簿は税務申告のために作成すると思われがちですが、帳簿は経営の記録であり、経営の業績結果が決算報告書です。決算に至るまでの間には、借入や節税等の決算対策をしますので、その対策後の決算に基づいた税務申告ということになります。

当事務所は、お客様を毎月巡回訪問し、監査・指導することによって、財務データの精度を確保しています。当事務所は、同業種の全国黒字企業データを持っていますので、お客様の財務データとの比較検討ができます。今後の経営目標設定に役立つと大変好評です。このようなお客

事務所概要

代表　佐々木忠則

昭和30年生まれ、北海道出身。税理士・行政書士・シニアリスクコンサルタント・相続診断士・財産承継アドバイザー・租税法務学会会員。会計事務所に13年勤務し、平成3年に財務コンサルティング会社（日本アシスト株式会社）を設立。
平成4年　税理士事務所を開業（TKC全国会入会）。
平成23年　全国相続協会 相続支援センター開設。
平成25年　北海道財務局・経済産業局の経営革新等支援機関として認定。
平成27年　アシストM&Aセンターを開設。
平成30年9月　税理士法人日本アシスト会計を設立し、代表社員就任。
令和2年11月　支店　森村事務所を開設。
TKC・税務署・商工会議所研修会講師、郵政暮らしの相談センター相談員、国土交通省 建設業経営支援アドバイザーなどを担当し、含蓄のある言葉には定評がある。北海道税理士会札幌北支部。

日本アシスト会計グループ
〈本店〉
日本アシスト会計
〒001-0031
北海道札幌市北区
北31条西4丁目1-2
TEL 011-727-5143
FAX 011-727-9081
〈支店〉
日本アシスト会計 森村事務所
〒060-0061
北海道札幌市中央区
南1条西7丁目12
都市ビル6階
TEL 011-231-5835
FAX 011-231-4415

様の前向きな経営姿勢は、金融機関から見て、企業評価を高くし、企業の格付けアップをもたらしています。電子申告完了後は速やかに、日本政策金融公庫、信用保証協会、取引金融機関へ自動で決算資料が電子提供されるシステムは高く評価を得ています。

「真に元気な会社」へ改善

「日本の優秀企業研究」（新原浩朗著、日本経済新聞社）によると、優秀企業には、次の６つの条件が共通してみられるとあります。①世のため人のためという企業文化を持つこと。②身の丈に合った成長を図り、事業リスクを直視すること。③危機をチャンスに転化すること。④自社を客観的に眺められること。⑤自分の頭で考え抜くこと。⑥分からないことは分けること。

　これらの条件を突き詰めていくことが企業経営の原点であるとし、一方で元気に見えることだけに注力している企業は、その本質を見失い生き残れず、原点回帰したときに、真に元気な会社の形が見えてくるとしています。

　当事務所は、認定経営革新等支援機関として、経営改善計画策定に取り組んでいます。お客様の「経営の本質とは何か」まで遡って原点回帰しますと、時代に合ったお客様の経営の形が見えてきます。その形に向かって改善が始まり、「真に元気な会社」への王道を歩き始めます。感動と喜びの瞬間です。

「円満な事業承継」を支援

　日本を支えた中小企業の経営者は、高齢化を迎え、「後継者」と「相続」の悩みが身近のものになってきました。この問題を別々にとらえＭ＆Ａの活用をその選択肢の一つとすることで、円満に解決することがあります。

　Ｍ＆Ａは、雇用、事業の継続と譲受企業の強みの相乗効果により中小企業の存続ができ、財産の自社株式を現金にする資産の組替効果をもたらします。

税理士法人 北海道みらい

株式会社ウィルコンサルティング

初選出

事務所の特徴

- 関与先の自計化率70%超。
- 他士業と連携し、どんな相談にもワンストップで対応。
- 事業再生支援実績多数。
- MAS監査・事業承継・M&Aにも対応。
- 豊富な経験により税務調査に強い。

Web・SNS

Webサイト　https://hokkaido-mirai.jp/

E-Mail　will-ookubo@ookubo-office.jp

税理士法人　北海道みらいは、「北海道の明るい未来」を切り拓こうと努力を続ける多くの経営者の方々やお客様の〝想い〟を共有し、お客様に身近でワンランク上の税務・会計サービスを提供します。

財務・税務

「試算表をもっと早く確認したい」「試算表の作成が遅いため、決算の予測が立てられない」とお悩みの経営者の方々もいらっしゃると思います。

タイムリーな業績把握のためには自社による経理体制の構築が必須です。豊富な経験と知識を持つスタッフが、クラウド会計を含めた自計化支援を行い、「過去」の業績を知るための試算表作成ではなく、経営に役立つ「みらい会計」に繋がる月次決算をお手伝いいたします。

また、決算にあたっては、会社法や税法に準拠した正しい決算と申告を行い、スムーズな申告是認を目指します。

相続・贈与に関するコンサルティング業務

「大切な資産を負担が少なくなるようにご家族に引き継ぎたい」

「築いた資産をこれからもご家族に守って欲しい」

そんな想いに対するアドバイスには、相続税はもちろん贈与税、所得税や法人税など幅広い税金の知識が欠かせません。事前対策から税務申告業務までトータルでサポートいたします。

また、節税することだけがお客様の願いではないはずです。

「元気なうちに贈与することで喜ばれたい」

「税金にとらわれず、自分の気持ちを遺言に残しておきたい」

私どもは、「相続対策」と「相続税対策」は別であると考え、弁護士・司法書士等と提携し、それぞれ専門家としての立場から的確なアドバイスを行います。

M&A・事業承継に関するコンサルティング

後継者不在による廃業や清算が倒産を上回る時代。長年培ってきた技術と人材が流出してしまうことを危惧する経営者の方々も多くいらっしゃいます。

狭い意味での事業承継は、御子息などのご家族に会社経営を引き継ぐことを意味しますが、広い意味では、会社の役員や従業員、あるいは第三者への引継ぎも含まれ、M&Aは事業承継の一つの有効な手段となっています。

私どもは「技術を守る・雇用を守る・地域を守る事業承継（M&A）」を基本理念にお客様のお手伝いをいたします。

事務所概要

代表社員 税理士　園田直之（写真右）

税理士法人北海道みらい代表社員。昭和46年生まれ。平成16年、税理士法人北海道みらいの母体となる橋本宗敏税理士事務所に勤務。平成25年同事務所を承継し税理士法人を設立、代表社員に就任。北海道税理士会旭川支部所属。

代表社員 税理士　大久保昌宣（写真左）

税理士法人北海道みらい代表社員。株式会社ウィルコンサルティング代表取締役。昭和50年生まれ。平成25年税理士法人北海道みらい（旧 橋本会計）を設立、代表社員に就任。北海道税理士会旭川支部。

税理士法人北海道みらい／株式会社ウィルコンサルティング

創　業：平成25年
代表者：園田直之　大久保昌宣
職員数：22名（税理士4名）

本店：〒070-0033
北海道旭川市3条通16丁目
448-3 リアルタービル2F
TEL 0166-29-0811

オホーツク事務所：〒090-0037
北海道北見市山下町3丁目1-7
TEL 0157-23-0179

また、成長のスピードや他地域への進出等、事業の更なる発展のためにM&Aを検討される経営者の方々のためにも、全国規模で情報を収集することが可能です。収益力の高い事業への選択と集中により事業価値を高めるための計画策定、デューデリジェンスなど的確にフォローいたします。

MAS監査

〝あるべき姿〟の実現を支援する「MAS監査」（Management Advisory Service）は、「目標達成できる経営体質」を構築するためのサービスです。

こんな悩みをお持ちの方へ

- 日々の本業に追われており、経営を考えるための時間が不足している
- 自社の財務状況を把握しきれていない
- 経営者がプレイヤーである
- 人材確保、育成ができていない
- 経営を一緒に考えるパートナーがいない

『MAS監査』の進め方

1、経営理念、目標の確立
会社の使命・目指す方向性（ビジョン）を確認・検証します。

2、現状分析
財務面・自社の風土・自社を取り巻く環境の現状を経営者と共に分析し、問題点を洗い出した上で課題を抽出します。

3、経営計画を策定
自社のあるべき姿を明確にし、中期（5ヶ年）計画を作成します。さらに、単年度、月別の数値目標まで落とし込み、それを達成するための行動計画を策定します。

4、予実管理の徹底
数値目標と実績を対比し、ズレ（リスク）を検証した上で、行動計画をさらに練り直していきます。

『MAS監査』の効果

- 黒字化体質の仕組みが構築される
- 資金繰りが改善される
- 自己資本が充実する
- 意思決定のスピードが上がる
- 職員と理念・目的の共有ができる
- 主体的な人材が育つ
- 社内の関係性が円滑になる
- 先見経営ができる
- 企業の存在価値が高まる

経営計画の作成、経営戦略、人事・組織管理等、経営全般にかかわるアドバイスを行い、顧客企業の発展・成長のお手伝いをいたします。

専門知識と問題解決への強固なプロ意識により守るべきものをしっかりと守り、お客様のご期待に応えてまいります。

初選出

税理士法人あさひ会計

株式会社旭ブレインズ　株式会社ASAHI Accounting Robot研究所

事務所の特徴

顧問先の継続・発展のため、会計税務支援に加え、専門チームとして、事業承継、相続、M&A の支援を行っております。
また、中小企業への RPA の導入支援、会計処理の自動化など DX 化を推進し、圧倒的な業務効率化を目指し、顧問先の生産性向上サービスを行っています。

Web・SNS

Web サイト　https://asahi.gr.jp/

E-Mail　info@asahi.gr.jp

顧問先の継続発展を目指して

弊社は、「質の高い仕事を通じ、顧客企業の継続・発展に貢献します」というミッションをかかげ、会計税務支援、経営支援を通じ、顧客企業の継続発展に努めてまいりました。

現在、中小企業を取り巻く環境は、新型コロナウイルスへの対応、人口構造の激変、ＡＩ、ロボティクスをはじめとした先端技術の進展など、経験したことのない状況に遭遇しています。これまでの成功体験や業界の常識といったものは通用しない時代になりつつあり、環境変化に取り残される企業もあります。

一方で、この環境変化やテクノロジーの進展を、企業の大きな成長の機会とすることも可能です。近年、ＡＩやＲＰＡ（ロボティック・プロセス・オートメーション）も企業において身近なものになり、高額な投資も不要であり、中小企業が利用可能なサービスになっています。

私たちは、この環境変化が地域の中小企業にとって成長の機会となるよう、ＲＰＡの導入支援や会計分野など間接部門の自動化支援を進めています。

特に、3年前にＲＰＡ事業として開始したASAHI Accounting Robot研究所では、沖縄から北海道まで全国の中小企業、上場企業、会計事務所にＲＰＡ導入をしており、様々な業界の企業と業務提携を行い、各業界のルールを変える新たなサービスを展開しています。以前の業務改善は、10%あるいは20%の時間削減、効率化といったものでしたが、ＲＰＡなど新たなテクノロジーでは、90%削減、１００％削減と、その効果はこれまでと比較になりません。もはや

事務所概要

公認会計士・税理士　田牧大祐

税理士法人あさひ会計統括代表社員。株式会社ASAHI Accounting Robot 研究所代表取締役社長。1971年生まれ。山口大学工学部卒。ゼネコン勤務を経て、公認会計士2次試験合格後、1999年中央監査法人入所。2007年旭会計事務所取締役を経て、2011年税理士法人あさひ会計を税理士3名にて共同設立。2018年より統括代表社員。ヒトとロボット協働時代推進を目指し、2018年よりRPA導入を全国の中小企業へ進めている。『中小企業経営者のためのRPA入門』を幻冬舎にて2020年12月発刊。
東北税理士会山形支部所属

税理士法人あさひ会計
設　立：2011年
代表者：田牧大祐
職員数：109名（税理士10名、公認会計士6名）

●山形事務所
山形県山形市東原町2-1-27
TEL 023-631-6521

●仙台事務所
宮城県仙台市青葉区大町1-1-30
新仙台ビルディング4階
TEL 022-262-4554

効率化という言葉で語れない劇的な仕事の変化をもたらしているのです。そしてＲＰＡが働く人の手助けをする、ヒトとロボットの協働はもう日常といえる時代になっています。

　また、このたび中小企業にとって有用かつ新しい情報を提供するシンクタンクとして、「あさひ総研」をスタートしました。会計事務所には税制や助成金情報、様々な業界の法改正、業界ごとの新しい取り組みや投資情報、テクノロジーに関するものなど、多くの最新情報が入ってきます。有用かつ新しい情報を経営者の皆様にお伝えし、実際に活用頂けるような取り組みも併せて推進していきます。

　２０２１年、私たちは、これまでの会計税務支援に加え、ＲＰＡ導入を通じた企業の生産性向上支援、経営支援、事業承継支援など、地域経済に貢献できるよう努めてまいります。

特にご活用いただきたいサービス

　現在、ＲＰＡ、ＡＩといったテクノロジーは、月額数千円から利用できる非常に身近なものとなっています。圧倒的な生産性向上のため、中小企業にこそＤＸ化が必須の時代、ぜひご活用ください。

株式会社近田会計事務所

近田雄一税理士事務所　有限会社ビジネスマインド
有限会社ヒューマンリサーチ　青森県中小企業経友会事業協同組合

事務所の特徴

- 資金繰り・資金調達を徹底サポート
- 経営計画を徹底サポート
- 相続・医業・農業・人材育成それぞれに専門チーム有
- 新規開業・法人設立を強力にサポート
- お客様のデジタル化を推進し業務効率化を支援
- 豊富な経験により税務調査に強い

Web・SNS

Webサイト　https://kondakaikei.com
E-Mail　konda@kondakaikei.co.jp
Facebook　@kondakaikeijimusyo
Twitter　@kondakaikei
Instagram　kondakaikei_office

毎月訪問、月次監査で社長の夢を実現

当事務所では、毎月関与先企業を訪問し、月次巡回監査を実施しています。コロナ禍においては最小限の訪問、もしくは訪問せずに月次巡回監査ができるよう、デジタル化を推進しました。資料をお預かりしての記帳代行は行っておりません。経理体制の構築を支援し、経営判断の迅速化に貢献しています。

決算月の2～3カ月前には社長と決算の予測を実施し、節税対策と納税額の予測を行っています。これにより、納期限直前に納税額を知らされて慌てるようなこともなく、決算の予想利益がマイナスでも、黒字にするための対策を事前に検討することが可能になります。これを関与先自らが行えるよう、実績検討会の推進もしております。

決算が終了してからは、金融機関に対して決算説明会を実施しています。金融機関に関与先の現況をお伝えし、関与先と作成した経営計画に基づいた将来展望を説明することで、金融機関との信頼関係をより強くしております。

今回のコロナ禍では、全職員一丸となって関与先企業の支援にあたりました。緊急融資をはじめとして、持続化給付金や家賃支援給付金などの申込支援を多数行いました。

また、関与先企業の取引先等でも困っている企業は支援させていただきました。関与先より多くの感謝の言葉をいただき、職員も大変励みになりました。通常時から融資申込や補助金等の申請支援をしていたノウハウが役立ちました。

お客様に安心を与える事務所体制

当事務所は月次巡回監査を行う監査課が6課に分かれており、課長は直接担当を持たず、部下の指導に専念しています。

また、月次巡回監査とは別に4か月に一度関与先を訪問し、様々な相談に応じています。さらに、以下の部署を設け、

事務所概要

社長　近田雄一

株式会社近田会計事務所 代表
青森県中小企業経友会事業協同組合 代表理事
有限会社ビジネスマインド 代表
青森県倫理法人会 顧問
(一社) 倫理研究所 法人アドバイザー
TKC全国会会員　日本創造経営協会会員
東北税理士会八戸支部

株式会社近田会計事務所
創　業：昭和45年9月1日
代表者：社長 近田雄一
職員数：82名（グループ合計113名）（税理士1名、農業経営アドバイザー2名、認定医業経営コンサルタント5名）
所在地
〒039-1166
青森県八戸市根城八丁目6-11
TEL 0178-43-7051
FAX 0178-44-8149

専門特化した業務も行っています。

○**資産税課**　生前相続対策・相続税申告業務の他に相続手続きの代行、遺言書の作成等を業務としています。

○**医業課**　医療・介護・福祉事業に対し通常の監査業務の他に開業支援・業績改善・人材育成などを業務としています。

○**コンサルティング事業課**　全業種を対象に人材育成や経営改善を業務としています。他にも創造経営研究会を開催し経営者、後継者、さらには経営幹部の意識改革を行いながら、人づくりを通じた職場改善に取り組んでいます。

○**保険事業課**　人的・物的リスクに対し専門的サポートを業務としています。

さらに近年は、農業者の支援にも注力し、農業者の経営相談等にも応じられる体制を構築しています。

また令和2年からは、コロナ禍を一つのきっかけとして、関与先に対してICT技術を活用したデジタル化の支援体制も構築しています。その中には経理業務の電子化・省力化も含まれており、ウィズコロナ時代に対応するため、そして人材不足が叫ばれている中小企業の業務効率化・業務標準化を支援しています。

これらのチームが連携し、関与先にトータルサービスを提供しております。

他の会計事務所にない事業を展開し関与先を徹底サポート

会計人は企業の永続発展をサポートしていくのが仕事です。グループの青森県中小企業経友会事業協同組合では、外国人実習生受入事業、高速道路料金等の各種割引制度、楽天市場内の「みちのくふるさと便」ページでの関与先取扱商品のインターネット販売、労働保険事務組合業務を行っています。

同じく有限会社ビジネスマインドではパソコン教室を運営し、経営者や経理担当者のご指導や、その他にホームページ作成等の支援もしております。

これからも当事務所は、企業の支援を通じて地域発展に貢献してまいります。

2003年度版から10回連続選出

税理士法人三部会計事務所

事務所の特徴

- グッドビジネスの創造を目指し、お客様と社会の発展に貢献します。
- 仕組み経営で、強固な組織づくりのお手伝いをいたします。
- 事業承継を重点的にサポートします。
- 相続税申告、相続税対策、ファイナンシャルプランニングに強い事務所です。
- 士業の他、多種多様なネットワークにより、どのような相談にもワンストップで対応します。

Web・SNS

Webサイト　https://sanbe.co.jp/

Facebook　税理士法人三部会計事務所

E-Mail　info@sanbe.co.jp

目指すのは「企業のかかりつけ医」

私たち税理士法人三部会計事務所は、福島県内外の中小企業の皆様と共に歩み、おかげさまで創業56年目を迎えました。「中小企業の知恵袋」として、お客様が抱える課題や悩みの解決に注力しています。

創業者が学生時代に大病を患ったときに、医師に命を救ってもらった経験から、今度は自分が「企業のドクター」として社会に恩返しする――という想いが、私たちの理念の根源にあります。

健康には生活習慣や環境が深く関わっているように、健全な企業をつくるためには理念に基づいた、「ひと・モノ・お金・情報」を上手に活用する仕組みづくりが必要です。私たちが「かかりつけ医」となり、数字の面から企業の健全な経営をサポートいたします。

組織再編や事業承継などの高度税務にも対応

豊富な経験と専門性を備えたスタッフ、グループ会社や信頼できる外部ネットワークと連携し、ワンストップオフィスとして、幅広く経営に関わるお悩みや課題の解決をお手伝いいたします。株式評価、事業承継対策、組織再編、連結納税、医療法人、公益法人、農業法人等の高度税務には専門チームが対応しています。

「事業」と「想い」と「資産」をつなげる事業承継

近年では、後継者問題を抱える創業者が増えています。「身内に後継者がいない」「経営者候補を育成したい」、そんなお悩みには、事業承継のプロフェッショナルが解決のお手伝いをさせていただきます。

まずは「想い」をお聞かせください。お客様一人ひとりの希望と状況

事務所概要

代表社員所長　税理士　三部 吉久

税理士法人三部会計事務所代表社員。
株式会社グッドビジネスパートナーズ代表取締役。
税理士、中小企業診断士、CFP。昭和38年生まれ、福島県郡山市出身。明治大学商学部卒。相続・資産税に強い税理士として、金融機関やJAなど各方面の相続・財産に関する勉強会で講師としても活躍中。
東北税理士会郡山支部所属。

税理士法人三部会計事務所

創　業：昭和40年
代表者：三部 吉久
職員数：70名（税理士7名、公認会計士2名、社会保険労務士3名、行政書士1名、中小企業診断士3名）

所在地
〒963-8023
福島県郡山市緑町16番1号
TEL 024-922-1300　FAX 024-922-6363

を聞いて、ベストな選択をしていただけるようサポートいたします。

創業者の想いが込められた「企業」という価値を適切に未来に承継するため、グループ企業の組織再編や事業承継、M&A、相続対策、相続税申告、ライフプラン、後継者育成など、多岐にわたる分野で専門スタッフが相談に応じています。

時代の変化に対応し、私たちもお客様と一緒に変化していきます

経営を取り巻く環境は日々変化しています。

グループ会社の株式会社グッドビジネスパートナーズでは、中小企業に不足しがちな、「経営企画室長（方針決定、計画立案、幹部の統括、統合）」「財務部長（コスト最適化、管理会計）」「人事部長（計画実行、人員配置、成長を支援する原動力）」の役割を補い、企業経営者と一緒に知恵を絞るサービスを展開しています。

誰もが共感できる「グッドビジネス」を増やす

社会から必要とされている商品やサービスを生み出し、提供する事業活動を行っている企業こそ、世の中で唯一、社会に価値を生み出せる原動力です。いい会社が世の中に増えれば増えるほど、その会社のお客様が喜び、働く社員も幸せになり、社会全体がよりよくなっていくと信じています。

持続可能な会社が持続可能な社会をつくる。私たちは、企業の経営支援を通して、よりよい未来の創造を目指します。

税理士法人常陽経営

㈱常陽経営コンサルタンツ　根本行政書士事務所
相続総合支援センターいわき・相双　いわきM&Aセンター
総務・経理代行センターいわき　通販経理

7
2009年度版から7回連続選出

事務所の特徴

①創業以来の「お客様第一主義」の徹底！
②2,000社以上の豊富な取引実績と28年以上のノウハウ！
③地域トップクラスの相続税申告件数の実績！
④月額9,600円からの税務顧問サービス！
⑤豊富な経験により税務調査には絶対の自信があります！

Web・SNS

Webサイト　http://www.joyokeiei.com/
E-Mail　info@joyokeiei.com
Facebook　税理士法人常陽経営
Twitter　@joyokeiei

お客様第一主義へのこだわり

税理士法人常陽経営は、創業以来掲げております『私たちは経営管理に必要なあらゆるサービスを提供し、社会に役立つ企業を応援致します。』という経営理念のもと、社員一人一人がお客様第一主義を実践し、多くのお客様から高い評価を頂いております。

お客様第一主義を徹底していくためには、お客様をサポートする社員一人一人の高い知識、技術の向上が不可欠であると考え、弊社では、毎朝社員全員で社内研修を行うとともに、外部研修へも積極的に参加し、日々研鑽しております。

「お客様―社員―会社」、三者全てが共に良くなる関係を築ける企業スタイルを貫いております。

常陽経営の6つの特化事業

税理士法人常陽経営は6つの特化事業（①税務顧問・経営コンサルティング、②相続総合支援センターいわき・相双、③いわきM&Aセンター、④総務・経理代行センターいわき、⑤通販経理、⑥セミナー、無料相談会多数開催）を柱に、お客様の様々なニーズにお応えします。

①税務顧問・経営コンサルティング

税務顧問から経営支援（経営コンサルティング、会社設立・起業サポート、節税・税務調査対策等）までワンストップでサポート致します。

- **「月次経営報告書」の提供**

顧問先企業へ毎月訪問し、税務調査時に問題が発生しない会計監査の徹底・月次経営報告書の提供を行います。

- **「決算前検討会」の実施**

決算月前に決算前検討会を行い、事前の税額予測・効果的な節税方法をご提案致します。

- **「経営革新等支援機関」に認定**

認定支援機関として中小企業の経営力強化の指導・管理（経営改善計画書の策定・PDCAサイクルを活用した予実管理）を行っております。

事務所概要

代表社員 税理士　根本勝祐

1992年　㈱常陽経営コンサルタンツ設立　根本勝祐税理士事務所設置
1997年　MAP経営計画シミュレーションシステム導入
1998年　あんしん経営をサポートする会入会
2006年　TaxHouse加盟
2010年　相続総合支援センターいわき・相双の事業開始
2011年　通販経理の事業開始
2012年　総務・経理代行センターいわきの事業開始
2016年　税理士法人常陽経営設立
2018年　いわきM&Aセンター開設
東北税理士会いわき支部所属

税理士法人常陽経営　株式会社常陽経営コンサルタンツ

創　業：1992年
代表者：根本勝祐
職員数：33名

所在地　〒973-8408
福島県いわき市内郷高坂町砂子田94
（いわき市総合保健福祉センター隣）
TEL 0246-27-9110　FAX 0246-27-9118

②相続総合支援センターいわき・相双

相続に関するあらゆるお悩みを解決する相続専門のプロ集団が対応致します。

・遺産整理サポート

お客様と一緒に金融機関や各関係官庁に伺い、財産を相続するための名義変更手続きをサポート致します。

・相続税申告サポート

相続の相談から税金の申告・納付まで全面サポート致します。打ち合わせの中で、遺族の方に有利なアドバイス等をすることで大きな節税効果も実現しています。

・生前対策サポート

相続シミュレーション、遺言書やエンディングノートの作成、節税提案等を行い、相続に関するご不安を取り除くサポートを致します。

③いわきM&Aセンター

後継者問題や経営戦略の見直しに伴う、会社の譲渡または事業拡大のための譲受けをご支援するサービスです。

弊社では、地元の中小企業様を中心に提供しております。

④総務・経理代行センターいわき

給与計算や会計データ入力、帳票類の整理、請求書の発行等、総務・経理業務を専門スタッフがサポート致します。

経理担当者が辞めてしまった、忙しくて経理に手が回らないといった悩みを抱えている事業者様に好評を頂いているサービスです。経理担当者を雇うより格安の料金で対応できます。

⑤通販経理

年商3，000万円未満の中小企業・個人事業者向けの低価格税務顧問サービスをご提供しております。

⑥セミナー、無料相談会多数開催

商工会議所、法人会、銀行、保険会社等を通じてセミナーを多数開催しています。

地域のショッピングセンターにて、無料個別相談会を毎月定期的に実施しています。

東北Ｎｏ．1の社会貢献企業を目指し、これからも地域企業の発展に寄与していきます。

6

2003年度版から6回選出

税理士法人日本未来経営

事務所の特徴

- 経営者の「夢」を一緒に叶えるパートナーとして、お客様の明るい豊かな未来のために会計税務のみならず、経営のアドバイスもできる参謀役としてお手伝いします！
- どんな時もお客様に「寄り添う」事務所です。
- 医業経営指導、建設業経営指導、税務調査に強い。
- 相続、事業承継をトータルサポート。

Web・SNS

Webサイト　http://www.suzuki-tax.jp/
https://jfm.jp/

E-mail　info@suzuki-keieitax.com

経営者の〝夢〟を一緒に叶えるパートナーです！

私たち税理士法人日本未来経営は、「常に前向きで、お客様とともに物心ともに成長・発展し、社会・経済発展に貢献する。」という経営理念のもと、「経営者の〝夢〟を一緒に叶えるパートナー」として中小企業の皆様をご支援している会計事務所です。

お客様の明るい豊かな未来のために一般的な会計税務はもちろんのこと、更に一歩踏み込み、経営のアドバイスもできる参謀役として「共に成功を目指す」姿勢で全力でサポートします。そのために、職員一同、会計税務の知識のレベルアップはもちろんのこと、人間としても成長し続けながら「信用」も「信頼」もされる事務所を目指しています。

お客様に〝寄り添う〟事務所です！

有史以来の厳しい経済状態が続いております。このような厳しい経営環境下においても、敢然と高度成長を続けている企業もあります。どんな苦境においても「打つ手は無限」です。私たちは開業以来、一貫してお客様の繁栄を願い、お客様のお役に立てることを最大の目標にし、「お客様第一」をモットーにどんな時も「経営者の気持ち」に寄り添います。

税務調査に強い。企業経営にプラスに活用！

豊富な経験とノウハウを活用し、税務調査の対策を事前に万全に実施します。具体的には、月次巡回の段階で、税務調査で論点に発展する可能性のある項目を抽出して、正確な事実関係の把握と税務の適正性の検討を徹底的に行います。そして、税務調査が来る前に論点はすべて解決して、軌道修正していくご指導をさせていただいています。

このように税務調査をマイナスに捉えるのではなく、健全な企業経営のために前向きに活用していきます。

中小企業の永続発展のために事業承継をトータルサポート

中小企業の永続発展のために、次世代への事業の承継についてトータルサポートしています。まずは、円滑な事業承継のために、中長期を見据え「自社の強み」を再度見直し、強みを磨き上げて、後継者にとって魅力ある企業にすることが重要です。そして財務面を精査して貸借対照表を改善していきます。また、後継者とそのブレーンの育成も必須となります。

やみくもに承継をすすめるのではなく、段階を踏んだ計画的な承継が成功の秘訣です。よって、これら一連の流れを事業承継計画にしっかりと落とし込み、経営者・後継者と一緒に策定、実行していきます。

セカンドオピニオン、社外経営アドバイザーとして

日本の中小企業の中には、世界に誇れる優れた技術力を持った企業が多くあります。しかしながら、その技術力を世にアピールする術を知らない企業が多いことも事実です。さらに、後継者がいないために企業を継続することができずに、廃業せざるを得ない企業すらあります。そのような中小企業を外部の客観的な立場から支援することによってスポットライトを当てて、企業が永続発展するためのパートナーとして貢献します。

事務所概要

代表社員　税理士　鈴木典男

税理士法人日本未来経営代表社員。税理士・社会保険労務士・行政書士・ファイナンシャルプランナー（CFP）。昭和23年生まれ。昭和59年、税理士法人日本未来経営の母体となる鈴木典男税理士事務所を開業。平成27年、税理士法人日本未来経営を設立、代表社員に就任。「顧客第一」をモットーに幅広い業務を展開している。秋田県の中小企業の発展に尽力している。東北税理士会大曲支部所属。

代表社員　税理士　鈴木雅人

税理士法人日本未来経営代表社員。税理士。昭和50年生まれ。平成24年、鈴木経営税理士事務所を開業。平成27年、税理士法人日本未来経営を設立、代表社員に就任。「経営者の夢を一緒に叶えるパートナー」として経営者を会計・税務面のみならず経営面についても全力でサポートしている。「寄り添う」税理士として中小企業の発展に尽力している。東京税理士会世田谷支部所属。

税理士法人日本未来経営

創　業：昭和59年
代表者：鈴木典男
職員数：40名（税理士3名、社会保険労務士2名、行政書士1名、中小企業診断士1名、CFP1名）

本社
〒014-0046
秋田県大仙市大曲田町413
TEL 0187-63-2959
FAX 0187-63-2991

東京事務所
〒154-0024
東京都世田谷区三軒茶屋2-11-24
サンタワーズA棟602号
TEL 03-6805-2551
FAX 03-6805-2561

2004年度版から9回連続選出

税理士法人　豊

ゆたか相続センター

事務所の特徴

- 「相談したくなる事務所」お客様との対話を重視
- 管理会計を使った経営管理体制づくりと黒字化支援
- コロナ後に向けた経営計画策定支援
- わかりやすい実務セミナーで経営者と経理担当のスキルアップ
- 事業承継・相続の問題をトータルでサポート

Web・SNS

Webサイト　https://tsuchida-mo.tkcnf.com/（事務所HP）
http://oitamasouzoku.jp/（ゆたか相続センター）

E-Mail　tsuchida-mo@tkcnf.or.jp
Facebook　税理士法人 豊

円満相続のために万全の準備を

当所が運営するゆたか相続センターは、税金の有無にかかわらず相続・贈与のことを相談できるワンストップセンターとして設立以来、税務以外の専門家と連携して問題解決に対応してきました。相続税申告の件数が多くなりましたが、地方においては相続・贈与について専門的に相談できる場所がほとんどないのが現状です。

相続を〝争族（あらそうぞく）〟にしないためには、事前準備・対策が必要です。子供たちの心配をよそに、お父さんお母さんがのん気に構えていると、起こらないはずのもめごとになったりします。それを防ぐため、当センターでは終活や家族会議などのアドバイスのほか、以下の業務を行います。

- 煩雑な事務手続きを支援・代行
- 遺産分割が円滑に進む分けやすい財産の持ち方を提案
- 相続税シミュレーションに基づく税金対策
- 定期的なセミナー開催による正しい知識と気づきを提供

会社を強くする会計で黒字化を支援します

私たちは毎月お客様のところへ訪問し、巡回監査を実施しております。翌月の早い段階で業績を把握し、素早く意思決定をして頂く、会計データに限らず経営に役立つ情報を提供する、お客様の困り事を一緒になって考える、ということを行っています。

私たちの存在意義は、事務処理ではなくお客様の経営に役立つアドバイス・指導をすることであると考えます。月々の試算表から読み取れることには限りがあり、経営判断に生かされることは少ないのです。売上高が増えた・減っただけではなく、どの商品の、誰に対する売上高が増減したのか、その増減は経営者の考えに沿ったものなのかを確認・検討し、使える会計資料の作成支援と、面談重視

事務所概要

代表社員 税理士
土田一成

税理士法人 豊 代表社員。税理士。昭和31年生まれ。昭和59年、税理士法人豊の母体となる土田圭一税理士事務所に入所。平成14年事務所を承継。平成25年税理士法人化。現在、米沢法人会副会長。東北税理士会米沢支部所属。

税理士法人 豊／ゆたか相続センター
創業：昭和46年
代表者：土田 一成
職員数：25名（税理士3名、行政書士1名、ファイナンシャルプランナー3名、医業経営コンサルタント2名、宅地建物取引士1名、2級建築士1名、2級建設業経理士1名）

＜米沢オフィス＞ 〒992-0045
山形県米沢市中央6-1-174
TEL 0238-21-2377 FAX 0238-21-2391
＜山形オフィス＞ 〒990-0813
山形県山形市桧町2-6-31
TEL 023-665-0170 FAX 023-665-0172
＜ゆたか相続センター＞
米沢 TEL 0238-40-0046
山形 TEL 023-665-0178

の巡回監査を業務の中心に置いています。

ソフトの進化により会計業務が効率的になると、人間がその業務を行う必要がなくなります。これにより、人間は「考えること」「判断すること」に専念しやすくなる、言い換えれば「経営に集中する」ことができるのです。ソフトの使い方をご指導することも巡回監査の重要ポイントとしています。

これらのほか、巡回監査は会計処理と税務が適正に処理されているかを確認することが基本です。その際には〝現場〟と帳簿書類を結び付けることを徹底し、組織配置（役割分担）、書類の所在、棚卸資産の保管状況、減価償却資産の使用状況など、企業内のあらゆる事柄を通じて監査の精度を高め、裏付けをお客様の現場から確保するようにしております。

また、都度発生する税務の問題については、税法の規定の適用が「後始末」にならないよう、事前の相談によるシミュレーションが大事です。今後のことに対してどのように行動するのが良いかを追求し、アドバイスするのが、当所の仕事であると位置づけています。

経営革新等支援機関としてお客様を徹底サポート

当所が経営革新等支援機関の認定を受け7年が経過しましたが、企業を助ける役割がいかに重要かを実感しながら、次のような業務に携わっています。

・単年度予算と行動計画立案、その実践を支援
・金融機関との連携
・税制上の特例、補助金等の施策利用

特に、コロナ禍により数年先が読めない状況にある現状においては、経営計画を立てることが困難になっていますが、だからこそ年度毎の見込みはしっかり作り、社内の意思統一を図る必要があります。待ちの姿勢ではこの難局を乗り切ることはできません。経営者だけでなく、幹部や社員の方々にも関わっていただき、「会社全体が参加するPDCAサイクルをもって自立した経営」を全力で支援します。

2017年度版から3回連続選出

アイユーコンサルティンググループ

税理士法人アイユーコンサルティング
株式会社IUCG　株式会社アイユーミライデザイン
アイユー公認会計士事務所　アイユー行政書士事務所

事務所の特徴

- 中堅・中小・ベンチャー企業の成長支援を担う総合コンサルティングファーム。
- 全国トップクラスの年間450件を超える資産税案件数。
- 組織再編を活用した事業承継対策に強み。
- 税理士18名、スタッフ総数64名による高品質、高付加価値、スピーディーな対応。

税理士法人
アイユーコンサルティング
IU Taxconsulting Firm

Web・SNS

グループサイト　https://bs.taxlawyer328.jp/
相続税専門ページ　https://www.taxlawyer328.jp/
業務提携専門ページ　https://iud.jp/
E-Mail　info@taxlawyer328.com
Facebook　アイユーコンサルティンググループ　https://www.facebook.com/iuconsulting/

更なる中堅・中小・ベンチャー企業支援を目指して総合コンサルティングファームとしてグループ化

アイユーコンサルティンググループでは、「ヒト・モノ・カネ・情報」といわれる企業永続には不可欠なもののうち、最も得意とする「カネ」にフォーカスを当てて、今までの税理士業とは異なるコンサルティングサービスを展開しています。

その1つがＭＡＳ（マネージメント・アドバイザリー・サービス）監査と呼ばれる、経営者の方々に伴走し、利益体質の企業体を共に創っていくサービスです。また２０２０年よりインキュベート事業もスタートさせており、ベンチャー向けのパートタイムＣＦＯなど、面白い取り組みも行っています。インキュベート事業は、投資と企業育成を同時に行うなど、ベンチャー支援に特化したサービスとなっています。

『高付加価値サービスの創造・提供』をグループ理念に掲げ、もともとの強みである組織再編を活用した組織力強化への提案力を武器に、中堅・中小・ベンチャー企業に対し「御社にとって、より良い組織形態は何か?」という問いから一緒に考えさせて頂き、共に成長していきます。

全国の税理士から相談の問い合わせ多数。提携サービス『ＩＵダイレクト』は提携先１００事務所を突破

資産税（相続税、事業承継、組織再編等）に関する高い専門性から、日本中の顧問業を中心とする税理士の方々からも多数のご依頼・ご相談を受けています。

近年の度重なる税法の改正により、税理士業界にも分業化の波が来ています。

２０１６年より、税理士向け提携サービス『ＩＵダイレクト（https://iud.jp/）』を展開し、提携先事務所は全国で１００事務所を超えております。

全国トップクラスの質と実績を誇るアイユーコンサルティンググループだからこそ、同業者である顧問業を中心とする税理士の方と提携を進めて、全国の中小企業の支援をサポートしていきたいと考えています。

全国トップクラスの相続・事業承継案件数。高い顧客満足度と税務調査率１%未満は高品質の証

創業７年で全国トップクラスの累計１６００

事務所概要

代表　岩永 悠

アイユーコンサルティンググループ　代表　税理士

1983年長崎県生まれ。2013年に創業、2015年法人化、2019年にはグループ化し幅広いサービスを展開している。『高付加価値サービスの創造・提供』をグループ理念に掲げ、500社を超える中堅・中小企業の事業承継サポートを提案・実行。組織再編税制を活用した事業承継対策を強みにしている。また、『日本のミライを創る』というビジョンのもと、中堅・中小・ベンチャー企業の成長支援も積極的に行い、インキュベート事業も行っている。日本一の中堅・中小・ベンチャー向けの総合コンサルティングファームを目指している。

東京税理士会豊島支部所属

税理士法人アイユーコンサルティング

創　業：2013年
代表者：岩永 悠
職員数：64名（税理士18名、公認会計士2名、行政書士1名）

《東京事務所》
〒171-0022
東京都豊島区南池袋2−28−14
大和証券ビル3F
TEL:03-3982-7520
FAX: 03-3982-7521

《拠　点》
福岡事務所
北九州事務所
広島事務所
埼玉営業所 ㈱IUCG
宮城営業所 ㈱IUCG

件以上の相続・事業承継案件を手掛ける、資産税（相続税等）を得意とする総合コンサルティングファームです。

相続税申告は、通常税理士1人につき年間0・5~1件の申告を行う程度といわれていますが、当社では東京、広島、福岡を中心に全国で年間476件の相続税申告・資産税案件の実績があります。これは通常の税理士1名あたりの約30倍以上の年間申告実績となります。

所属税理士のすべてが『お客様の財産をムダなく承継し、永続させるお手伝い』を念頭に、資産税のプロとして最大限の節税・相続対策のご提案をいたします。

お客様から高い評価を頂くことも多く、ご依頼されたお客様の97・76%から顧客満足度調査に満点を付けて頂きました。

また、税務調査率が1%未満であるという実績も当社の強みの1つです。

当社では相続税申告の豊富な経験を活かし、書面添付制度を積極的に導入しています。書面添付制度を活用することで、税務調査という将来的な負担を軽減することが期待できます。

多くの方々が初めてご経験する相続だからこそ、心理的な不安を少しでも減らすことをモットーにご支援させて頂いております。

株価対策のみでなく、企業の永続支援を見据えた事業承継対策のご提案

自社株式の評価額を下げることのみに着目した事業承継対策のご提案はいたしません。経営者は企業を永続・発展させるために日々頑張っています。企業成長の1つのサイクルとして事業承継があり、税金対策のみで企業のあるべき姿を変えてはいけないと考えているからです。企業の存続と成長にフォーカスを当てて、最善の事業承継のご提案をさせて頂きます。

豊富な経験に基づき、現状の課題を抽出し、あるべきグループ経営体制のプランニング・組織再編の実行・アフターフォローまで、企業の想いを反映した高品質の組織再編コンサルティングを提供しています。

また、企業側だけでなくオーナー側の相続問題にも徹底的に配慮し、お客様にとって最善となる事業承継コンサルティングを提案・実行いたします。

アイユーコンサルティンググループの事業承継コンサルティングは「企業の歴史をつなぐお手伝い」であると同時にお客様の「ミライ」を創る一助になっていると確信しています。

2

2017年度版から2回選出

Arai Accounting Group

《Tax》新井綜合会計事務所　《Audit》新井公認会計士事務所
《MAS》AAGアドバイザリー・アンド・コンサルティング合同会社

事務所の特徴

変わり続ける勇気

私たちの生活は新型コロナウイルスによって大きな転機を迎えています。
今、会計税務の専門家に求められているものは、変わり続ける経営環境に柔軟にコミットしていく力だと考えています。私たちは会計税務を切り口に資金調達や人事労務まで幅広くクライアントのニーズに応えられるよう、実務と研修を通じて日々研鑽をしています。是非、皆様の未来に渋谷と共に変わり続ける私たちの姿を重ねてください。

Web・SNS

Webサイト　https://www.aag-group.co.jp/

徹底的に神宮前

私たちは、渋谷区神宮前で40年間、クライアントと共に時代を駆け抜けてきた事務所です。神宮前には「住んでいる人、働きに来る人、勉強に来る人、遊びに来る人、観光に来る人」が毎日大勢行き交っています。当事務所はそのような神宮前に寄り添う一員として、神宮前に来る全ての人が幸せになることを願って、職員一同業務に取り組んでいます。

具体的には、私たちの専門的能力である会計税務の知識と経験を地域社会に貢献するのはもちろんのこと、始業前にスタッフで清掃活動を行ったり、神宮前の祭りに参加したり、キャットストリートの有志による環境保全活動にも積極的に参加しています。

今もこれからも、豊かな社会づくりとその持続的な発展に寄与していきます。

徹底的に人

私たちは「クライアント数や売上高」をKPIとして重視していません。なぜなら、「数や売上高」は結果としてついてくるものであり、それよりも「クライアントとの人間的関係」を大切にしたいと考えているからです。

私たちプロフェッションのサービスはクライアントと共に創り上げるものだと考えています。厳しい時も良い時も、共に時代を歩んでいける「クライアントとの関係」が当事務所の財産であり、それが私たちの最大の強みとなっています。

また当事務所では「人材」は社会の財産であり、「人財」であると考えています。私たちが魅力的な人間性を養い、生き生きとした働き方の実現に向けて勇気を持って取り組むことで、クライアントにも影響を与えられると本気で信じています。そのためにも多様なバックグラウンドを持つスタッフがその能力を遺憾なく発揮することができるよう、「働き方」と「専門的能力の研鑽」の2点を重要視しています。

「働き方」については、有給休暇の取

事務所概要

税理士　新井省三

新井会計事務所所長。税理士。昭和20年生まれ。明治大学経営学部卒。東京税理士会渋谷支部所属。

**公認会計士 税理士
新井佑介**

新井公認会計士事務所所長。公認会計士・税理士。昭和57年生まれ。慶應義塾大学経済学部卒。
東京税理士会渋谷支部所属。

《経営革新等支援機関》
新井綜合会計事務所
新井公認会計士事務所
AAGアドバイザリー・アンド・コンサルティング合同会社
代表者：新井佑介
職員数：11名（税理士1名、公認会計士・税理士1名、税理士試験科目合格者2名、米国公認会計士科目合格者1名、行政書士1名、宅地建物取引士1名、FP1名）
所在地
〒150-0001
東京都渋谷区神宮前6-18-3
TEL 03-3797-3880
FAX 03-3797-3864

得弾力化や勤務体系の整備を通じて、多様かつ柔軟な勤務環境の実現を目指しています。

「専門的能力の研鑽」については、スタッフはフィールドワークでのOJTのみならず、会計税務（巡回監査）・労務・リスクマネジメントの3分野において、1ヵ月に最低6時間の外部研修と3時間の所内研修の機会を設けることで、実務に即した知識を習得しています。

徹底的にプロフェッション

従来型の税務会計サービス（申告書作成）は、私たちにとって標準業務と捉えています。標準業務ということは、「正確かつスピーディ」に遂行することは当然であるということです。その上で、クライアント固有のニーズに対してアクセスしていくことが、これからのプロフェッションの付加価値業務と考えています。

そのためにも、私たちはそれらのニーズを認識・評価・対応できる人財育成に継続的に取り組むとともに、付加価値業務に十分な時間をもって対応するため、標準業務の合理化を図っています。

具体的には、①資金調達、②組織再編、③事業承継、④労務を直近1年間で実施しています。紙面の都合上、そのなかの一部をご紹介します。

①資金調達

経営改善計画策定からバンクミーティング開催の上での金融調整や、創業融資・設備資金や運転資金などの融資サポートを実施しています。

②組織再編

合併をメインとして分散した経営資源の集中を図り企業価値の向上を実施しています。

③事業承継

株価対策やその移転、営業資産の評価とその移転等、継続的に行っています。

④労務

採用～研修～評価のご相談など幅広く対応しています。

アローズ税理士法人

アローズ会計株式会社　アローズM&Aセンター株式会社
一般社団法人かけはし

6
2003年度版から6回選出

事務所の特徴

税理士として中小企業のM&Aに取り組んだのが日本一早く、アローズM&Aセンター株式会社は日本M&Aセンター株式会社よりも早く設立されています。
平成11年には会計事務所のM&Aについてのルールの整備等を目的とした『会計事務所M&A研究会』を6名のメンバーと立ち上げて3年間活動し、今日の会計事務所M&Aの基礎を築き上げています。
周辺業界や他の士業のナンバーワンと提携し、どんな相談にもワンストップで対応しています。

Web・SNS

Webサイト　http://www.arrows-tax.com　　**E-Mail**　info@arrows-tax.com

東京地区と熱海地区において中小企業等の皆様をご支援

東京地区では中小企業の経営、相続と事業承継についての助言や対策の立案と実行を実践しています。後継者のいない中小企業のＭ＆Ａについての相談と仲介の業務を行っています。

また、後継者のいない会計事務所の所長の相談に対しても助言をさせていただいております。当法人では、４会計事務所を合併により受け入れています。

熱海地区では、中小企業の経営者には東京地区と同様の対応をさせていただいているほか、別荘やリゾートマンションの所有者や居住者など、富裕層を対象にした相続や事業承継、Ｍ＆Ａを多く手掛けております。

今後は相続手続きや遺産整理業務にも力を入れて参ります。

中小企業のＭ＆Ａと会計事務所のＭ＆Ａには定評

当アローズ税理士法人は、創業当初から事業承継対策の提案業務を行っていました。そこで気付いたことは、後継者がいない中小企業が多いということでした。戦後創業者が引退期になればこの問題が表面化し、Ｍ＆Ａが盛んになるときが到来することを予言していました。

平成３年にアローズＭ＆Ａセンター株式会社を設立したところ、すぐに大型案件を受注し、１年後に成約いたしました。今日に至るまでＭ＆Ａに取り組み、現在も２件受注しております。

会計事務所Ｍ＆Ａ研究会のメンバーは６名でしたが、冊子の大部分の原稿書きは荒生が担当し、セミナーの講師とビデオテープの出演者は全て荒生が対応しました。

事務所概要

代表社員　税理士　荒生利男

アローズ税理士法人代表社員。アローズ会計株式会社代表取締役社長。アローズM&Aセンター株式会社代表取締役社長。一般社団法人かけはし代表理事。昭和25年生まれ。日本大学法学部卒業。昭和60年アローズ税理士法人の母体となる荒生利男税理士事務所を開設。

平成2年、アローズ会計株式会社設立。

平成3年、アローズM&Aセンター株式会社設立。

平成14年、アローズ税理士法人設立。平成27年、一般社団法人かけはし設立。開業当初より相続対策、事業承継の問題解決に尽力。

東海税理士会熱海支部。

アローズ税理士法人
アローズ会計株式会社
アローズM&Aセンター株式会社
一般社団法人かけはし
創　業：昭和60年
代表者：荒生利男
職員数：本店8名、支店6名（税理士3名、行政書士1名）
本店　〒160-0022
東京都新宿区新宿1-6-8
新宿鈴木ビルA館7階
TEL　03-5269-1815
FAX　03-5269-1840
支店　〒413-0015
静岡県熱海市中央町2-8
Mビル2階
TEL　0557-86-1151
FAX　0557-82-3860

盛んになっている今日の会計事務所Ｍ＆Ａの基礎を作ったわけです。

過去に4回の会計事務所Ｍ＆Ａを行った実績がありますが、今後も東京と神奈川においてＭ＆Ａによる支店展開をしていきます。

周辺業界や他の士業のナンバーワンと提携し、ワンストップで対応

士業はもちろんですが、周辺業務についても開業当初からその業界ナンバーワンと提携して、関与先のサービス向上に努めてきました。自分自身に欠けているところを提携先に補っていただいた訳であります。

開業当初からワンストップを目指して今日に至っています。

東京と熱海を結ぶ東海道地域での支店展開

現在は新宿と熱海に事務所がありますが、5年から10年をかけて城東地区、多摩地区、百合丘地区、藤沢地区、厚木地区、秦野地区、小田原地区にＭ＆Ａにより支店事務所を展開していく構想を持っています。

5

2013年度版から5回連続選出

税理士法人 アンシア

株式会社ディフェンド

事務所の特徴

【事務所の意気込み】会社を元気にするお手伝い！
【提供するサービス】お客様に安心を提供します！

- 安心①（組織力）組織力を生かし、豊富な経験を提供します！
- 安心②（商品力）むずかしい会計・税務をわかりやすくシンプルに提供します！
- 安心③（社員力）社員一人一人がお客様の問題解決にベストを尽くします！

Web・SNS

Webサイト　http://www.s-zj.com/　　Facebook　税理士法人 アンシア 杉並区

E-mail　info@s-zj.com

むずかしい会計・税務を わかりやすく簡潔に！

会計や税務はわかりにくい！　わかりにくいから面倒くさい！　でも経営者として避けて通るわけにはいかない！　そう思う方はけっこう多いのではないでしょうか？　私ども税理士法人アンシアは「むずかしい会計・税務をわかりやすく簡潔に説明」をモットーに、経営者の疑問、不安、迷いを一掃できるサービスを提供できるよう心掛けています。

会社の創業を数多く支援してきた代表税理士の斎藤英一と、医業チームを率いる医業経営コンサルタントの顔も持つ税理士の遠藤隆明を中心として、総勢36名の話しやすくフットワークのよいスタッフが、皆様の会社業務を強力にバックアップいたします。

創業のことならば 何でもご相談下さい！

私が開業したのが平成10年。お客様が1件もないところからのスタートでした。まさしくゼロスタートの創業者だったため、どのように会社設立を進めていけばいいか・会社設立時の注意すべき点、創業計画の作成方法・開業資金の融資の事など、経験に基づいたアドバイスを含めわかりやすく説明します。お渡しする『作業手順書』に沿っていけば、やるべき作業が明確になりますので先の見通しが立ち、今までご利用下さったお客様からもわかりやすいと好評を頂いております。

未来会計に強い会計事務所が 今求められています！

「会社の決算を組んで、税金を計算してくれるところ！」会計事務所のイメージはこんな感じではないでしょうか。私どもはこのような一般業務はもちろんですが、特に「会社が今後どうしていきたいか」に焦点を当てた『未来会計』（経営計画）を得意としています。

従来の会計は、過去の数値を決算書として表現することが主でした。アンシアではその過去の数値をもとに、『会社の5年後』はどうなっていたいかをお伺いします。そ

事務所概要

代表社員 税理士　斎藤英一

税理士法人アンシア代表税理士。昭和41年生まれ。平成10年、現法人の前身である斎藤英一税理士事務所を開業。事務所開業直後から会社設立支援に力を入れ、100社を超える経営計画のサポートにより創業・融資・事業拡大にと多くの会社を元気にする。11年前より医療専門チームを立ち上げ、医業にも経営計画を取り入れる。地元でわかりやすい会計税務セミナーを多数開催！　趣味はバスケットボール。
東京税理士会杉並支部所属。

税理士法人 アンシア／株式会社ディフェンド

創　業：平成10年
代表者：斎藤英一
職員数：36名（税理士8名、行政書士1名、医業経営コンサルタント2名、中小企業診断士1名）

所在地
〒166-0001　東京都杉並区阿佐谷北1-3-8
グリーンパークビル2F
TEL 03-5356-7301　FAX 03-5356-7302

してそれを実現するためのお手伝いをさせて頂くことに重きを置いています。

まずは『中期5ヵ年計画作成参加型セミナー』に参加してみませんか？

『中期５ヵ年計画作成参加型セミナー』は聞いているだけのセミナーではありません。実際に会社の決算データをもとに、経営者に自社の事をじっくり一日考えて頂くセミナーです。そして夕方には中期５ヵ年計画書を製本してお持ち帰り頂きます。この『経営計画書』は私どもが作成したものではなく、社長ご自身から絞り出した本当の意味での『経営計画書』です。これを銀行に持っていくだけで会社の評価が上がります！　なぜなら『経営計画書』の中には社長自身の考えや数字が詰まっていて、会社の目標が明確になっており、更にそれを実現するための具体的取り組みもあり、融資担当者へ熱く訴えることができるからです！

『経営計画書』を絵に描いた餅にしないためにも、できれば役員や幹部、場合によっては社員の方々も一緒に参加されることをお勧めします。なぜならば、全員で参加することにより、全社同じ方向を向いて会社運営ができるからです。みんなが同じ方向を向いて動くことは、会社の発展には欠かせません。

医業及び介護事業経営にも経営計画は大好評です

歯科医院限定の経営計画セミナーも行っています。いまや歯科クリニックはコンビニエンスストアよりも数が多く、激戦となっています。この激戦を制するためには「明確な目標」を持ち、目標達成の「方法論の具体化」を検討し、計画がずれてもタイムリーに「軌道修正が的確」にできる仕組みを持つことが大切です。医業・介護事業にかかわらず、これが会社の目標達成（黒字経営）の極意です。セミナーではこの仕組みの作り方をお教えし、その後のフォローも行っています。

『お客様と共に成長・発展を！』当事務所の経営理念に基づき、会社が強く大きくなるためのサービスを提供していきます。

2

2019年度版から2回連続選出

伊坂会計総合事務所

事務所の特徴

東京都荒川区の地域密着型、すぐやる税理士事務所です。どんなお困り事にも、レスキューのように迅速に対応いたします。決算・企業再生・融資・税務調査・相続・贈与・譲渡・法人設立、遠慮無くお問い合わせください。

Web・SNS

Webサイト　https://isaka-office.biz/

E-Mail　isaka_office@yahoo.co.jp

建設業を中心に中小企業経営者やマンションオーナーを支援

伊坂会計総合事務所は、税理士の伊坂勝泰が昭和59年に開業した会計事務所です。当事務所には、代表の伊坂を含む2名の税理士、総勢10名のスタッフが所属しています。

当事務所のお客様は、代表の伊坂と同世代である60代の中小企業経営者が中心で、業種としては建設業が最多となっています。当事務所はそれに加えて、マンション経営をしているオーナーの皆様の相続支援にも力を入れています。

職人税理士が広い視野で顧客の資産を保全

代表の伊坂は、たたき上げ職人の税理士として30年超の経験を積んでおり、これまでに取り扱った相続関連の案件数は100件以上になります。

なかでも、相続税対策だけの一面的なアプローチではなく、法人税や所得税にまで配慮する切り口には定評があります。相続事前対策を依頼していただいたお客様には、対策を相続前と相続後に分け、日々のお金の流れから相続対策をご指導しています。

特に最近は、相続のご支援をするなかで、「人の死はそれで清算されるが、魂と遺産がどこに行くのかが非常に重要だ」と実感しており、お客様が長期的に最もよい結果が得られるように取り組んでいます。

書面添付で税務署から指摘を受けない万全の申告を実現

当事務所の大きな特徴は、税務調査対策を徹底的に行っていることです。

お客様の申告書は、豊富な経験を持つ代表の伊坂と、元税務署長として資産税に関わった経験を持つ国税ＯＢ税理士、さらに長年経験を積んだベテランスタッフが丁寧にチェックします。専門家の複数の目で申告書の内容を徹底的に確認し、

事務所概要

代表　伊坂 勝泰

税理士。行政書士。東洋大学大学院修了（法学修士、憲法専攻）。東京商科学院講師を経て、昭和59年伊坂会計総合事務所を開業。セミナー・企業等研修の講師としても活動。東京税理士会荒川支部所属。

考え方×能力×熱意=人生・仕事の結果
★「ジョブ」→「キャリア」→「コーリング」（仕事観の探求）
★遺産は基金へ（後世の時代に託す微かな足跡を残す）
※何のために生きているのか。
（レジリエンスの探求）

伊坂会計総合事務所

創　業：昭和59年
代表者：伊坂 勝泰
職員数：10名（税理士2名・行政書士1名・社労士1名）

所在地
〒116-0003
東京都荒川区南千住5-9-6
グリーンキャピタル三ノ輪503
TEL　03-3802-1418　FAX　03-3803-6233

税務署から指摘を受けない相続税申告を実現しています。

さらに当事務所では、申告書の内容が適正であることを税理士が保証する書面添付制度を導入しています。申告書の正しさは私たち税理士が保証しますので、税務調査が入る可能性が大きく下がり、お客様には大変好評です。

気軽に相談できる専用窓口を設置

当事務所は、相続の悩みを抱える方のために、相続相談窓口を設置しています。窓口にお問い合わせをいただければ、代表の伊坂や、ベテランスタッフが対応いたします。

相続を初めて経験されて、どうすればよいのか分からないという方のご相談にも丁寧に対応し、分かりやすくご説明するように努めていますので、安心してお問い合わせください。初回相談は無料にて対応しています。

相続による親族間の争いは将来に大きな禍根を残します。親族の笑顔を守るためにも、相続事前対策のご相談を強くお勧めしています。

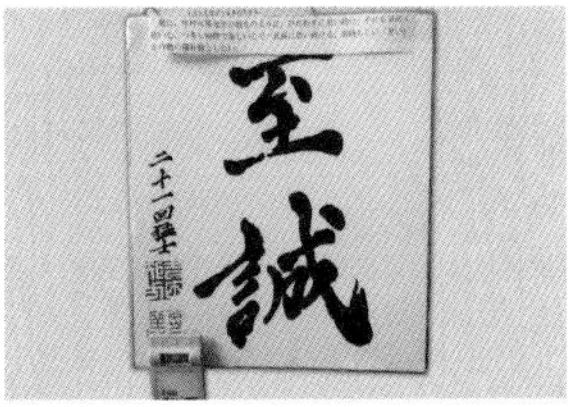

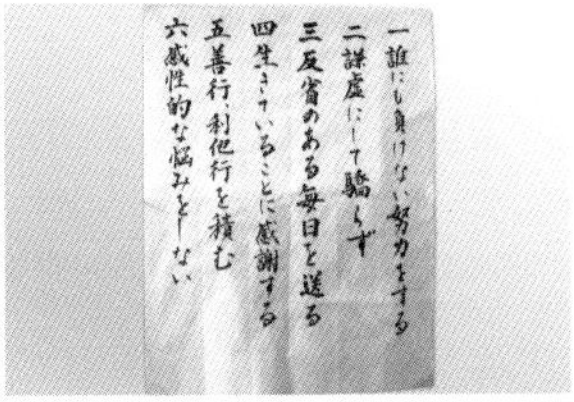

5

2013年度版から5回連続選出

糸井会計事務所

株式会社TiAn

事務所の特徴

①地域最安の顧問料と明朗会計
②墨田地区で顧客増加数 No.1
③会社設立＆創業支援の豊富な実績
④ IT・クラウドの活用による業務効率化を実現
⑤税務調査対応に強い
⑥ Web ミーティングに対応

Web・SNS

Webサイト　https://tian.jp/
E-mail　info@tian.jp
Facebook　糸井会計事務所 / 株式会社 TiAn

税理士業はサービス業です

士業はサービス業です。専門家という立場にあぐらをかくことなく、お客さまと同様に、常に企業努力が必要だと考えています。

糸井会計事務所が常にテーマに掲げ、探求しているのは料金とクオリティのバランスです。単に安いだけではなく、お客さまの期待を超えるサービスをいかに実現するかを考えてきました。その結果、たどり着いたのが、いまのスタイルです。

★不要なサービスをカット
★お客さまにはなるべく当事務所へお越しいただく
★お客さまの規模や売上に応じた明瞭な顧問料体系、オプション料金の明示
★ペーパーレスオフィスの実現
★ＩＴ・クラウドの活用による業務効率化の実現
★テレワーク環境を実現
★Ｗｅｂミーティングに対応

これらの施策によって、高いコストパフォーマンスと目標とするサービスレベルが実現できました。

会社設立・創業支援の豊富な実績

糸井会計事務所は、会社設立・創業支援を得意としており、会社設立の登記手続きから、経理業務の立ち上げ、そして資金調達まで、事業のスタートアップに関するあらゆる業務に対して、ワンストップでご対応しています。

糸井会計では、創業期の資金調達先として日本政策金融公庫をお勧めしています。公庫へ提出する審査書類の作成、審査面談の同席などのサポートを行っています。審査面談は、糸井会計の会議室にて行います。糸井会計が手掛けた公庫の融資案件は、ほぼ１００％の調達実績を誇ります。

事務所概要

代表税理士 代表取締役　糸井俊博

昭和47年生。横浜国立大学経営学部卒。大和ハウス工業㈱に入社、集合住宅の請負営業に従事。その後、税務・会計業界にて約7年間、中小零細企業から一部上場企業まで幅広い規模・業種の税務・会計コンサルティングの経験を積む。平成18年、国内最大手の税理士法人「辻・本郷税理士法人」を退職後、独立。東京税理士会本所支部所属。

〈保有資格〉 税理士、経営革新等支援機関、宅地建物取引士、ファイナンシャルプランナー、ライフ・コンサルタント（生命保険募集人 専門課程）、変額保険販売資格

糸井会計事務所／株式会社 TiAn
創　業：平成18年
代表者：糸井俊博
職員数：15名

所在地
〒130-0022
東京都墨田区江東橋4-24-5 協新ビル7階
TEL 03-5948-5035　FAX 03-5948-5036

●当事務所は経営革新等支援機関として国の認定を受けております。

決算前に決算対策検討会を行い適切な決算予測を行います

糸井会計事務所では必ず、決算期末前にお客さまとの決算対策検討会を行っています。具体的には、期首から9カ月経過した時点の試算表の数字を基に、残り3カ月の収益・費用の予算をお伺いして、当期の損益・納税予測を行います。決算期末が訪れる前にこの決算対策検討会を行うことにより、赤字を防いだり、無駄な税負担を抑えたりすることができますので、お客さまには大変ご好評をいただいています。

税務調査対応に強い

代表の糸井は、国内最大手の税理士法人「辻・本郷税理士法人」でキャリアを積んだ税理士ですので、数多くの税務調査対応を経験し豊富なノウハウを持っています。

税務調査は、税務調査官との駆け引きが重要で、調査対応にはコツがあります。このコツを心得ている税理士に任せることが、実は、税務調査対応の最善策と言えます。

実際に糸井会計の税務調査の実績は、半数以上が修正申告不要で追徴税額が発生しておりません。一般的には3～5年ごとに入ると言われている税務調査。いざという時に糸井会計がお客さまの強力な味方になります。

お客さまのために、スタッフの育成を第一に考えています

お客さまへ提供するサービスレベルを向上させるために、スタッフの育成に力を注いでいます。定期的な所内勉強会をはじめ外部研修には積極的に参加し、一人ひとりの知識やスキルの向上とともに、最適な業務フローや体制についてスタッフと共に議論を交わしています。

すべてはお客さまのために。サービス業として、どこまで追求できるか、実現できるか。私たちの挑戦は続きます。

2013年度版から5回連続選出

上野税理士法人

事務所の特徴

①多角的な財務・経営指導、支援。
②士業ネットワークによりどんな相談にもワンストップで対応。
③経営黒字化支援や現預金最大化セミナーを主催。
④豊富な経験により税務調査に強い。

Web・SNS

Webサイト　http://www.rakuichirakuza.or.jp/
E-mail　info@networkyui.com

中小・零細企業を元気にするお手伝いを通して地域貢献します

私たち職業会計人が、本当の意味で関与先様方に必要とされ、よきパートナーとしてお付き合いできるよう、日々専門分野の研鑽に励んでいます。

特に中小・零細企業において、社長様の経営上のご相談やお悩みには、私たち職業会計人が膝を突き合わせて話し合い、考え、共に乗り越えていく存在であるべきです。幅広い知識と経験からの経営支援、および専門家としての視座からサポートを行い、事業の発展を支えることが我々職業会計人に与えられた使命です。これらの支援を通じて、中小・零細企業を元気にすることが、ひいては地域貢献につながり、日本を元気にすることにつながると考えております。

深い知識と経験から多角的な経営支援を行います

弊社は、昭和40年に前身である中島俊男税理士事務所開設から、一貫して多角的な経営支援を通して関与先様の繁栄を応援してまいりました。

企業経営を行うにあたり、準拠せざるを得ない会計制度や税法等はめまぐるしく変動しており、一方で昨今の日本の経済環境の中で勝ち上がっていくためには、より良い情報、打ち手を戦略的に活用することが大変有効となります。

弊社のこれまでの長い中小・零細企業の支援実績と、幅広く深い経営支援の経験から、多角的な経営サポートを行います。

会計・税務だけでなく各種の経営の支援メニューを揃えてバックアップします

会計事務所業務も、旧態依然とした会計および税務申告業務のみにとどまらず、お客様の経営黒字化・事業繁栄を後押しすることが、これからの会計事務所の役割ではないでしょうか。

弊社では、関与先様の多い業種から順次、それぞれの業界研究や、より関与先様にとって現実的な経営黒字化・事業繁栄支援を行うことを目的として、事業部門を設けております。

介護事業や医科・歯科事業支援部門などの設置により、業界の発展・啓発活動を通して、これらの業種の関与先様からは大変良い反響をいただいております。

キャッシュフローの重要性をお伝えすることと、現預金最大化の取り組み

経営が黒字でも、キャッシュが回らなければ事業はストップしてしまいます。また、逆に経営が赤字でも、キャッシュフローでカバーすることもできます。現預金最大化や資金調達の実践は経営を安心して行うために必要なことであり、このために自社のキャッシュの流れを経営の状態と併せて把握することがとても重要です。

事業展開の円滑化と、経営者の方に「あんしん」を提供するために、キャッシュフロー経営のお手伝いをさせていただいております。

弊社では各種機関とも連携を図り、関与先様の現預金最大化や資金調達にも力を入れて取り組んでおります。

各種専門家のネットワークで関与先様の事業発展をサポートします

「お客様、従業員、当社の三者が同じ方向に向かって前進し、共に成長していきたい」という想いのもと、税理士だけでなく、司法書士、社会保険労務士、行政書士、弁護士、ファイナンシャルプランナー等の各種専門家との連携を綿密に図り、より専門的で多角的な支援で関与先様の事業を様々な角度から応援できるよう、協力体制を整えております。また経理サポートやアウトソーシングなど、お客様の状況やニーズに応じて、関与形態についても柔軟に対応しています。

関与先様のご要望や事業への想いを共有し、ともに前進し成長していけるお付き合いを目指しています。

事務所概要

代表社員 税理士　上野竜太郎

上野税理士法人代表社員。日本介護経営株式会社代表取締役社長、歯科医療支援機構株式会社代表取締役社長。税理士。昭和51年生まれ。熊本県立濟々黌高等学校、法政大学経営学部卒。中小零細の事業者・経営者を支援することが、日本を元気にすることにつながる、との信念から各種経営支援やセミナー等を通じて地域貢献活動を行う。東京税理士会日本橋支部所属。

上野税理士法人
創　業：昭和40年
職員数：23名

〈東京事務所〉
代表：上野竜太郎
〒103-0028
東京都中央区八重洲1-5-15
荘栄建物ビル8階
TEL 03-6262-1485
FAX 03-6262-1486

〈熊本事務所〉
代表：上野敬尋
〒862-0972
熊本市中央区新大江1-17-20
TEL 096-366-5550
FAX 096-366-8766

エクセライク会計事務所

初選出

事務所の特徴

- 決算報酬ゼロ！追加報酬なしの破格の税務顧問サービスを提供
- お客様が行うのはエクセル入力だけでとても簡単
- 超高速レスポンス。月次は10日以内に返信。メールも即レス
- 開業10年で1000社以上の実績
- 豊富な経験により税務調査に強い

Web・SNS

Webサイト　https://tax.excelike.co.jp/

E-Mail　info@tax.excelike.co.jp

決算報酬ゼロ
超破格の顧問サービスを
全国に展開

私たちエクセライク会計事務所は、東京都東池袋に事務所を構える会計事務所です。

業界の常識にとらわれないスタイルの会計事務所であり、年間２００社以上の新規契約を獲得しています。

弊社の一番の特徴は「決算報酬をゼロ」とした破格の顧問サービスです。

個人であれば年間総額12万円から、法人であれば年間総額18万円から受諾が可能となります。これは相場の半額以下の料金体系であり、全国でも屈指のコストパフォーマンスの高い会計事務所です。

このサービスは全国で展開しており、北は北海道、南は沖縄まで対応が可能です。

弊社の代表は、公認会計士・税理士の伊藤温志が務めています。「エクセライク会計」というクラウド会計の自社開発に成功し、税理士業界からも注目を集めるようになりました。毎年、弊社に興味を持たれた多数の税理士事務所が事務所見学に訪れるようになっています。

お客様は簡単なエクセル入力をするだけでＯＫ

弊社が多くのお客様から受け入れられている理由として、お客様がすることを「とてもシンプルにした」ことが挙げられます。

お客様にしていただくことは、弊社所定のエクセルシートに簡単な入力をするだけです。それだけで相場の半額以下の税務顧問サービスを、決算報酬等の追加料金なしで受けられるのです。

特に法人のお客様は、自力で税務申告をするのは困難です。しかし、設立当初のお客様にとって、高額な税務顧問料は経済的に負担となります。弊社であれば、設立当初で税理士に依頼することが難しいお客様もサポートすることができます。

税理士対応を経営者自らが行えない場

事務所概要

公認会計士　税理士　伊藤温志

エクセライク会計事務所代表　エクセライク株式会社代表取締役　エクセライク保険株式会社代表取締役

昭和52年生まれ。法政大学経営学部卒。平成23年エクセライク会計事務所を開業。平成27年エクセライク株式会社を設立、代表取締役社長に就任。自社開発の「エクセライク会計」を用いて相場の半額以下の超低価格の税務顧問サービスを展開。東京税理士会豊島支部所属。

エクセライク会計事務所

創　業：平成23年

代表者：伊藤温志

職員数：10名（税理士2名、公認会計士1名、行政書士1名）

所在地

〒170-0013

東京都豊島区東池袋4-21-1

OWL TOWER 3階

TEL 03-5928-0097　FAX 03-5928-0098

合も問題ありません。エクセルシートへの入力だけであれば、会計の知識の有無にかかわらず、誰でも十分に対応できるからです。このように非常に柔軟な運用ができるのも弊社サービスの特徴です。

尋常ではない高速レスポンス
月次報告は10日以内に返送

弊社は殆どのお客様の月次決算報告書を10日以内に返送するという、超高速レスポンスに対応しています。

月次決算の返送期間は1か月超かかるのが通常です。これは尋常ではない速度で即レスを行っていると自負しています。

また月次決算のみならず、経営相談等のメールにも即返信を心がけています。営業時間内にいただいたメールは直ぐにご返信いたしますので、お客様にとってストレスなく、迅速にお悩みを解決できる体制を整えております。

さらに必要に応じて対面での面談やZoomによるウェブ面談も実施可能です。弊社では回数制限を設けておりませんので、ご要望があれば何度でもご相談を受けることが可能です。

電子申告に完全対応
面倒な手続きは一切ありません

弊社は電子申告に完全対応しています。これにより、税務署に提出する書類の殆ど全てを、弊社がお客様に代わって電子で提出することが可能です。お客様が自ら税務署等に出向かれて行う作業が殆どなくなります。

会社の経営者は非常に多忙です。税務の手続きも大切ですが、会社を発展させ、維持継続していくためには、経営者本来の大切な仕事が沢山あるのではないでしょうか。

弊社では、税務会計の手続きにお客様に極力お手間をかけさせず、本来業務である経営にしっかり専念していただく。このような価値観のもと、弊社はお客様のサポートをさせていただきたいと思います。

大貫利一税理士事務所

株式会社プロフィット・ワン
相続手続支援センター町田有限責任事業組合
あずさ行政書士法人

初選出

事務所の特徴

- 「三方よし」実践事務所。
- 資産税に関しては、30年の実績。
- 不動産業・建設業に豊富な実績あり。
- 他士業と連携し、どんな相談にもワンストップで対応。
- 相続対策等セミナーを定期的に開催。

Web・SNS

Webサイト　www.oonuki-tax.com　　**E-Mail**　toto-info@gol.com

「三方よし」の実践事務所

開業当時から近江商人のモットーである「三方よし」をスローガンに、お客様、従業員、地域社会の全体が良くなることを実践しています。

どうしてもお客様の会計事務所に対する目線としては、「敷居が高い、料金が分かりづらい、何をしてもらえるか分からない」など、多くの不安要素があります。当事務所は、誰でも、どんなことでも気楽に相談でき、お客様に元気・やる気を起こさせる事務所を目指しています。

経営者の良き相談相手として

経営者の方は、日々努力し、経営に注力していますが、相談相手となる方が限られています。会計事務所の役割は、日頃の気楽な相談相手となり、試算表から的確な判断材料を提供することにあると思います。

その中での資金繰りや経営効率の改善、設備投資に係る有利な税制の活用等、様々な面でのアドバイスを行っています。

資金繰りに関しては、金融機関等と連携し、素早く解決できるようにしております。

元気・やる気を起こさせる事務所

当事務所の職員は、30歳代を中心としてお客様に元気・やる気を起こさせます。

また、前職も会計事務所経験者のみならず、他業種で活躍していた職員ですので、知識も知恵も豊富にあり、お客様にとって相談しやすい環境となっています。

事務所内には笑いも在り、メリハリをもって業務に当たっているので、お客様も気楽に経営の話だけでなく、日頃の生活での困りごとにも相談に応じています。

「認定支援機関」として

当事務所は中小企業庁認定「経営革新等支援機関」として、補助金や助成金、保証料の減額などの優遇策を積極的に活用しております。

「書面添付制度」の活用

当事務所は「書面添付制度」を積極活用し、お客様の税務申告内容に対する信頼度アップを行っています。この「書面添付制度」を活用することにより、税務調査が実施される割合を減少させ、お客様にとって安心した制度を推進しております。

お客様第一の職員教育

常にお客様目線での良き相談相手となりうるよう、月1～2回職員研修を実施しています。

事務所概要

税理士　大貫利一

大貫利一税理士事務所所長。株式会社プロフィット・ワン代表取締役社長。相続手続支援センター町田有限責任事業組合職務執行者。
税理士。昭和35年生まれ。資産税専門の大手事務所を経て、平成20年、大貫利一税理士事務所を開業。同年、株式会社プロフィット・ワンを設立、代表取締役社長に就任。平成25年、相続手続支援センター町田を開設。地域の法人や相続案件を多数手掛ける。東京税理士会町田支部所属。

大貫利一税理士事務所　株式会社プロフィット・ワン　他

創　業：平成20年
代表者：大貫利一
職員数：16名（税理士2名、税理士有資格者1名、行政書士1名）

所在地
〒194-0022　東京都町田市森野1-22-5
町田310五十子ビル3階
TEL 042-710-6160　FAX 042-729-5855

安心できる相続の相談体制

大貫利一は、資産税専門の大手事務所に約20年間勤務しており、資産税に関して豊富な知識と経験があり、開業してからも相続・贈与、譲渡関連の業務を行っております。

特に、困っている高齢者に手を差し伸べて上げることをモットーに、相続発生前の対策から相続発生時の名義変更等の手続き、遺産分割協議書の作成、税務申告等までスピーディーに一貫して行うことができます。

そのため、当事務所では、相続の専門部署を設け、相続専門スタッフが最後まで面倒を見させて頂いております。

なお、相続税申告に当たっては、相続税専門の税理士が全て行い、「書面添付制度」も１００％活用しており、税務調査も１％未満の実績を誇っております。

また、開業時から成年後見関連の業務も行っておりますが、正常な判断能力がある場合には、家族信託制度や遺言書の活用も行っております。

相続手続支援センターとして

当事務所では、相続が発生した際に、まず、相続手続支援センターの専門相談員が相談にのり、その段階でどのような手続が必要かを見極め、ご提案を行い、お見積りのご提示後、ご契約の段取りとなりますので、相談だけで料金が発生する等のご心配もなく安心して頂いております。

また、定期的に相続関連のセミナーも開催しておりますので、お気軽にご参加ください。

あずさ行政書士法人として

当法人は、行政書士業務全般を行っておりますが、特に、相続関連業務に特化し、遺言や遺産分割協議書の作成、任意後見契約から成年後見業務には定評があります。

コロナ禍での対応

コロナ禍でお客様の資金繰り対応や売上高が減少し、一定の要件に該当した場合の持続化給付金・感染拡大防止協力金・家賃支援補助金等、毎月の会計資料から導き出される試算表から確認し、迅速に対応しています。

安心のサービス

企業法務や不動産関連法務に長けていて、訴訟に強い弁護士及び元国税ＯＢの税理士３名（法人担当２名、資産税担当１名）を顧問として連携を図っておりますので、ご安心してご相談ください。

初選出

岡江真一税理士事務所

オックスパートナーズ株式会社

事務所の特徴

- 政府系金融機関と連携した創業支援
- 他士業と連携し、どんな相談にもワンストップで対応
- 事業承継コンサルティング
- 相続税の生前対策・申告業務
- 補助金、クラウドファンディングを活用した販路拡大支援

Web・SNS

Webサイト　https://www.oxp-tax.com/
Facebook　岡江真一税理士事務所
E-Mail　shinichi.okae@oxp-tax.com
Twitter　岡江真一@開業税理士/新宿区

地域を限定しない幅広い地域の皆様をご支援

私たち岡江真一税理士事務所は、新宿区、板橋区を中心に、地域を限定せずに幅広い地域の中小企業の皆様をご支援している会計事務所です。最も遠方では北海道のお客様もいらっしゃいます。

業種としては、建設業、飲食業、小売業が多く、特に建設業のお客様が多くなっております。代表の岡江は行政書士としても登録しており、建設業許可の手続きに関してもワンストップで行っております。

会計・税務に関しては記帳代行から関与させていただいており、クラウドの会計ソフトを使用して効率的に記帳代行を行い、迅速に業績を報告することを心掛けています。

クラウドファンディング・補助金を活用した販路拡大の支援

当事務所は士業クラウドファンディング支援協会の認定サポーターとなっており、コロナ禍を乗り越えるための新たな挑戦や資金繰りの支援を行っています。クラウドファンディングは融資などと異なり、返済が必要ない収入となります。リターン（支援に対する返礼）が必要ですが、リスクも少なく積極的にご提案させていただいております。

さらに、認定支援機関にも登録しており、補助金を使用した販路拡大などの支援を行っています。締め切りや用途の制限などがありますが、小規模事業者持続化補助金は比較的使いやすい補助金です。コロナに際して補助率や補助金額の上乗せがあるので、使い時だと考えています。

相続税の生前対策・相続税申告事業承継・事業再生のサポート

当事務所は開業してから約1年半ですが、早速3件の相続税の申告をしています。

相続が発生する前の生前対策のご相談も多く、不動産会社や保険会社などと連

事務所概要

代表税理士　岡江真一

岡江真一税理士事務所代表。オックスパートナーズ株式会社代表取締役社長。税理士。昭和53年生まれ。国士舘大学文学部卒。令和元年、岡江真一税理士事務所を開業。同年、オックスパートナーズ株式会社を設立、代表取締役社長に就任。事務所開業直後からクラウド会計の導入に積極的に取り組み、経理記帳業務の効率化、会計報告の迅速化に努めている。幅広い地域の事業者の力になれるよう励んでいる。東京税理士会新宿支部所属。

岡江真一税理士事務所／オックスパートナーズ株式会社

創　業：令和元年
代表者：岡江真一・倉持直人
職員数：4名（うち税理士1名、事業承継コンサルタント1名、財務コンサルタント1名）

所在地
〒161-0033　東京都新宿区下落合3-22-22
リトルズトーン目白下落合601
TEL 03-6908-1547　FAX 03-6908-1548

携して多角的なご提案をさせていただいております。

　今後は、相続税の申告について、書面添付についても積極的に取組み、できる限り税務調査を回避し、お客様のお手を煩わせないようにしていきたいと考えています。

　また、事業承継・事業再生に関して実績のあるスタッフが常駐しており、事業承継の株価評価をはじめとする事業承継コンサルティング、認定支援機関として経営改善計画策定にも力を入れております。

政府系金融機関と連携した創業支援

　現在、コロナ禍で経済の落ち込みが大きいですが、そんな中でも創業されるお客様は多くいらっしゃいます。

　お客様からの入念なヒアリングにより、お客様にとって最適な会社形態、資本金額、事業年度、役員構成のご提案を行っております。

　また、政府系金融機関である日本政策金融公庫とのコネクションがあり、創業時の融資を想定した会社設立のご提案にも心掛けております。

　創業融資を受ける際の事業計画の策定などのサポートも積極的に行っており、迅速な融資実行ができるように支援させていただいております。

他士業との積極的な連携

　相続税の生前対策や相続の発生時についてもめごとが起きた場合には、弁護士事務所との連携、会社設立時や相続発生時の登記の手続きは司法書士事務所との連携、労務については社会保険労務士事務所との連携を行っており、ワンストップで迅速な手続きが可能です。

　その他、税理士業務についても昨今専門性が高い業務も増えており、当事務所だけで対応が難しいものについては、他の税理士事務所と連携して業務を遂行する体制も整っております。

1

初選出

税理士法人ガイア

行政書士法人ガイア　㈱GAIA PLANNING　㈱GAIA ADVISERS
㈱GAIA INTERNATIONAL　㈱GAIA REAL ESTATE
㈱GAIA ACCOUNTING SERVICE

事務所の特徴

①インバウンド向け事業（国内居住外国人向けサービス・納税管理人サービス・外国人の国内源泉所得申告）
②遺言作成・後見・遺言執行・相続分割サービス
③相続対策業務
④経営計画策定業務
⑤助成金補助業務
⑥異業種交流会の開催
⑦認定支援機関としての業務
⑧資金調達支援
⑨資産活用支援
⑩企業防衛支援
⑪提携士業・企業とのワンストップサービスによる顧客のバックオフィス全体支援ネットワーク

Web・SNS

Webサイト　http://gaia-tax.com　**E-Mail**　noguchi-accounting@tkcnf.or.jp

月次巡回監査体制による業務

　当グループは、法人顧問先を中心に、毎月巡回してお客様に細かい経営成績の業績報告、月次決算体制の構築による資金調達のスピードアップ、経営者の業績把握のスピードアップによる黒字化支援を基本としています。毎月巡回することにより、細かくお客様の悩み事や相談事を引き出し、いち早くワンストップサービスにより様々な顧問先の課題解決に力を入れています。

　また、正確な月次決算を翌月までに提供することにより、顧問先は金融機関からの信頼を受けて資金調達がより早く、そして有利な条件で受けることにつながっていると自負しております。

　また、税務においては、原票確認、契約書、請求書、その他証拠書類の確認をして、税務調査において指摘がないよう精査し、日頃より顧問先に納税意識の向上を図り、同時に適正な節税対策をご提案して、顧問先に選択肢をお渡しできるような体制を整えております。

　また、毎期、短期経営計画の策定を標準業務とし、毎月のお客様においては、無償にて翌期の経営計画・資金繰り予定を確認して、前期同月数字のほかに、予算対比をして経営ができるような体制を整えております。

　税務申告書においては、すべて書面添付制度を利用して、適正な申告である旨の書面を添付し、税務調査がより少なくなる体制を整えており、昨今では金融機関からの評価も高まっているところと認識しております。

　また、老後の資金貯蓄、経営者の病気、死亡リスクへの対策としての保険指導にも力をいれており、節税にもなる商品のご提供をしております。最近では生存リスクとして三大疾病に対する保障のご提案と同時に提携している病院において通常の料金よりも安価にて、癌の早期発見に役立つＰＥＴ検診の受診の推進をはじめております。

　月次巡回体制を構築したことにより、お客様の相談件数も増え、1件ずつの顧問先にきめ細かいサービスを提供することにより、信頼を着実に受け、その顧問

事務所概要

税理士法人ガイア
税理士　野口省吾

税理士法人ガイア代表社員。
行政書士法人ガイア社員。
㈱Gaia Resources代表取締役。
㈱Gaia Real Estate代表取締役。
㈱Gaia Advisers取締役。
㈱Gaia Social Contributions代表取締役。
㈱Gaia Accounting Service取締役。
㈱Gaia Planning取締役。
㈱Gaia International取締役。
税理士・行政書士。平成18年1月野口省吾税理士事務所開業。同年7月税理士法人ガイアに法人成りして現在に至る。中小企業の経営計画策定を得意とし、月次巡回をベースに顧問先の黒字支援に尽力している。東京税理士会王子支部所属。

税理士法人ガイア　行政書士法人ガイア
㈱GAIA PLANNING　㈱GAIA ADVISERS
㈱GAIA INTERNATIONAL
㈱GAIA REAL ESTATE
㈱GAIA ACCOUNTING SERVICE
創　業：平成18年1月（平成20年1月野口邦雄税理士事務所と合併）
職員数：54名（税理士7名、行政書士2名）
本　　社：〒114-0024
東京都北区西ヶ原3-48-4 3F
TEL　03-3940-0831
FAX　03-3940-0832
北支社：〒114-0024
東京都北区西ヶ原3-52-12
TEL　03-5980-9460
FAX　03-5980-9461
駒込支店：〒114-0015
東京都北区中里1-13-9
アーベイン駒込101
TEL　03-6912-1611
FAX　03-6912-1612

先に新しいお客様を紹介していただくという顧客拡大の手法をメインに地元を中心に営業を続けてまいりました。

インバウンド事業の拡大

昨今、日本にも外国人の人数が急激に拡大して今後も増加することを視野に、国際部という部署が7年ほどまえから設置されております。

海外の会社の国内子会社・国内支店などからはじまり、現在の顧客のメインは日本に投資用不動産を所有する外国人向けのサービスになります。日本の投資用不動産を所有して国内源泉所得が発生した場合には国内で税務申告が必要となります。当グループでは複数の外国人を雇用し、現在では顧客が１０００人を超過したところです。また、国内で業務をしている外国人の申告も最近は増加してきており、多言語対応ができる当グループでは、外国人からの紹介により当グループの売上シェアは増加しているところであります。今後もよりインターナショナル化が進むと予測し、更に当グループのサービスラインの強みとして力をいれているところであります。

相続・後見等の業務

昨今、高齢化社会の進展、認知症患者の増加というマーケットにおいて、この業務も非常に力をいれているところであります。相続税対策ももちろんですが、相続争いをおこさないように、事前の対策として遺言作成サービス、相続人の中に知的障がい者や精神障がい者、認知症の方がいらっしゃった場合のケアなどにお困りの方は非常に増加してきております。そのような方に向けて、適正な料金や事前のご安心の提供ということから、地元を中心にサービスを展開しております。

また、資産活用においても提携企業と協力してお客様の資産を防衛する必要があると認識しておりますので、今後も様々なご提案を続けていくところであります。

2011年度版から6回連続選出

木村税理士事務所

事務所の特徴

経営理念　⑴仕事を通してお客様・社会・世の中に貢献しよう。⑵お客様・社会に利益をもたらし豊かにして共に発展しよう。⑶お客様・社会の支持なくして存続は有り得ない。⑷人間性を高めて真の豊かさ（心・経済・健康）を獲得しよう。⑸これを実現するためにはどうすれば良いか常に考え行動しよう。

行動指針　⑴いつもニコニコ明るい心。笑顔を絶やさない。⑵そうですねという素直な心。まずそうですねと言おう。⑶ありがとうという感謝の心。ありがとうを連発・口癖にする。

強み　⑴あらゆる手段で節税を実行する。⑵月次決算に基づく財務コンサル・経営支援ができる。⑶財務・税務・法務・人事労務・保険・不動産・資金調達・銀行対策等のあらゆる相談をワンストップで受けることができるネットワークを持っている。⑷税務調査に強い。

租税法律主義により、法律で戦う税法の法律家です。

Web・SNS

Webサイト　http://www.komonzeirishi.com/taka49/

E-Mail　taka.kimura-zeirishi@nifty.com

企業経営者のお悩みを伴に解決していく

多くの企業経営者様のお悩みは、

①売上が上がらない

②利益が出ない

③資金繰りが苦しい

④その他　労務・法務・人事・銀行対策・資金調達

など、多岐にわたりかつ深刻です。企業経営者のお悩みを聞き、その良き相談者として伴に問題解決に取り組むベストパートナーとなります。

経営の役に立つ儲かる未来会計を目指します

当事務所では、発展意欲のある企業経営者の経営判断のお役に立つ会計データを経営者の方と伴に造ります。そのためには、

①御社ご自身で会計処理・入力を行う経理の自計化を推進します。常に新鮮な会計データに基づき日次決算・月次決算を行い、すばやく次の手を打つ経営判断ができる未来会計を確立します。当事務所では自計化にＷｅｂインターネット・クラウド会計ソフトを導入しています。これは、お客様と当事務所がインターネット上で同時に同じ画面を見ながら双方向で処理・監査ができるものです。御社が自計化できるまで丁寧な指導をいたします。

②私たち税理士業界で行っている会計は税務署に申告するための会計処理で税務会計と言われています。これは、経営判断の役に立ちません。そこで、当事務所では費用を売上の変動と共に増減する変動費（商品仕入れ・材料費・外注費等）と売上があろうとなかろうと発生する固定費（人件費・家賃地代・リース代等）に分けて変動損益計算書を作成します。

経営は固定費回収活動です。固定費を回収してしまえば後は全部利益です。固定費を回収するために必要な売上高はいくらか、変動費は下げられないか、固定費は削減できないかを検討する未来会計図表を作成し、具体的に検討します。毎月・月次経営会議を開きます。

③会社・経営の存続には現金が回る必要があります。どんなに利益を上げていても、現金が回らなくなったら終わりです。黒字倒産ということです。キャッシュフロー計算書を作成し、資金繰り改善に伴に取り組みます。

事務所概要

所長 税理士　木村具成

1954年10月生まれ。東京都中野区出身。中央大学商学部会計学科卒。都内会計事務所を経て、平成9年独立開業。
会社・経営者・そのご家族を含めたトータルアドバイスが得意です。

〒164-0001
東京都中野区中野4-5-1
K.Iビル6F
TEL 03-3387-6667
FAX 03-3387-8004

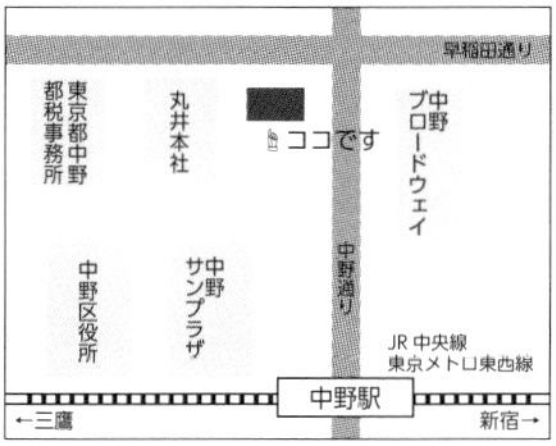

モットー　お客様のお役に立ち、喜んで戴き、ありがとうと言って戴けるよう常に考え行動しています。

行動指針　明るく・素直・感謝して

東京税理士会中野支部

お客様に実際に利益を得ていただきます

①法人税の大幅削減が出来ます。
- オペレイティング・リースによる全額経費損金算入
- 建築用足場レンタル事業による建築用足場材料の全額経費損金算入
- 半額損金算入が出来る生命保険の購入全員加入養老保険

②建物建築時に消費税の還付を実施しています。消費税が返ってきます。

③相続では生前贈与・保険活用・法人活用による相続対策を実施します。相続税のスペシャリストによる相続税の大幅削減に成功しています。

④地代家賃等の経費削減具体策・サービス残業の合法的解消策等を提言しています。保険の見直しにより、不必要な保険を削り必要な保険を付加し、トータルで保険料の削減に成功しています。

⑤平成23年には、合法的に3億円の法人の経費計上に成功しました。1億2千万円もの法人税の節税です。

⑥社長様の老齢厚生年金を全額貰えるようにします。年金全額貰いましょう。

中小企業とその経営者を元気にする経営のホームドクターです

①経営の役に立つ儲かる会計・経理を導入することにより、経営の健全な安定的発展に貢献します。

②中小企業の経営者と会社・その従業員・経営者のご家族・取引先。これらを総合的に勘案して未来を見据えたトータル・ベスト・アドバイスをしています。

③そのために会計・税務だけでなく、法務法律・人事労務・保険・金融資金調達・不動産等の専門家、すなわち弁護士、司法書士、不動産鑑定士、社会保険労務士、相続等の資産税の専門税理士等と、強力なトータルネットワークを築いております。

④消費税が増税されました。当事務所では輸出免税適用を推進しています。消費税の負担が減り、消費税の還付も考えられます。輸出している大企業は消費税を貰っている（還付されている）ことをご存じですか。

⑤タックスフリーの免税店を開設しましょう。輸出免税と同じ効果が得られます。

⑥国内市場は縮小・海外市場は拡大　輸出免税で消費税を節税しましょう。

⑦高級日本酒を輸出して売り上げを拡大し消費税節税している酒類販売業が有ります。

税理士法人九段会計事務所

九段会計行政書士事務所

初選出

事務所の特徴

- クラウド会計に強い
- 話しやすさ№1を目指し、親身に相談に乗る事務所
- 経営者・経営幹部対象の勉強会『経営者大学』を共催
- 他士業と連携し、どんな相談にもワンストップで対応

Web・SNS

Webサイト　https://www.kudan-tax.jp/
E-Mail　info@kudan-tax.jp
Facebook　@tokyo.zeirishi
Twitter　@kudankaikei
Instagram　kudan_kaikei

ITサポートで中小企業の皆様をご支援

私たち税理士法人九段会計事務所は、クラウド会計を得意としております。中小企業はバックオフィスにかける時間もコストもありません。しかし、どのように効率化をしていいのか、何をどこまでやればいいのかわからず、不安に思われている事業者様が多いのが現状です。

そこで、お客様の業務フローを確認したうえでクラウド会計を導入し、効率化をするお手伝いをさせていただいております。

幸い当事務所のスタッフにはシステムエンジニア出身者が複数在籍し、ITに明るいため、このようなサービスが実現できました。

話しやすさ№1を目指し、経営者に寄り添った支援を

当事務所は代表の髙木が、お客様が孤独な中でも自らを奮い立たせて頑張っていらっしゃる姿を見て、一番の良き理解者でありたいとの思いで設立当初から経営をしております。

税理士事務所のサービスの基本は会計処理や税務申告などになりますが、当事務所はサービスの本質はお客様の本当の悩みはどこか、どうしたら解決できるかを悩み、考えることだと思っております。そのためには、なんでも相談していただけなければなりません。まずはなんでも話しやすい人でありたい、ということで話しやすさ№1を目指して日々活動しています。

経営者・経営幹部対象の勉強会『経営者大学』を共催

経営資源は、ヒト・モノ・カネ・情報といったりしますが、経営者が一番悩んでいるのは『ヒト』ともいわれています。他人は自分が思ったようには動きません。事業を大きくしようと思ったときに一番悩むのが人だと思います。従業員が全員、自分と同じように考え、行動してくれた

事務所概要

代表社員　税理士　髙木功治

税理士法人九段会計事務所代表社員。九段会計行政書士事務所代表。税理士。昭和45年生まれ。法政大学経営学部卒。平成15年代表の髙木と副代表の森との2名で税理士法人九段会計事務所を設立。事務所開業直後から中小企業の経営のサポートをしながら、顧問先の紹介を中心に成長。東京税理士会麹町支部所属。

税理士法人九段会計事務所／九段会計行政書士事務所

創　業：平成15年
代表者：髙木　功治
職員数：25名（税理士4名）

所在地
〒102-0074
東京都千代田区九段南4-3-1　滝ビル3F
TEL 03-3222-5271　FAX 03-3222-5270

ら……と思う経営者の方は多いのではないでしょうか？　特に悩まれているのが経営幹部の育成です。従業員の育成はなかなか税理士事務所だけではできないので、中小企業のコンサルティングの方と共催で勉強会を行っています。月に1回、1年かけて経営について、幹部について学んでいただく『経営者大学』を開催しており、当事務所スタッフも参加し、学ばせていただいております。

次の回にも幹部のメンバーが参加されるなど、多くのお客様にリピートしていただいており、大変好評です。

また、この勉強会では横のつながりもできるので、お客様同士でお仕事につながったり、お仕事の相談をされたりしています。九州など他の地域のつながりもできました。

他士業と連携しどんな相談にもワンストップで対応

中小企業の経営をしていると、色々な手続きや法的な相談などが出てきますが、多くの専門家を顧問として契約できるわけではありませんし、明確にこの業務はこの専門家の仕事、とわかる方はいません。そのため、なんでも我々にご相談いただき、我々から司法書士や社会保険労務士、弁護士などの専門家におつなぎさせていただいております。

時には『こんな相談してもいいのかしら……』とご家族のお悩みを相談していただくこともあり、信頼されていると感じますし、実は税金に係ることや、法的に問題となるケースもありますので、知らずに不利益を被ることも防ぐことができます。

今後もお客様の良き相談相手としてなんでもご相談いただけるよう日々頑張ってまいります！

4
2015年度版から4回連続選出

黒永会計事務所

株式会社マックス・コンサルティング

事務所の特徴

- 独自のツール（特許取得）を使い、業界初の「経営」と「資金」を見える化しています。
- 難解な「経営分析」「キャッシュフロー計算書」のポイントが、やさしく浮かび上がってきます。
- 法人、個人の節税対策には31年間のノウハウを駆使し、自信をもって指導致します。
- 税務調査の対策には絶対の自信と実績があります（ほとんど申告是認を勝ち取っています）。
- 相続税対策は、「事業承継」「円満相続」「納税対策」をキーワードに、これからの「大増税時代」のサポートをいたします。
- 開業支援は、150社以上の設立を手がけ、サポートには実績があります。
- 情報提供にも力を入れており、数多くのセミナーや出版の実績があります。

Web・SNS

Webサイト　https://kuronaga-ac.net/　　**E-Mail**　main@kuronaga-ac.net

経営・資金分析コンサルティング

当事務所の最大の特徴は経営分析と資金繰り分析コンサルティングです。経営者にとってとても身近なものですが、次のような疑問をお持ちの方は多いと思います。

- 冬のボーナスはいくら出せるのか
- 今の売上でいくらの経費（人件費）が適正か
- 今の状況で資金繰りは大丈夫か
- 今の規模で借入金が適正なのか
- あといくら借入できるのか

当事務所は経営と資金について、業界初の4つのオリジナルコンサルティングツール（特許取得済み）を使用して、分かりやすく説明しています。

①決算書比較図表
②図解キャッシュフロー計算書
③キャッシュ推移表（キャッシュベースの試算表）
④運転資金倍率表（月末のキャッシュが運転資金の何倍あるかを表す）

MAS監査

次に当事務所の特色はオリジナル経営計画ソフト「Kスマート未来計画」を活用し、B/S、P/L、キャッシュ、借入金、資産、予実比較表による5年間の事業計画書が、図表化して一目で分かります。

これによりMAS監査（予算実績比較）による経営改善計画を分かり易く指導致します。

法人税節税

開業当初から31年間、法人税の節税についてのセミナー等を行ってきました。特に、子会社を使った節税対策に精通し、これまで150社以上の法人設立を行いました。

船井総合研究所においても、8年間で1000社以上の法人を対象に「法人税の節税セミナー」を開催しました。

生命保険、損害保険についても、外資系生命保険会社の専属税務顧問を務めていた経験を生かし、法人税の節税対策、経営者の保障、相続税対策等のリスクマネジメント・コンサルティングにも力を入れています。また、生命保険、損害保険の代理店や、保険営業マン及びその顧客対象のセミナーの講師も数多く務めています。

相続税対策

相続税とは単なる財産の承継業務と思われがちですが、当事務所では「相続」を「心の承継業務」ととらえています。故人の心を円滑に承継できるようにすることこそが、「相続税対策」だと考えています。

事務所概要

税理士　黒永哲至

昭和30年福岡生まれ。
平成元年黒永会計事務所を開設。
外資系生命保険会社の専属税務顧問、証券会社の税務顧問を歴任。
経営分析、節税、税務調査、保険税務、資産税に関するセミナーを日本経済新聞社、不動産会社等において多数開催。経営分析、法人税務経営コンサルティング、相続・不動産コンサルティングを中心とした業務を行い、現在に至る。東京税理士会新宿支部所属。

黒永会計事務所　株式会社マックス・コンサルティング

創　業：平成元年
代表者：黒永哲至
職員数：10名

所在地
〒160-0023　東京都新宿区西新宿7-21-21
西新宿成和ビル3F
TEL 03-3363-0118　FAX 03-3363-0366

「争続」を避け「円満相続」をしていただくために、当事務所では長年の業務、多くのセミナーなどで構築した企業ネットワークを活用し、多くの選択肢から不動産、建築、生命保険等の相続税対策に不可欠な方策の提案をしております。

また、高齢化社会で相続税対策に並んで重要視されているのが「認知症対策」といえます。「認知症対策」には親の不動産や預貯金を子供が処理することができる「家族信託」が一番と言われています。当事務所では「家族信託」のコンサルティング及び実務上の指導を行っています。

独立開業支援

当事務所は開業以来、31年間で150件以上の法人の設立・開業の支援をし、その分野のセミナー、執筆活動も積極的に行ってきました。そこで当事務所では、開業当初から独自に「法人設立のすすめ」という小冊子をつくり、独立、開業、法人設立をお考えの方に、説明と指導及びコンサルティングを行っています。

当事務所では資金計画のコンサルティングとして、短期・中期の事業計画を作成し、日本政策金融公庫及び保証協会、自治体の公的融資制度の導入支援やベンチャーキャピタル、及び都市銀行等の民間金融機関への積極的斡旋を行っています。

補助金や助成金についても、提携の社会保険労務士を通じて積極的に紹介し採用することを勧めています。

また、節税対策のノウハウをまとめた「法人税　究極！節税のバイブル」「よく分かる図解　相続・贈与税のバイブル」（税務経理協会）を発刊しております。ぜひこちらもご覧ください。

ここがポイント

- オリジナルツールを使った「経営」と「資金」のコンサルティングをすべて〝見える化〟で行います。
- 「キャッシュフロー」（資金繰り）と「企業業績」との実感の差異を感じている経営者には最適の会計事務所です。
- 「節税」については、「法人税」「所得税」「相続税」等のすべてにおいて、数多くの経験に裏付けされたノウハウを提供できます。

2003年度版から10回連続選出

税理士法人 恒輝

（東京事務所 榎本税務会計事務所）
株式会社イーシーセンター

事務所の特徴

創業 56 年を超える老舗の会計事務所です。
私達は事務所の「経営理念」に基づき「お客様の経営コーチ」として会計・税務・経営等に関する諸問題の解決に経営者と共に日々全力で取り組んでいます。経営者に必要な「旬な情報」はインターネット動画配信サービス「ウィズダムスクール」やポッドキャスティング、Twitter、Facebook 等を駆使し新鮮なうちにお届けしている事務所です。

Web・SNS

Webサイト　https://www.ecg.co.jp
E-Mail　info@ecg.co.jp
Facebook　【墨田区・両国駅まん前】税理士 榎本会計事務所
Twitter　@enomotokaikei

経営者の皆様の良きパートナーとして

我々、税理士法人恒輝は、前身である榎本税務会計事務所の1964年の開業以来、企業経営者の皆様の良きパートナーとして、半世紀にわたり会計税務コンサルティングをはじめ、数々の問題解決のお手伝いをしてまいりました。

2014年8月より、福岡県の福田税務／労務合同事務所、福田英一税理士と「税理士法人恒輝」として新たにスタートし、さらに2018年3月より、青森県八戸の八戸経営会計事務所、西川弥生税理士を含めた3拠点で、地域を超えた連携により激変の時代を乗り切るため事業を展開しております。

顧問先が抱える様々な問題やリスク管理を当職員の経営コーチ（後述）が明確にし、共に発展していくことが、私達の使命であり、目的であると考えています。

常に社長と共に「決算診断士」

決算診断に精通し税金の問題のみならず、社長が安心して相談のできる存在、それが「決算診断士」です。

「税理士、会計事務所」の一番の強みは、社長と直接肝心な話ができることです。社長は利益につながる話に無関心ではいられません。「アドバイス」をするのではなく、「経営課題を社長と共に」考えていくのです。

社長には「いろいろな問題を抱えて、人に言えないこと」が沢山あります。決算診断士が社長に寄り添う「アナログな、泥くさい経営」が、今後ますます輝く時代になっていくと思います。

私達は皆様の「経営コーチ」です！

経営コーチとは？　経営コーチをひとことで表すと「リーダーシップやマネジメントといった経営の知識と、それを的確に伝えるコーチングのスキルを持った会計人が、税務だけではなく経営の面でもサポートをすること」です。

経済が右肩上がりの時代は多くの会社が黙っていても成長し、会計人も税務だけを見ていれば良い時代でした。

しかし、今の経営者は経営のコーチングを必要としています。私達も税務の枠から一歩踏み出し、経営のサポート役を果たさなくてはならない時代に変化しました。私達は「経営コーチ」として認定を受けた事務所です。

「書面添付制度」を徹底活用！

当事務所は、「税理士法第33条の2の書面」を徹底活用しています。申告書にお客様との関与状況や、確認した資料・相談に応じた事項等、詳細を記載した書面を添付することにより、万が一顧問先で税務調査が実施される場合には必ず「意見聴取」の機会が与えられます（無予告調査の場合を除く）。

意見聴取は顧問先の管轄税務署へ税理士が出頭し、税務署職員に疑義を直接説明する場です。意見聴取の際に、税務署職員の疑義が解決した場合は税務調査が「省略」となります。書面添付を行えば「必ず」税務調査が省略になるとは限りませんが、調査期間の短縮や少なくとも顧問先への負担は軽減されます。

また申告書は税務署のみならず、金融機関や取引先にも提出する場合がありますが、添付書類の記載内容を確認することにより、第三者への信頼性が高まる効果もあります。

様々なメディアを駆使して経営者へ「気付き」を与えたい

当事務所では、インターネットをどの事務所よりも活用しています。興味関心のあるセミナーに参加したいが「仕事の都合上どうしても参加できない」

事務所概要

代表社員 税理士 経営コーチ ファイナンシャルプランナー　榎本恵一

1963年東京生まれ。代表社員税理士。榎本税務会計事務所所長。一般社団法人日本経営コーチ協会理事長。株式会社ウィズダムスクール代表取締役。専修大学会計人会会長。1986年、専修大学商学部会計学科卒業。2000年、産能大学大学院経営情報学研究科経営情報学専攻修了（MBA）。現在、財務・経営・人事コンサルタントとして活動するかたわら、起業家支援の活動を行うなど幅広く活躍。

〈著書〉「知って得する年金・税金・雇用・健康保険の基礎知識」2005～2021年版、「負けない!」、「経営コーチ入門」、「社長、ちょっと待って!! それは労使トラブルになりますよ!」、「実践ワーク・ライフ・ハピネス」1、2（以上共著）

〈モットー〉「継続は力なり」

東京税理士会本所支部

〒130-0026
東京都墨田区両国3-25-5　JEI両国ビル3階
TEL 03-3635-3507　FAX 03-3635-5696

や「前回のセミナーをもう一度聞きたい」といった実際に頂戴したご要望にお応えすべく、インターネット動画サービス「ウィズダムスクール」を活用しています。

このサービスは日々業務に忙殺されていらっしゃる経営者が24時間、いつでもどこでもＩＤ、パスワードがあれば、スマートフォンでも視聴が可能な動画配信サービスです。

顧問先の皆様に「証人」となって頂く経営方針発表会

毎年、顧問先の皆様をご招待して「経営方針発表会」を開催しています。

その年に当事務所が行う活動方針・内容を皆様へお伝えし、当方にとっては「誓いの場」、顧問先の皆様にとっては「証人の場」となっています。外部講師を招き、「情報収集・知識習得」や賀詞交換会を行い「異業種交流の場」も提供しています。

榎本税務会計事務所・イーシーセンター（ECグループ）経営理念

①お客様と一緒に発展し、社会に貢献すること
②ECグループの一人ひとりが個々の能力を最大限発揮し、お客様と喜びと感動を共有し、夢の持てる職場にすること
③我々は、常にお客様に提供する商品に磨きをかけ、最新の情報力をもって行動すること
④中小企業の為のワンストップ型事務所の実現を実践し、常にお客様の目線で行動すること
⑤我々は、会計のデータのみならず激変する時代の変化に対応出来る経営・システムを導入し税務を絡めた三位一体でお客様の問題解決を図ること
⑥勇気・元気をお客様に見える形で行動し、困難な時代だからこそ、未来のパワーに変えて頂けるようにすること

ワンストップ「ヒューマン」サービス

当事務所には名前だけの提携はひとつもありません。各専門家は日頃から連絡を密に取り合う「チームメイト」のような存在です。経営者を取り巻く様々な悩みごとについて、チームメイトと共に全力で問題解決に取り組む「ワンストップ」のさらに上のサービスを提供します。また、今後は「事業承継」に特化したサービスも展開して参ります。

クラウド会計をいち早く導入！

端末を選ばず、インターネット環境があれば、いつでもどこでもデータが見られ、しかも入力可能なクラウド会計。当事務所ではすでにクラウド会計の導入実績が多数あります。これから導入を検討されている方もご要望に応じて対応可能です。是非お気軽にご相談ください。

Chatwork・kintone導入で外出時間も有効活用

所内での情報共有・円滑なコミュニケーション実現のため Chatwork を活用し、また、作業進捗確認・各種申請等の管理のため業務システム kintone を導入して、効率化を実現しております。

これまで紙申請であったものを、プロセス管理での承認設定により、移動中での申請・時間短縮・ペーパーレス化へと移行し、業務進捗をグラフで可視化することにより、作業ボリュームの確認などにも活用しています。

これをお客様に対するよりタイムリーな情報提供や未来経営を推し進める原動力として活用しています。

4

2015年度版から4回連続選出

さきがけ税理士法人

株式会社さきがけ　一般社団法人相続手続支援センター
さきがけ社会保険労務士法人

事務所の特徴

- とことん親身な対応がお客様に好評な税理士事務所です。
- 国税OB税理士7名の在籍により法人税、相続税、消費税、所得税の各ジャンルの税務問題の解決能力は地域ナンバーワンです。
- スタッフ平均年齢29歳、代表42歳の活気あるベンチャー企業のような税理士事務所です。
- 銀行OBの在籍と地域金融機関とのパイプにより、資金繰り支援に強い税理士事務所です。
- 弁護士、行政書士、司法書士などの士業ネットワークにより、どんなご相談にも対応できます。
- 交渉に強い代表税理士と、税務調査経験が豊富な国税OB税理士のノウハウにより、税務調査に強い事務所です。昨年の税務調査立会依頼100件超。

Web・SNS

Webサイト　https://kurotax.jp/
Blog　https://ameblo.jp/kurotax/
E-mail　info@kurotax.jp

とことん親身な税理士事務所として

中小企業とお付き合いをする〝税理士〟には確固たる理念と覚悟が必要です。そこで、私、黒川自身が税理士を目指した理由を少しお話しできればと思います。

私の実家は曾祖父（ひいじいちゃん）の代から続く自営業でした。私が子供のころ、父が祖父から経営をバトンタッチされました。事業をどんどん拡大する父。そんな父を見て、私はカッコイイと思っていました。「将来は、自分が父の後を継ぐ」と、ずっと心に決めていました。

しかし、私が大学進学のため、18歳で北海道から東京に出てきた2カ月後の6月。突然、実家から電話がありました。「店が潰れた。お前のこれからの生活のことはこれから考える」と。

頭が真っ白になりました。何をどうしていいかわからない。家族はどうなるのか、自分の将来はどうなるのか……。

その後、私は実家に電話し、「こっちは気にしないで。自分で食べていけるように何とかやるから」と言いました。18歳の私は、急きょ、勤労学生として就職することになりました。

その後、本で税理士という職業を知りました。私がひかれたのは「中小企業を支援する専門家」というフレーズ。

「中小企業の支援……もし自分が税理士だったら、実家にどんな手助けができていただろう？」と思いました。漠然としていましたが、何だか熱い想いが込み上げてきたこの瞬間。これが私と税理士という資格との出会いでした。

3年後、独学で簿記1級に合格。税理士事務所への勤務を始めました。少しでも、クライアントの役に立てるよう、本当にたくさんのことを勉強しました。税務はもちろん、会計、法律、経営、金融、マーケティング……。それに加えて、税理士試験の勉強もしていましたので、20代のときはあまり寝ていません。

その後、無事税理士試験に合格し、独立して税理士事務所をやっています。下

事務所概要

代表 税理士　黒川 明

東京都多摩市に事務所を構える地域最大規模の税理士事務所。開業から10年で中小企業顧問は1,000社以上の実績を持つ。趣味はお酒で仕事後のビールと日本酒を愛する。尿酸値は少し高め。
スポーツではパワーリフティングにハマり2018年東京都パワーリフティング選手権大会120kg超級で優勝。
漫画も好きで自宅の一室は約2,000冊の漫画ルームとなっている。あふれた漫画は事務所に置いてあるが、捨てられそうで焦っている。
「2017年版 日本における『働きがいのある会社』ランキング」小規模部門でベストカンパニーに選出される。
東京税理士会日野支部所属。

さきがけ税理士法人
創　業：平成20年1月21日
代表者：黒川 明
職員数：93名
所在地
〒206-0033
東京都多摩市落合1-15-2
多摩センタートーセイビル4階
0120-964-316
TEL　042-313-8364
FAX　042-313-8365

積み時代は死ぬほど大変でしたけど……、仕事は、充実感にあふれる毎日。一生懸命、中小企業をサポートし、早13年。今になって思うのは「実家の顧問税理士が、今の自分だったら潰れずに済んでいたかも……」ということ。

税理士は中小企業にとって最も身近な専門家です。ほんの少しのアドバイスの違いが、大きな結果の違いになるものだと実感しています。

だから私たちは、中小企業にとって、とことん親身な税理士でありたいのです。そのために、弊社の体制も中小企業支援にふさわしいものを整備しています。中小企業に重要な資金繰りや融資を支援するために、銀行OBが在籍しています。

中小企業で起こる様々な問題に対応できるよう、弁護士、行政書士、司法書士など地域でのネットワークを築いています。税務調査を有利に進めるために、国税OB税理士が在籍しています。

そのような体制で、93名のスタッフが一丸となってお客様の支援をしています。

今では多摩地域ナンバーワン事務所と言われ、全国の税理士の見学をお受けしております。

お客様を支援するためには、自社も成長企業でなければならないという信念で、現在も成長中です。

ぜひ一度、お電話をいただくか、もしくはお越しいただければ弊社の活気とサービス精神を感じていただけると思います。どうぞよろしくお願いします。

サン共同税理士法人

サン共同社会保険労務士法人　サン共同RPAコンサルティング㈱
サン共同財務支援コンサルティング㈱　在宅経理㈱

初選出

事務所の特徴

①起業支援（創業融資、助成金支援）
②企業税務（連結納税・IPO支援）
③国際税務（日本進出・海外進出）
④M&Aサービス（組織再編・DD・FA業務）
⑤資産税（相続・事業承継・不動産運用コンサル）
⑥経理DX支援（システム開発・クラウド・RPA・AI導入）
⑦経理人材支援（在宅に特化した経理人材紹介）
⑧会計事務所M&A支援

Web・SNS

コーポレートサイト　https://san-kyodo-tax.jp/
E-Mail　contact@san-kyodo.jp
Facebook　@SAN_kyodo_
Twitter　@SAN_kyodo_

事務所紹介

　サン共同税理士法人は２０１６年に大手税理士法人出身者メンバーが中心となって、それぞれのキャリア・得意分野を生かしてクライアントに貢献するための税理士法人として設立されました。

　サン共同では、１００年先も存続できる会計事務所を目指して、「ＩＴ×人材」の分野に力を入れています。設立５年弱で６度の会計事務所の承継・統合と２カ所の支店開設を行っていますが、ほとんどがこの思考に共感した知人同士の事務所との統合・開設であり、それぞれの得意分野を融合させたシナジー効果のある統合・開設を実現しています。

　私たちはお客様のあらゆるニーズに幅広く対応できる総合会計事務所として、日々成長を続けております。

「国際税務大手出身の税理士」による税務サービス

　Ｂｉｇ４出身の税理士による上場企業を顧客とした税務サービスを行っています。連結納税、国際税務、組織再編税制など、高度な税務サービスを提供できる税理士が多数所属しておりますので、成長した企業が直面する課題解決に貢献できる体制を構築しております。

「資産税専門の税理士」による資産税サービス

　資産税専門の税理士による相続税対策・事業承継対策支援サービスを行っています。８拠点１５００社のお客様の相続・事業承継問題に対して、資産税チームが全拠点を横断的に対応しています。資産税のみを扱う資産税チームにより、高品質で高付加価値なサービスを低価格で提供しています。

「金融機関出身者」による資金調達支援サービス

　信金・地銀出身者からなる融資チームが資金調達支援サービスを行っています。特に創業時のお客様には、毎年１００件以上の創業融資のご支援をしており、創業時の創業融資の必要性を伝えていくことが起業支援の大事な役割であり、弊社に与えられた使命であると考えています。

事務所概要

代表社員　税理士　朝倉 歩

サン共同税理士法人代表社員。税理士。昭和54年生まれ。武蔵大学経済学部卒業。平成16年より現デロイトトーマツ税理士法人勤務。平成28年サン共同税理士法人代表社員就任。
設立後5年弱で6つの会計事務所の統合と2つの支店開設を行う。自社開発システムやRPA導入等最新のITを活用し会計事務所の業務効率化に注力。事業会社及び会計事務所向けに経理DX支援・経理人材紹介支援を行っている。東京税理士会麻布支部所属。

サン共同税理士法人

創　業：2016年6月
代表者：朝倉 歩
職員数：72名（税理士16名、公認会計士1名、社会保険労務士2名）

〈本社〉
〒107-0062
東京都港区南青山1-1-1
新青山ビル東館15階
TEL 03-3572-5831

〈東京事務所〉青山、日本橋、五反田、板橋、北千住、八王子
〈横浜事務所〉横浜
〈関西事務所〉西宮

また、2020年に発生した新型コロナ禍により資金繰り不安のある全拠点のお客様に対し、融資チームがコロナ融資の支援を行っています。

「エンジニア出身の税理士」による経理DX支援サービス

SE経験がある税理士と税理士有資格者が複数名在籍し、ITチームとして経理業務の自動化支援を行っています。クラウド・RPA・AIと日々テクノロジーの変化が激しいIT業界ですが、経理業務において常にこれらの最新のテクノロジー知識を取り入れていくことが求められています。税制の変化も激しいですが、ITの変化が今後さらに激しくなっていくなかで、「IT×税務」の最大化を進めてまいります。

「ITを活用したサン共同独自ノウハウ」による経理人材紹介サービス

サン共同では拠点が多いこともあり、拠点間で仕事を効率的に行うためにもITを駆使した業務効率化を設立当初から進めております。①完全ペーパーレスによる電子調書、②VDI・DaaS（仮想デスクトップ）による仮想化環境、③クラウド・RPAを利用した自動化、④自社開発システム・Googleサービスによる業務効率化、を全てコロナ前から進めてきました。

コロナ禍においてもテレワークでの勤務環境が整っており、在宅でも優秀なスタッフがどこでも仕事ができるような環境を実現しています。

サン共同では在宅での会計スタッフを活用した業務フローに力を入れており、お客様や会計事務所向けにも、在宅スタッフを活用した経理業務体制の支援を行っております。在宅経理人材は年間1000人程度の登録がございますので、業務体制を整えることで、優秀な経理スタッフがいつでも業務に対応することが可能となります。

〈参考〉サン共同オフィス見学&RPA体験見学会
https://tax-startup.jp/rpa-consulting/kengaku/

2003年度版から9回選出

自利利他の実践・当事者意識の貫徹・不撓不屈の精神で業務に取り組む

JPA総研経営参与グループ

事務所の特徴

－おかげさまで創立55周年を迎えました－
- TKC全国会におけるKFS推進運動で連続全国第一位となる！現在も継続中！！・・・
- ㈳日本経営士会　平成24年度「ビジネス・イノベーション・アワード」で大賞を受賞！
- 顧問先は己自身である！社員は生涯勤労学徒である！
- グループ社員150名が利他の心で業務に取り組み、黒字会社80％を実現、税務申告是認率99.95％を達成中！
- 第54期で新人25名を採用中！
- 年中無休・24時間受付体制支援で顧問先を完全防衛する！

Web・SNS

Webサイト　http://www.kijpa.co.jp

E-Mail　jpa@tkcnf.or.jp

中小企業の守り手「寄り添い侍」業として

　安倍前政権の発足以来、大企業、上場会社の活力が経済の活性化の牽引役にと期待をする一方、消費増税不況の到来（2年半延期されたが）、本格的不況感が我々の職域である全国中小企業を直撃しています。さらに、１００年に一度の新型コロナウイルス感染症拡大!!　そして菅政権発足など、社会の大変化の真っ只中といえます。

　そこで、私たちＪＰＡ総研経営参与グループは、今こそ顧問先経営者により添い、当事者意識をもち、ＴＫＣ会計人が長年掲げてきたスローガン「職域防衛・運命打開」の本番として対応して参ります。

総合法律経済関係事務所、ワンストップサービス体制の完備

　当グループは、法務・税務・労務・行政については、社内に税理士20名、社会保険労務士5名、行政書士8名、経営管理士20名、スタッフ１５０名が活躍しており、法務に関しては5名の弁護士に顧問になって頂いています。その他、司法書士、不動産鑑定士、弁理士、不動産コンサルタント等、あらゆる分野の専門家と提携しており、顧問先の困りごとに対応しています。

　また、高齢化社会のライフプラン、即ち道先案内業務を実践、弊社の専売特許である「ハッピーエンディングノート」作成の提案に税理士法人と行政書士法人が知恵を出し合い、また、遺言書の作成指導や相続対策の積極提案と受託に取り組んでいます。

　さらに、社会保険労務士法人では、就業規則の作成と見直しに力を入れ、人事、労務改善積極提案をしています。

中是優良企業誕生支援の徹底による黒字化指導の実践

　ＴＫＣの王道を歩み続けて50年、当事者意識に基づき、ＴＫＣ継続ＭＡＳシステムにより、顧問先の社長及び経営幹部等とともに作成した予算と実績に基づいて、毎月の巡回監査時に予実分析及び問題・課題の把握を行ってその改善策を話し合い、顧問先全社の黒字化（80％）、中是優良会社の誕生支援業務として全力投球中です。

業務品質日本一への挑戦 5大業務の開発と実現

　顧問先全社において例外なく、税理士法33

事務所概要

代表　神野宗介

法学修士・税理士・経営士

元尚美学園大学大学院教授

現在：税務会計研究学会正会員・租税理論学会正会員・日本税法学会正会員。日本経営管理士会正会員・日本税務会計学会正会員。日本中小企業学会正会員・アジア経済人会議会員。会計事務所後継者問題研究学会会長。全日本人事MAS協会理事長。JPA総研グループ代表。
TKC全国会元副会長／TKC東京中央会元会長／東京税理士会神田支部
日本租税正義研究学会会長／一般社団法人日本経営参与協会会長

JPA総研経営参与グループ／日本パートナー経営参与事務所／JPA財産クリニック社／パートナーバンク21社／JPA国際コンサルタンツ社／危機管理コンサルタンツ社

本社本部
〒101-0062　東京都千代田区神田駿河台4-3　新お茶の水ビル17F
TEL 03-3295-8477　FAX 03-3293-7944

の2の書面添付と電子申告、電子納税を推進し、業務品質日本一を目指し、挑戦し続けています。TKC全国会におけるオールTKC「申是優良会社誕生」のKFS作戦運動で、総合第一位を連続受賞しています。

また、当グループはJPA総研総合未来ビジョンを掲げ、国家資格者による5大業務の開発と実現に取り組んでいます。5大業務の詳細は左記のとおりです。

経営参与グループの国家資格者による5大業務

税理士法人	日本パートナー経営参与事務所	申是優良会社誕生支援（FX4クラウド会計）
行政書士法人	JPA財産クリニック社	ハッピーエンディング相続対策指導
社労士法人	パートナーバンク21社	人財採用、育成、派遣支援
経営管理士	JPA国際コンサルタンツ社	海外進出、投資及び事業承継、M&Aプロ指導
危機管理士	危機管理コンサルタンツ社	企業防衛、超リスクマネジメント支援

令和元年より、JPA総研グループは会計事務所から「経営参与事務所」へと脱皮し、JPA総研経営参与グループとして変身、成長、発展を目指し、力強くスタートしています。

今こそ新型コロナショックを乗り切る決意を

現在、100年に一度の危機ともいわれる新型コロナ不況の打開に、全社員の力を合わせて取り組んでいます。これは、「顧問先を1社たりともつぶさない！　つぶさせない！」という、不退転の決意の表明でもあります。

私たちは既に、全社一丸となって国が推奨する新型コロナウイルス感染症融資資金の100%確保を目指し、他社に先駆けて実行しています（2020年8月現在80%）。

さらに今後は、事務所創業当時の心意気で、顧問先が困難な時代であっても生き残り、発展を目指せるように必死に支援していきます。具体的には、顧問先の社長が取り組んでいる販売や営業などの対外業務全般と、人事・労務業務を時代の変化に合わせて改革するために、「未来経営計画提案支援」の導入に全力投球で取り組んでいく覚悟であります。

下川・木地税理士法人

株式会社下川・木地経営研究所

2007年度版から7回選出

事務所の特徴

①会社設立・創業融資支援サービスが無料で受けられる。
②医業・社会福祉法人支援に豊富な実績がある。
③相続対策・事業承継対策に豊富な実績がある。
④銀行格付け・銀行融資・日本政策金融公庫等の融資に強い。
⑤豊富な経験により税務調査に強い。
⑥行政書士、ファイナンシャルプランナー、中小企業診断士、医業経営コンサルタント等、各種有資格者が多い。

Web・SNS

Webサイト　https://shimokawa-kiji-and-co.jp/　　**E-mail**　yshimo@a1.mbn.or.jp

商業の中心地築地の公認会計士・税理士・中小企業診断士が皆様をご支援

下川・木地税理士法人は、昭和59年に代表社員の下川芳史が新光監査法人（当時）を退職し、日本橋小伝馬町にあった父・下川秀寿税理士事務所に机一つ置かせていただいて、関与クライアント零で開業しました公認会計士・税理士下川芳史事務所が始まりです。それ以来約35年、東京の日本橋を出発点として、現在では東京、神奈川、千葉、埼玉の各地域で約270件のクライアントの皆様方のご活躍を支援しております。

下川・木地税理士法人は開設以来、「Your success is our business.(あなたの成功のお手伝い)」をモットーに、大小の規模を問わず（但し風俗関係はNG）、中小企業や社会福祉法人の経営者、医療法人の先生方のご活躍を支援してまいりました。

代表社員の下川芳史は、中小企業のことをより詳しく理解する必要性を痛感し、昭和60年に中小企業診断士の資格を取得し、平成17年に慶應義塾大学外国語学校中国語科修了、平成26年には医業経営コンサルタント（認定登録番号7278号）の資格を取得し、さらには経営革新等認定支援機関となったのも、中小企業の経理、税務申告のみならず中小企業の経営や海外進出、さらには医業、福祉の皆様を支援したいとの思いの表れです。

代表者は中小企業支援、社会福祉法人支援、医業経営支援に多数の実績を持つ公認会計士・税理士・中小企業診断士の下川芳史。さらに、平成29年1月からは、監査法人トーマツを退職して入所した代表社員・公認会計士・税理士の木地健介をはじめとして、中小企業や保育園、医療法人の設立から毎年の会計・税務申告までを熟知したベテランから新進気鋭の若手まで、総勢13名の中堅の税理士法人であると自負しております。

全ての経営者を全面的にフルサポート

当法人は開業以来、中小企業、医業経営者、社会福祉等、ご支援する業界を拡大してまいりました。

当法人のコンセプトは「あなたの成功へのお手伝い」です。すぐには事務所の業績に貢献できなくとも、経営者のお役に立つことを地道に研究し続けていけば、必ず多くの人から感謝されるときが来るとの考えからです。中小企業も社会福祉法人も、さらには医療法人の先生方も経営者であり、そのような方々の様々な経営上の最良のご相談相手になれるよう、事務所全員で対応させていただいています。

保育園、特別養護老人ホーム等、社会福祉法人の分野では、社会福祉法人の会計を理解するだけでなく、社会福祉法人を規制する各種の通知を理解して、社会福祉法人の皆様を支援しております。

さらに、平成29年度から一定規模以上の社会福祉法人には、公認会計士監査が法定化され、

法人概要

代表社員　下川芳史

下川・木地税理士法人代表社員。株式会社下川・木地経営研究所代表取締役社長。公認会計士・税理士・中小企業診断士。昭和23年生まれ。早稲田大学大学院商学研究科修了。昭和59年新光監査法人（当時）を退職し、公認会計士下川芳史事務所を開業。平成6年、株式会社下川経営研究所を設立、代表取締役社長に就任。事務所開業直後から企業支援のみならず医業経営支援・社会福祉法人支援・相続対策支援など多方面・多分野の発展に尽力している。東京税理士会京橋支部所属。

代表社員　木地健介

公認会計士・税理士。昭和56年生まれ。立命館大学経済学部卒業。平成27年監査法人トーマツを退職し、下川・木地税理士法人（現在）に入所。創業支援、資金調達に強み。東京税理士会京橋支部所属。

社会福祉法人、学校法人等の非営利法人のみを監査する京浜監査法人を公認会計士有志5名で立ち上げました。

医療の分野では、個人開業医の先生方に医療法人化のメリット・デメリットをご説明して、納得の上での法人設立をお勧めしています。医療法人設立のメリットとして、資金調達の容易性、分院等による事業拡大、節税対策が容易、事業承継が容易である等を納得していただいております。その結果、当法人が関与した医院の先生方のほとんどが医療法人化されています。

単に会計・税務にとどまらず、その業界を研究した上で、経営全般のご相談に応じることが出来るよう、努めております。

経営者の良き相談相手
M&A、融資相談、事業承継

また、弁護士、司法書士、弁理士、社会保険労務士の先生を無料でご紹介させていただいています。

事務所内では税理士以外にも、例えば中小企業診断士、行政書士、ファイナンシャルプランナーなど、事務所内での隣接する各種の資格取得を通じて、現在の職域の拡大に大いに役立っています。

さらには、日本政策金融公庫や銀行、信用金庫等への融資相談もさせていただいております。当法人は経営革新等認定支援機関ですので、融資の金利面でも大変有利となっています。

また、経営者の一番の悩み事は後継者問題です。当法人では事業承継支援にも積極的に取り組んでいます。親族に後継者がいない経営者には、専門会社とも連携して、M&Aの各種手法を駆使して、経営者の皆様にはハッピーリタイアメント、従業員の方には安定した雇用の継続を実現するご提案をいたしております。

平成27年以降は相続税も改正され、東京都内では約45%の人が相続税の該当者との試算も行われ、当法人でも積極的に相続税対策に取り組んでおります。

私たち下川・木地税理士法人は、「Your success is our business.(あなたの成功のお手伝い)」をモットーに、皆様のより一層の業務の拡大とご活躍をご支援していきたいと考えております。

下川・木地税理士法人
京浜監査法人明石町事務所
株式会社下川・木地経営研究所
創　業：昭和59年
代表者：下川芳史、木地健介
職員数：13名（税理士2名、公認会計士2名、中小企業診断士1名）
所在地：〒104-0044
東京都中央区明石町1-29
掖済会ビル2F
TEL　03-6264-3963
FAX　03-6264-3964

下村パートナーズ税理士法人

初選出

事務所の特徴

- 不動産会社でセミナーの講師も務める資産税・相続に強い税理士が将来的な節税もサポート。
- 事業会社を経営していた経験を持つ税理士が、お客様の経営をサポート。
- 会計ソフトを無償で提供し、遠隔地のお客様ともリアルタイムで会計情報を共有。
- 外部の専門家と提携し、ワンストップでお客様をご支援。

Web・SNS

Webサイト　http://www.shimozei.net/

E-Mail　shimomura@oboe.ocn.ne.jp

開業から一貫して良い会社づくりをご支援

「良い会社」とは、売上が上がる仕組みができていること。利益が出ていること。社員が喜んで仕事をする環境であること。顧客が安定して増えていること等々、社会に貢献している会社であると考えています。私たちはあらゆる角度から、お客様の良い会社づくりをご支援します。

資産税・相続に強い

　開業以来、当事務所では「資産税」の分野にも力を入れてきました。「資産税」といっても守備範囲は広く、「相続」はもちろん、不動産の賃貸や売買等の税務もご支援します。

　同じ不動産でも、「法人」と「個人」では税金のとらえ方や計算方法が異なります。同じ取引でも、申告の仕方によって税金が0円から何百万円となることもあります。

　また、個人の不動産賃貸業を法人化し、建物を個人から法人に移動することにより所得課税を大幅に節税し、将来の相続税も節税することができます。

　いくつかの不動産会社で、セミナーの講師も務めています。

介護施設の経営をご支援

　少子・高齢化で介護の需要は確実に増えています。当事務所では、介護の分野にも力を入れています。

　介護サービスには、①入所サービスをする特別養護老人ホーム（特養）や介護老人保健施設（老健）、グループホーム、有料老人ホーム、②通所介護をするデイサービス、③訪問介護をする訪問サービスがあります。

　それぞれ施設の仕様や入居者の定員やスタッフの人数など、条件が細かく決められており、条件ごとに経営の仕方も違いますので、安定した施設運営のため、お客様をサポートします。

事務所概要

代表税理士　下村 昇治

下村パートナーズ税理士法人代表税理士。1958年、群馬県生まれ。1980年、茨城大学を卒業後、上毛新聞社に入社。1986年、伊藤公認会計士事務所入所。1994年、人材派遣会社の株式会社エスケイコンサルタントを設立し、代表取締役に就任（2009年に売却、2010年に退職）。2010年に税理士登録をして、下村昇治税理士事務所を開設。2017年、下村パートナーズ税理士法人を設立し、代表社員に就任。8年間の会計事務所勤務と16年間の会社経営の経験から、経営のわかる税理士と自負している。
東京税理士会京橋支部所属。

下村パートナーズ税理士法人
創　業：2010年7月
代表者：下村 昇治
職員数：5名（税理士2名）

所在地
〒104-0061
東京都中央区銀座8-11-5　正金ビル2階
TEL 03-6228-5262　FAX 03-6228-5284

経営が分かる税理士

代表の下村昇治は、16年間事業会社を経営していた経験があります。経営計画、資金繰り、労務対応等、会社経営の基本を熟知しています。どんなご相談にも親身にアドバイスいたします。

クラウド会計

ＡＩの進歩で当たり前にはなりつつありますが、遠隔地のお客様ともリアルタイムで会計情報を共有し、経営状況を把握しています。お客様がお使いになる会計ソフトは、当事務所が無償で提供しますので、お気軽にご相談ください。

提供するサービス

企業税務会計一般

- 会計ソフトを使った月次試算表および決算書の作成
- 各種経営指標の作成（事業計画書の作成等）
- 法人税、所得税等各種申告書作成業務
- 事業計画相談、税務相談
- 税務調査の立ち会い

不動産税務コンサルティング

- 不動産投資の運用シミュレーション
- 不動産業再構築支援
- 資金管理、融資コンサルティング

コンサルティング・サービス

- 経営者の考え方に応じた経理システムの構築
- 事業計画書の作成アドバイス
- 公的融資申請支援
- 介護事業の立ち上げ

さらに、当事務所で請け負えない業務でも、司法書士や社会保険労務士等の他士業と提携し、ワンストップで対応いたします。

事務所を開業して10年が過ぎ、次の10年がスタートしました。今後も皆様のお役に立てるよう研鑽を積み、発展していきたいと思います。

SKIP税理士法人

事務所の特徴

- 未来を考え、ともに夢を実現する
- 知識・経験豊富なスタッフ
- 経理代行が人気です
- バラエティ豊かなサービスメニュー

Web・SNS

Webサイト　https://www.skip.ne.jp/
E-Mail　info@skip.ne.jp
Facebook　SKIP税理士法人

頼れる「スキップ」になりたい

私たちは「未来を考え、ともに夢を実現する」という理念のもと、お客様のよきパートナーとなることを目指しています。「スキップ」には「跳ねる・スキップする」のほかに「チームの主将」という意味があります。氷上のチェスといわれるカーリングでは、試合中に作戦を立て、指示を出すプレーヤーを「スキップ」といいます。

お客様との関係を考えたとき、経理財務・税務・経営の分野においてお客様を深く理解し、適切なアドバイスのできる・頼れる「スキップ」になりたいと思い、「ＳＫＩＰ税理士法人」と名付けました。

代表の曾我は野村證券やリクルートでの勤務経験があり、多様な視点でのアドバイスができると考えております。また、職員にも税理士6名、公認会計士5名、相続診断士1名、行政書士1名が在籍しており、お客様の幅広いニーズにお応えしています。

経験豊富なスタッフにお任せください

現在支援しているのは年齢も業種も多種多様なお客様です。ゆえにスタッフの知識や経験は豊富で、安心してご相談いただいております。創業支援から事業承継、組織再編、相続にいたるまで各種サービスを提供しています。

私たちが目指すのは杓子定規な専門家ではなく、経営や資産形成における最重要パートナーです。豊富な知識と経験からお客様にはリスクを含めて分かりやすい説明を心がけています。

「経理代行」が好評です

最近よくご依頼いただくのが「経理代行」です。記帳代行はもちろん、請求書発行や現金出納帳・売掛金・買掛金の管理も承っております。人手不足

事務所概要

代表社員　税理士　公認会計士　曾我隆二

一橋大学商学部卒業。野村證券株式会社、株式会社リクルートを経て、公認会計士の世界へ。中央クーパース・アンド・ライブランド・アドバイザーズ株式会社（中央監査法人グループ）勤務を経て、平成15年6月公認会計士曽我事務所として独立開業。平成24年1月SKIP税理士法人に組織変更し、代表社員に就任。平成31年4月SKIP監査法人を設立。東京税理士会麴町支部所属。

SKIP税理士法人

創　業：平成15年
代表者：曽我隆二
職員数：25名（税理士6名、公認会計士5名、相続診断士1名、社会保険労務士1名、行政書士1名）

所在地
〒102-0084
東京都千代田区二番町12-13
セブネスビル2階・4階
TEL 03-5276-2072　FAX 03-5276-2074

の昨今、経理担当者が急に辞めることも多く、また採用するのも難しいものです。

特に小規模の会社では社長が経理をしていることもよくあり、本業より経理に時間を割いてしまっているという話をよく耳にします。私たちに経理をお任せいただければ、社長本来の仕事に集中することができます。また、今まで見逃していた問題点に気づき、問題解決につながります。

さらに、前述したように幅広い層のお客様をサポートしておりますので、経理・税務以外のご相談にも対応しております。ただ、経理を任せるだけでなく、任せたことで会社が良くなるような、そんな経理代行を目指しています。

未来を考え、ともに夢を実現する

弊社の特徴として「社長サポート」というサービスがございます。社長をサポートしたいけれど、社長が必要としているものは何だろう、私たちに何ができるだろうと考え、このサービスが誕生しました。予実管理や会議支援、経営計画策定など、会社の規模や状況に合わせて柔軟に対応しております。

すぐに売上があがる、全社員の意識が変わるというものではありませんが、お客様とともに会社の未来を考え、ともに悩み、提案し、二人三脚で会社をサポートしていきたいと考えております。

私たちはこれからもお客様の頼れるパートナーとして、未来を考え、ともに夢を実現するために尽力いたします。

税理士法人スバル合同会計

C-MAS 介護事業経営研究会 東京千代田支部

8

2007年度版から8回連続選出

事務所の特徴

1. 10年連続300社以上の新規関与先が増えています。
2. 年間100社以上の新規立ち上げのお手伝いをしています。
3. 伸びる企業には伸びている会計事務所がピッタリです！

Web・SNS

Webサイト　https://subaru-tax.biz

E-Mail　subaru@tax-adviser.gr.jp

オーダーメイドを目指します

お客様によって、会計事務所に求めるサービス内容は千差万別です。節税を求める方、資金繰りの安定を求める方、事業承継やコンサルティングを求める方、その他さまざまな要望を頂きます。

サービス内容や会計ソフトを指定する会計事務所も多い中、弊社では、そのすべてのオーダーに高品質なサービスでお応え出来るよう、スタッフ195名体制で常に研鑽を積み、お客様ごとに最適なものをご提供しております。

これらオーダーメイドの基礎となるのは月次訪問だと考え、毎月打ち合わせを行い綿密に情報共有することを大切にしております。

ポストコロナにおける現場主義

2020年、新型コロナウイルスの感染拡大は世の中の状況を一変させ、会計事務所においても従来の働き方からの変化が必要不可欠となりました。弊社では、スタッフの体調管理やオフィスの消毒はもとより、時差通勤の推奨やテレワークの恒久化にも取り組んでいます。また、会計や税務など基本業務のクラウド化を図り、オンライン会議を取り入れることで、お客様と今まで以上に内容の濃い打ち合わせを行っております。

スバル合同会計では、伝統的に大切にしていることの一つに「現場主義」という考え方があります。これは、会計事務所の業務とは、なにも会計や税務といった狭小なフィールドのみでなく、よろず相談業であると考え、「全て解決はできなくても、最低限聞くことはできるはず。そして、少しでも社長の気持ちを楽にし、経営に専念して頂きたい」という思いからです。よそ行きでなく現場だからこそ話せる本音、現場でしか感じることのできない大切なものが必ず存在するという信念のもとに、現場への月次訪問を実施しております。

ポストコロナの時代、クラウドツールやオンライン会議といった新しい技術を用いることにより、月次訪問の「やり方」は変化しています。しかし、私たちの「在り方」は、今まで培ってきた「現場主義」となんら変わりのないものだと考え、日々の業務に取り組んでいます。

若さとフットワークを武器に スケールメリットを生かします！

スタッフの平均年齢は約38歳で、気力・体力・明るさはどこにも負けないと自負しております。

これからの時代、より高品質なサービスの提供が求められます。そして、そこにスピードを加えてこそのハイクオリティ。スバル合同会計の武器はフットワークの軽さです。

１９５名のスタッフと約４０００社の関与先、この人材と経験は必ず次のお客様にもフィードバックできると確信を持って業務に当たっています。

また、毎年３００社以上の新規顧問をさせていただいているのは、おそらくコストパフォーマンスがお客様の納得を頂いていることを証明するものだと思います。今後もこのスケールメリットを最大限に生かし、更に発展させていく所存です。

お客様と共に成長を続けます

創業以来、長岡・群馬・周南・桑名・仙台・福山・北九州・浜松・福岡・札幌と、各地に事務所を開設しております。今後も継続して全国のマーケットを視野に、展開を行っていく予定です。

また、２０２１年は法人設立15周年を迎え、東京事務所（本部）の新社屋が竣工します。

常にお客様の立場に立ち、お客様の発展を最高の喜びとし、お客様に安心して頂けるよう、私たちも成長を続けます。

事務所概要

代表社員　垣本栄一

昭和35年生まれ。平成5年、開業。平成14年、スバル合同会計を立ち上げる。平成18年、税理士法人スバル合同会計発足。

東京税理士会神田支部

税理士法人スバル合同会計
創　業：平成5年
代表者：垣本　栄一
職員数：195名（税理士29名、公認会計士3名、司法書士1名、社会保険労務士4名、行政書士3名）

東京事務所
〒101-0061
東京都千代田区神田三崎町
2-4-1 TUG-Iビル8F
TEL　03-3862-0486

長岡事務所
TEL　0258-35-3666

群馬事務所
TEL　0276-84-1068

周南事務所
TEL　0834-33-4455

桑名事務所
TEL　0594-23-3155

仙台事務所
TEL　022-346-8559

福山事務所
TEL　084-925-1013

北九州事務所
TEL　093-541-1006

浜松事務所
TEL　053-411-0486

福岡事務所
TEL　070-7410-5502

札幌事務所
TEL　011-596-0486

〈関連会社〉
株式会社CAN
一般社団法人ワンストップ相続サポートセンター
スバル司法書士事務所
スバル社労士事務所
スバル行政書士事務所

セブンセンスグループ

セブンセンス税理士法人　セブンセンス社会保険労務士法人
セブンセンス行政書士法人　セブンセンス株式会社
セブンセンスマーケティング株式会社　株式会社アイクス

7
2007年度版から7回選出

事務所の特徴

①IT・システムを活用、生産性UPと充実したサポート
②業界屈指の多言語対応力で外資系企業に強い
③顧問先数2,200社超、お客様からの紹介が90%以上
④複数担当制、組織化したマネジメント
⑤DX（デジタルトランスフォーメーション）を推進

Web・SNS

Web　https://seventh-sense.co.jp/（日本語）
https://seventhsensegroup.com/（英語）
https://seventhsensegroup.com/it/（伊語）
Twitter　Seventh Sense Group
Facebook　日本語：セブンセンス税理士法人
英語：Seventh Sense Group

2019年11月 セブンセンスグループ誕生

東京を拠点に9カ国語対応でグローバルなサービスを展開してきた東京税経センターグループと、静岡を中心にIT化と製販分離体制による生産性向上で会計業界を牽引してきたアイクスグループ。異なる特徴を持った2つの会計事務所グループが統合し、セブンセンスグループが誕生しました。

互いの持ち味をフルに発揮し、自由な発想で「会計事務所業界の未来をリードするユニークなポジションを作る」ことをテーマに次世代型の会計事務所を創造していきます。

起業支援・融資支援に強い 助成金・補助金の実績多数

会社設立はお任せください。経理や会計、税金、労務面などのサポートを一貫して行います。融資では日本政策金融公庫や民間金融機関と密接なパイプを構築し、積極的な資金調達支援を行っています。

また、助成金・補助金は各地域のオフィスで数多くの案件を取り扱っており、静岡のものづくり補助金は業界でもトップクラスの実績です。

相続・贈与・事業承継など 資産案件はお任せください

相続は複雑な案件が多く、担当税理士の知識や実績がとても重要だといわれます。様々なケースに精通し、対応できる税理士はごく少数です。

相続税申告、贈与税申告、各種名義変更手続、遺言書作成、事業承継支援・対策は経験、実績が豊富な「相続に強い税理士」私共にご相談ください。専門スタッフがお客様のご要望にお応えします。

外資系企業のサービスもOK 9カ語に対応可能です

外資系企業特有の、会計基準の相違や非居住者の源泉所得税の取り扱い、外国税額控除などの様々な課題で培った経験やノウハウを基に確実に対応します。

東京赤坂オフィスには、英・中・韓・仏・伊・独・勃・越・日など9カ国の言語に対応するバイリンガル、トリリンガルスタッフが在籍。面談、電話、Eメールをはじめ、会計ソフト入力や給与計算、海外本社へのレポーティングなどの業務に多言語で対応しています。

事務所概要

グループ代表（代表取締役会長）
小長谷 康

1950年生まれ。金融機関、税理士事務所勤務を経て、1984年アイ経営指研を設立。その後マネージメントクリエイター、アイクス人事サポートセンターを設立。1995年にアイ経営指研代表取締役に就任。2003 年アイクスグループ代表に就任。2019年に東京税経センターグループ（本社：東京）と統合しセブンセンスグループを発足。グループ代表に。製販分離による生産性向上や、IT、デジタル技術を生かした業務の効率化の実現など、会計事務所における新しいモデルを次々に展開し、業界をリードしてきた実績を持つ。

グループ代表（代表取締役社長）
税理士 行政書士　徐 瑛義

1976年生まれ。大手会計事務所、公認会計士事務所勤務を経て独立開業。2008年に税理士法人東京税経センター代表パートナーに。2019年にアイクスグループ（本社：静岡）と統合しセブンセンスグループを発足。グループ代表に。外資系企業の税務・会計、医業の経営支援、資産税案件に多くの実績がある。現在は事業承継やM&Aの業務に関与する傍ら、セミナーや執筆など幅広く活動。「消費増税のすべてがわかる」（金融ブックス）、「相続・遺言・成年後見100人の老後Q&A」（悠雲舎）など著書多数。東京税理士会上野支部所属。

セブンセンスグループ
代表者：小長谷 康　徐 瑛義
職員数：190名（税理士12名、社会保険労務士9名、行政書士2名、中小企業診断士3名、FP7名、宅地建物取引士3名、事業再生アドバイザー 6名、MAS監査プランナー 5名、文書情報管理士1名 他）

東京赤坂オフィス（本部）
東京都港区赤坂2-15-16
赤坂ふく源ビル4階
TEL　03-6426-5542（代表）
FAX　03-6426-5543
E-mail　info@seventh-sense.co.jp

東京上野オフィス　（東京都台東区）
東京銀座オフィス　（東京都中央区）
東京外神田オフィス　（東京都千代田区）
千葉オフィス　（千葉市若葉区）
静岡オフィス　（静岡市駿河区）
山陰オフィス　（鳥取県米子市）
石垣島オフィス　（沖縄県石垣市）

医業専門部署を設置　あらゆる角度からサポート

私達はこれまで多くの医業（特に歯科医院）のコンサルティングに関わる機会をいただき、経営支援に力を入れてまいりました。新規開院や分院の設置、資金計画、人事・給与制度の構築、電子カルテの導入など、あらゆる角度からのサポートが可能です。

更に、医療法人化シミュレーションや合併・買収（Ｍ＆Ａ）、後継者対策やハッピーリタイヤメントのサポートなど、事業拡大や事業承継に関するご相談にも対応いたします。現在は２５０件を超える医科・歯科クライアントをサポートしています。

元国税調査官（ＯＢ）が在籍　税務調査に対する問題も素早く対応

「税務調査が不安」とおっしゃる方もご安心ください。セブンセンスグループには元国税調査官の税理士が常時在籍しており、税務調査でお困りの際はすぐに対応できる体制が整っております。

国税局の内情を誰よりもよく知り、税務調査がどのようなものかを理解して対応できる人間が事務所内におりますので「いざというときに」大きな安心につながります。

中小企業ＤＸ推進研究会を設立　ＤＸの普及活動をスタート

コロナ禍で経済が疲弊する中、企業が活力を取り戻すために今ＤＸの対応を迫られています。

私達は、業務のデジタル化を積極的に推進し、質の高いサービスを提供することで業績アップを実現してきました。その知見を活かし、デジタル専任者が中心となって２０１９年７月に「中小企業ＤＸ推進研究会」を設立。日本全国の士業事務所やお客様に対するＤＸ支援の本格稼働を開始いたしました。

コロナ関連の補助金、助成金なども　お気軽にお問い合わせください

国や自治体から様々な支援策が出ていますが、調べてみると、お客様によって「利用できるもの」と「利用できないもの」あるいは「要件が厳しくて実現が難しいもの」などがあり、内容は様々です。

私達は、コロナ支援策に関する新しい情報を常にグループ内で共有し、それぞれのお客様に合ったご提案を行えるよう、体制を整えています。

どうぞお気軽にご相談ください。

らいふ経営グループ

税理士法人西川会計

認定経営革新等支援機関

2004年度版から9回連続選出

事務所の特徴

変化する環境、多様化するニーズ……。情報が氾濫する中、真に必要なサービスを！ それが私たちの使命です。税務・会計のみに終わらず、社長や社員、家族の将来に至るまでサポートします。「誰がやっても同じではない、西川会計だからこそ頼みたい！」。豊富な経験と実績で、そんな声にお応えします。

Web・SNS

Webサイト　https://www.nishikawa-kaikei.co.jp
E-Mail　lifeman@nishikawa-kaikei.co.jp
Facebook　税理士法人西川会計（東京都北区の会計事務所）

お客様を守る5つの視点

私たちは、「税務会計」「財産防衛」「人的防衛」「企業防衛」「経営支援」の5つの視点で会社の状態を「見える化」し、そのお客様に合った改善提案を行っています。

税理士法人西川会計を中心とするらいふ経営グループは、この5つの視点を実践してお客様を力強く支援するための専門家グループです。

監査担当者とその上司、税理士、社会保険労務士、CFP、金融アドバイザーなど、それぞれの専門家が「チーム」として偏りのない、トータルなサポートをしています。

社長は本業に専念してください

担当させていただく監査担当者が、税務・会計の専門知識を有したトータルコーディネーターとなり、社長様が抱えている問題課題を一緒に整理し、優先順位をつけ、スケジュール化することで、ひとつずつ一緒に課題を乗り越えていきます。私たちが皆様に提供できる価値は、「断面的な問題解決」と「継続的な相談役」だと思っております。社長様は安心して社長業（売上を上げること、会社の未来を考えること）に取り組んでください。

専門スタッフがあなたのパートナーになります

会社経営において、カネとヒトは最も大切な経営資産です。当グループでは、税理士法人と社会保険労務士法人がタッグを組んで皆さんをご支援いたします。

税務・会計を中心とする「税務監査部門」では、会社の儲ける仕組みづくりと、会社の資金調達力向上の支援を毎月の巡回監査を通じて行っていきます。「社労士部門」では、労務問題の解決だけでな

事務所概要

代表社員税理士　西川 豪康

らいふ経営グループ代表。税理士。昭和47年生まれ。専修大学法学部卒。東京税理士会王子支部所属。
平成16年に税理士法人西川会計の代表社員税理士に就任。顧客の40%が理美容業という美容業に特化した会計事務所として、理美容室の創業から出店支援、労務問題など幅広くサロン経営を支援している。また自身の2代目としての経験を活かし、顧問先の事業継承の支援を行っている。

《らいふ経営グループ》
- 株式会社ライフ経営（各種コンサルティング）
- 社会保険労務士法人らいふ社労士事務所（社会保険業務、就業規則作成、各種助成金申請）
- 行政書士法人らいふ行政書士事務所（遺言相続書類作成、経審等各種許認可）
- 株式会社らいふ保険サポート（生命保険及び損害保険代理店）
- 有限会社アイ・ネットサービス（経理代行・給与代行）
- 各種サムライネットワーク（弁護士、公認会計士、司法書士、不動産鑑定士等）

く、発展していく組織づくりを支援いたします。

そして、「保険部門」「資産税部門」が、財産の防衛、会社のリスク防衛、社長様の将来設計、従業員の福利厚生といった守りのサポートをしていきます。

美容室経営を支援する専門部門があります

理美容室の創業支援から出店計画、資金計画、給与制度の構築など、幅広くサロン経営をサポートする部門があり、サロン業界ならではの問題を着実に解決していきます。多店舗展開されているサロンには、経理の合理化や、FC化などのグループ経営の組織づくりを、会計・労務の両側面からご支援いたします。

理美容版戦略マネジメントゲームも開催しており、サロン経営の疑似体験を通して経営の全体像を理解し、決算書の基礎知識も学べます。スタッフの教育プログラムとしても最適な研修です。また、業界内での講演・執筆も行っております。

お客様と共に

税理士法人西川会計は、今年創業54年を数えました。「お客様に寄り添いお客様を守る」。どんなに時代が変わっても創業の精神であるこの思いを大切にずっと守ってまいります。

☆「一日企業ドック」「次世代経営者勉強会」「税制改正セミナー」「労務改正セミナー」「経理合理化セミナー」「後継者塾」「理美容版戦略マネジメントゲーム」など、各種セミナーも随時開催しています。

らいふ経営グループ
税理士法人西川会計
認定経営革新等支援機関
〒115-0044
東京都北区赤羽南2-4-15
TEL　03-3902-1200
FAX　03-3901-5600
総社員数　80名

日本クレアス税理士法人

日本クレアス社会保険労務士法人
株式会社コーポレート・アドバイザーズ・アカウンティング
株式会社コーポレート・アドバイザーズM&A　株式会社日本クレアス財産サポート

2
2019年度版から2回連続選出

事務所の特徴

- 「LONG TERM GOOD RELATION（お客様の明日を創る）」という企業理念のもとクライアントファーストを貫き対応しています。
- 会計、税務、相続、事業承継、人事労務、給与計算、労務相談、M&Aなど、様々なサービスをワンストップで提供しています。
- ベンチャーから東証一部上場まで、様々な規模、業態のお客様の企業活動をサポートしてきた豊富な実績があります。

Web・SNS

Webサイト　https://j-creas.com/
Twitter　アスカ@日本クレアス税理士法人採用担当
Facebook　日本クレアス税理士法人／株式会社コーポレート・アドバイザーズ

様々な規模・業態のお客様へ最適なサービスを提供いたします

当法人では起業から東証一部上場まで幅広いお客様のサポートを通じて蓄積してきた豊富な経験やノウハウがあります。

法人のお客様は約2000社、その他、個人やクリニック・医療法人・介護福祉等合計4000以上のお客様のサポートをさせていただいています。

公認会計士や社会保険労務士が所属するグループ各社と連携し、お客様のニーズ、お悩みに応じ、最適なサービスをご提供いたします。

幅広いサービスメニュー

①個人及び法人の会計・税務
お客様それぞれに最も適したサービスメニューをオーダーメイドでご提供しています。月次決算・税務顧問、税務調査対応、連結納税、国際税務、個人確定申告など、ご要望をお聞かせください。

②医療法人支援
医院の開業支援から日々の会計処理、経営のご相談まで医療法人・社会福祉法人・介護施設を幅広くサポートいたします。

③相続・事業承継
相続に関するお悩み相談、財産評価、遺言書の作成支援、相続税申告書の作成など、経験豊富な資産税・相続税の専門チームが支援いたします。

④セカンドオピニオン
「自社顧問税理士以外の、第2の意見が欲しい」というお客様のニーズから生まれたサービスです。海外取引や企業再編など、複雑な案件にも対応いたします。

⑤給与計算・労務顧問
給与計算の代行、社会保険事務の支援、社内規程の策定、労務顧問、就業規則、人事制度構築など、社会保険労務士を中心としたチームが対応いたします。

事務所概要

代表社員 公認会計士・税理士　中村 亨

日本クレアス税理士法人代表社員。その他、グループ会社の代表取締役を兼務。
公認会計士・税理士。1968年生まれ。早稲田大学政治経済学部卒。監査法人トーマツ（当時）を経て、2002年中村公認会計士事務所設立。後に組織再編し現在に至る。株式会社エムアウト社外取締役、SBI大学院大学非常勤講師、株式会社サムライインキュベート監査役、他兼務。
東京税理士会麻布支部所属。

日本クレアス税理士法人
日本クレアス社会保険労務士法人
株式会社コーポレート・アドバイザーズ・アカウンティング
株式会社コーポレート・アドバイザーズM&A
株式会社日本クレアス財産サポート

創　業：2002年
代表者：中村 亨
職員数：259名
所在地
〒100-6033
東京都千代田区霞が関3-2-5
霞が関ビルディング33F
TEL 03-3593-3235
FAX 03-3593-3246

⑥M&A仲介・アドバイザリー

後継者問題の解決・戦略的M&Aなど各種アドバイザリー業務を提供しています。M&Aを進める上で必要となる会計・税務・労務面も専門家による万全のフォロー体制が整っています。

⑦上場企業サポート

監査法人出身の公認会計士など経験豊富なスタッフが株価算定・財務調査・企業再編、決算開示、内部統制・内部監査など一貫してサポートいたします。

専門知識をもったスタッフが対応

専門知識や豊富な経験を持ったスタッフが多数在籍しています。公認会計士15名、税理士47名、社会保険労務士13名の他、相続診断士や中小企業診断士も在籍しており、万全の体制でサポートしています。

ニーズに応える開発力

「会計事務所はサービス業である」ことをスタッフ一同が胸に刻み、お客様が求めているものは何かを常に追求しています。専門のチームがご要望に応えられるよう、スピード感をもって対応をしています。

お客様の明日を創る

「LONG TERM GOOD RELATION」とは、私たちが創業以来もっとも大切にしている想いであり、お客様とこうありたい、という願いであり、実現に向けて追求し続けていかなければならない目標です。

私たちは常にこの理念を心にとめ、お客様一人ひとりのご要望に応えるため尽力し、自らも成長し続けています。

税理士法人早川・平会計

たいら公認会計士事務所　平行政書士事務所

初選出

事務所の特徴

- 相続税贈与税申告全般　取扱件数年間50件
- 相続対策、節税対策　取扱件数年間50件
- 遺言書作成サポート　取扱件数年間20件
- 相続税セカンドオピニオン　取扱件数年間10件
- 法人、個人税務顧問　顧問先数400件

Web・SNS

Webサイト　www.ht-souzoku.com　　Facebook　@ht.consulting

E-Mail　support@ht-tax.com

相続の専門家であり調整役 相続人みんなの幸せを目指す

　創業から30年以上、神田に事務所を置く当事務所は、相続に関する案件を年間120件以上担当しています。私共の特徴は、すでに税理士が着手した案件もセカンドオピニオンとして精査することです。その結果、節税や資産確保ができたお客様がたくさんいらっしゃいます。

ていねいなヒアリングで 相続人の声に耳を傾ける

「節税と低料金が最優先の方はご遠慮ください」とはっきり申し上げております。私たちは相続人の幸せを如何に実現するかを考えます。相続税を減らすことは重要ですが、例えば一次相続の場合、二次相続の場合を考慮せずにいると、二次相続時に支払えないほどの相続税が課せられる例もあります。どのような対策を取るにしても、もちろん推定相続人、相続人の合意が必要です。そのため当事務所では、ていねいなヒアリングを行い、相続人全員が不自由なく事業や生活を営める対策を考えています。

　たとえば、同族会社の経営者の男性（被相続人）がなくなり、90歳の奥様が8000万円の現金を相続し、配偶者控除を使うこととなった事例。担当した税理士へ依頼したのは、実質的同族会社の経営者である長女夫婦でした。この税理士は、名ばかりの役員である次女に5000万円の役員貸付金を相続させるという提案をしていました。名前だけの役員なのに貸付金を相続し、相続税を支払わなければならなくなった次女の方が、本当にこの分割提案が適切なのか、疑問に思って当事務所にセカンドオピニオンを求めて来所されました。

確認や納得のための セカンドオピニオン

　当事務所の特徴の一つが「セカンドオピニオン」です。税理士の提案が最善なのか、これが相続人にとって一番の選択

事務所概要

代表社員　公認会計士・税理士・行政書士　平 善昭

1963年生まれ。1986年明治大学商学部卒業。同年サンワ・等松青木監査法人（現、有限責任監査法人トーマツ）入所。1995年同社を退社。たいら公認会計士事務所設立。2002年税理士法人早川・平会計を設立し代表社員就任。上場会社から中小企業の税務顧問として、組織再編や連結納税を得意分野とする。近年、事業承継、相続などの分野を拡充している。東京税理士会神田支部所属。

税理士法人早川・平会計／たいら公認会計士事務所／平行政書士事務所

創　業：1983年
代表者：平 善昭
職員数：16名（税理士7名、公認会計士2名、行政書士2名）

所在地
〒101-0048　東京都千代田区神田司町2-10
安和司町ビル2階
TEL 03-3254-2171　FAX 03-3254-2174

なのか、疑問に思うことがあった場合、一般の方が自らの手で確認するのは困難です。当事務所では、当初担当した税理士に迷惑をかけることなく、申告書や資料を精査し、あらたな提案を行います。

前段の例では、当事務所で精査した結果、前税理士の計算間違いを発見いたしました。さらに相続人それぞれの状況と、二次相続を考えて、役員貸付金はお母様が相続、子どもたちが現金を相続という形に落ち着き、全員にご納得いただきました。

相続税申告期限は、被相続人死亡から10ヶ月以内。相続人が依頼していた税理士があと3ヶ月という段階で提案してきた遺産分割案に疑問を持ち、当事務所に駆け込んでくることもあります。このような締め切り間際でも、分割案に対してのコメントを出してご納得いただいた例もあります。

相談しやすいシステム 初回は無料、電話も可

もちろんファーストオピニオンとしての相続前、相続発生後の相談にも対応します。相談しやすさを考え、初回の相談は無料となっています。当事務所では、初回にかなり深掘りしてお話を伺います。ご相談にいらした方はピンポイントで聞きたいことがあるかもしれませんが、相続人皆様の幸せを考えるには、詳細な情報が必要となるからです。

ていねいなヒアリングが、皆様の幸せな相続の実現に必ずお役に立てると思うからこそ、皆様から信頼され、多数のご依頼を受けております。

相続専門の税理士がお話を伺います。電話での相談も受け付けておりますので、お気軽にご連絡して頂ければと思います。

藤本税務会計事務所

2003年度版から7回選出

事務所の特徴

- お客様のお話をとことんお聞きします。
- 人生の進路決定に役立つ情報をご提供します。
- 士業ネットワークによりどんな相談にもご対応します。
- わかりやすく貴社の経営成績を解説します。
- 経営の進路決定に役立つ情報をご提供します。

Web・SNS

Webサイト　http://www.taxfuji.com

E-Mail　info@taxfuji.com

コロナ禍でも安心 自分の目が届く範囲で 濃いサービスを展開

過去の経験から、事務所の拡大を図るのではなく、自分の目の届く範囲で濃いサービスを展開していこうと考えました。

いかに多くお客様に接し、本音を聞きだして問題点を探るかが大切だと思っております。いずれは事務所の24時間営業も視野に入れながら、今は予約制で朝8時から夜8時まで応対しております。

お客様とお互いの顔が見える規模を保ちながら、厚いサービスと大手に負けない情報をご提供していくのが、藤本税務会計事務所の基本スタンスです。

コロナ禍でも目が届くから、各種給付金などを事務所よりご提案することができました。

危ない橋を渡らせない

問題点の把握と解決の方針は、医療に例えれば、定期健康診断を重視し、患者様の納得の上で治療をすることです。事前の対策によって、無理な脱税まがいの節税や粉飾を行うこともなくなり、相続でいえば財産隠しや危ない節税をする必要もなくなります。皆様の周りにはきっと、節税をしたつもりで失敗された方がいると思います。私のお客様にはそんな思いはさせません。

不動産運用

事務所の場所柄、資産税と資産運用、ファイナンシャルプランニング、リスクマネジメントに詳しいのが事務所の特徴です。事務所のある世田谷区は、農地が宅地になり、それが活用されてお金を生んでいく場所です。

資産税については、知っているかどうかで大きな差がつきますので、「どのような案件を年間いくつ扱っている

事務所概要

所長 税理士　藤本昌久

昭和35年東京都世田谷区生まれ。早稲田大学政治経済学部卒。昭和26年先代藤本税務会計事務所開設。昭和63年税理士資格取得、事務所承継。東京税理士会世田谷支部所属。
「安心と信頼」をキーワードに、地元に根差した町医者的税理士として日々さまざまな相談にのっている。地域柄相続の相談も多く、年配者が相談の順番待ちをすることも。

藤本税務会計事務所
創　業：昭和26年
代表者：藤本昌久
職員数：5名

所在地（小田急線祖師ヶ谷大蔵駅徒歩7分）
〒157-0072
東京都世田谷区祖師谷4-6-4
TEL 03-3483-2002　FAX 03-3483-2021

か」ということが大切です。直接扱えない案件も、他の税理士との研究会を通じて研究し、さらには周辺研究機関や業者との情報交換などですばやい情報入手を実現しており、それによって税務以外の測量や土地家屋の調査、建築の知識、土地整理の交渉術といった情報もご提供いたします。

また、土地活用、資産運用のアドバイスもいたします。お客様が安心できる資産構成と運用を心掛け、さらに各種保険の見直し検討に強いのも事務所の特色です。企業も家庭も、保険の見直しはコストの削減になりますし、あらゆる危険をお金の面からカバーするのに保険は大切です。

税務署の調査のない申告
相続税の改正でますます注目

事務所では書面添付制度を活用して調査のない申告を目指しております。書面添付制度という名前はまだまだ皆様には馴染みが薄いようですが、税理士がお客様のどのような書類をどのようにチェックして申告しているか、また、どのようなご相談にのったかを書面に書いて、申告書に添付して出す制度です。いわば税理士が書く内申書のようなものです。この書類を出しますと、まず税務署が調査をしたいときには、いきなり調査に入るのではなく、税理士に意見を聞いてから調査をするかどうか決めます。

この書面の内容を充実させて税務署が納得するよう努めており、この意見聴取のみで実際に調査をしないことが多くなっております。お客様は税務署と接する必要がなくなり、感謝の言葉を頂いております。特に相続税の改正で納税者が一挙に増えており、税務署の方から相続税の書面添付に特に力を入れてほしい旨の要請も来ております。書面添付制度を活用して、調査と無縁になることが可能になろうとしています。皆様のお役にきっと立ちます。

4
2015年度版から4回連続選出

古屋総合事務所

真剣経営コンサルティング株式会社

事務所の特徴

代表の税理士が事業経営の経歴を持っており、経営者目線でのサービスと提案を行っております。また、あらゆる人脈を有し、事業経営のアドバイスを行っており、お客様に好評な事務所です。
弁護士、社会保険労務士、司法書士、行政書士などの士業ネットワークによりワンストップで中小企業における色々なご相談に対応できます。
元銀行員の融資担当者が数名在籍しているので、事業計画作成などのサポートをし、資金調達に強い事務所です。
国税OB税理士が事務所に在籍しているので、法人税、相続税、消費税、所得税の各ジャンルの税務問題対応に定評があります。
スタッフ平均年齢35歳で他業種経験がある若いスタッフが多い活気のある事務所です。
交渉に強い代表税理士と税務調査経験が豊富な国税OB税理士のノウハウにより、税務調査に強い事務所です。

Web・SNS

Webサイト　http://faccount.jp/
E-Mail　info@faccount.jp
Facebook　古屋総合事務所

中小企業モデルを目指しています

私たちの事務所は平均年齢35歳という若手の会計事務所で、私たちの事務所自体も成長企業となります。持続的に皆様の見本となれるよう色々な活動に積極的に取り組み、理想的な中小企業モデルを目指しています。

私は、スタッフみんなが人として成長できる環境を整備し、積極的に働き方改革に取り組んでいます。スタッフ一人ひとりが物心ともに満足できる職場環境を作るために共に考え、最高の職場環境にするために日々努力しています。そのために、テレワーク導入、退職金制度導入、産休や育児休暇などを導入しました。今後も時流に合った働き方に取り組んでいきます。

私たちのスタッフの元気がなく、職場に満足していなければ、お客様へ素晴らしいサービスをすることはできません。挨拶、礼儀、身だしなみ、整理整頓、清掃など社会人として当たり前のことをしっかり行う事に重点を置いています。

朝礼前に私も含め全員で掃除をし、朝礼では挨拶の練習、身だしなみチェック、経営理念と行動指針、その日の業務内容を共有し、仕事を始めています。また、スタッフみんなのコミュニケーション能力を向上させ、お客様との意思疎通を正確かつスピーディに行うために日々精進しています。

職場は仕事をするだけでなく、人間性を高められる場となることを目指しています。

『三方よし』精神を心掛けてのサービス

私たちは『関わる全ての人たちを元気にし、感謝される会社にする』を経営理念として、お客様の立場に立ってサービスすることを心掛けています。お客様からは業務量に応じた適正金額を頂いて最高のサービスを提供し、お客様、提携先様、当事務所が一緒に成長し、『三方よし』の精神を大切に、関わる全ての人たちが幸せになることを目指しています。

経営者目線で事業の成長、拡大を全力でバックアップ

経営者の皆様が本業に専念できるように、記帳代行をはじめ、給与計算、売掛金チェック、請求書代理発行など、あらゆる経理サポートや経理事務の合理化をサポートさせて頂いております。

経営者の皆様は、日々の本業業務に追われて会計が後回しになってしまうことがありますが、当事務所では、経営者の皆様に会計、経理の重要性を理解して頂き、数字に強い経営者になって頂きたいと考えております。経理、会計の環境整備ができた後は、単なる税

北海道
東北
東京
関東
東海
信越・北陸
近畿
中国
四国
九州・沖縄

事務所概要

代表税理士　古屋佳男

古屋総合事務所 代表税理士。行政書士。昭和48年生。平成19年、税理士事務所を開業。平成24年、行政書士事務所を開業。平成26年、真剣経営コンサルティング株式会社設立。

【関わる全ての人たちを元気にし、感謝される会社にする】を経営理念とし、中小企業の事業の成長・拡大を全力でバックアップするため活動しております。売上高数百万円から数百億円以上の会社まで様々なお客様を支援しております。

東京税理士会新宿支部所属。

古屋総合事務所／真剣経営コンサルティング株式会社

創　業：平成19年
代表者：古屋佳男
職員数：15名（グループ会社含）2020年12月現在
提携税理士：3名

所在地
〒160-0023
東京都新宿区西新宿7-15-10-201
フリーダイヤル 0120-588-268
FAX 03-5332-8788

務や会計などの代行業務を行うだけではなく、経営者の皆様と数字から読み解く情報を共有し、今後の課題について説明させて頂きます。経営者の皆様の所得を最大化することについても重要視しております。

中小企業に重要な資金繰り、融資をサポートする体制はもちろん、経営上のあらゆる課題を解決するために、弁護士、司法書士、社会保険労務士、行政書士など各士業とのネットワークを構築しています。どこに相談したらいいかわからないことがございましたら、まずは私たちにご相談ください。

新規創業者の支援

私たちは、新規創業者の支援には特別に力を入れています。創業のお客様の場合、最初は安定するまでに時間を要する方も多いので、価格はとても抑えて設定しています。創業時にはわからないことばかりで不安を感じている方も多いのですが、私たちが必要な手続きや将来的な備えのこと、そして、今後のリスクについて丁寧に説明し、提案していくようにしています。

創業者の事業プランをお聞きするときは本当に心が躍りますし、私たちもつい力が入ってしまいます。多くのお客様と、夢を語りあって、そしてその夢を形にしていくお手伝いをしたいと心より願っています。

課題の解決は事業計画から

私たちは、経営者の悩みをお聞きしたときに、その問題を解決するため、計画の作成からご提案することにしています。現状の業績や問題点を分析し、経営者の頭の中にある「どうなりたいのか」「どうあるべきなのか」をヒアリングしていきます。そして、漠然としたイメージを具体的な数字や行動に落とし込み、「事業計画」にまとめ上げます。これによって、課題と、それを解決するために何をすべきかが明確になるのです。

次に、このやるべきことを着実に「行動」に移していく、そして結果を検証して、計画や行動を修正していくという仕組みが必要になってきます。私たちは、その仕組みが会社の中で構築できるようにサポートしていきます。この一連の流れによって、経営者の悩みが解決され、健全な経営体質が実現されていくのです。皆様が健全、堅実な経営を実行するために、そして皆様の夢・目標を実現するために、まず、事業計画から始めましょう。

ベンチャーサポート税理士法人

5
2013年度版から5回連続選出

事務所の特徴

弊社は「ベンチャーサポート」の社名が表すとおり、会社設立の支援に始まり、今からビジネスを伸ばしていこうとする起業家のサポートを得意としています。
起業直後だからこそ、経理や税金、融資や雇用など法律の絡むややこしい悩みも何でも気軽に話せる、友人のようなパートナーとしての税理士事務所を目指しております。

Web・SNS

Webサイト　https://vs-group.jp/tax/

E-Mail　vs@venture-support.jp

低料金なのに手厚いサービス！起業家支援に特化した税理士

税理士業界では、安い月額費用であればサービスもそれなりで連絡も途切れ途切れ、高い月額費用を払ってようやく税理士がきっちり相談に乗ってくれるというのが当たり前と思われてきました。

しかし、ベンチャーサポートでは、

- 社内業務の徹底したＩＴ化
- データ取り込みによる記帳代行の効率化
- お客様に選んでいただく料金プラン

など、従来の会計事務所とは根本から業務への取り組み方を変え、作業を効率化した分、よりお客様の疑問や不安に向き合うというサービスを、低料金のままで実現することを可能にしました。

作業屋としてではなく、経営に関する法律の相談相手としての長いお付き合いを目指します。

起業家やベンチャー企業の社長に本当に必要なサービスを提供！

ベンチャーサポートがほかの税理士事務所と違う最大の特徴は、社名が表す通り、「ベンチャー企業のサポートを得意とする」点です。

起業をして10年以内の若い会社に、会計や税金だけでなく、許認可や融資・助成金、さらには人材採用や契約書等の法律面まで、全てワンストップで対応できるという点がベンチャーサポートの強みです。

「経営のことで困ったら、どんなことでもまずベンチャーサポートに連絡」。そうお考えいただければ幸いです。

最近は、税理士事務所にも病院と同じく、専門分野があります。そのなかでいかに自社に合った税理士事務所と付き合うかは、経営をするうえで非常に重要な選択です。

起業したての方や、先代から代替わりをした方など、税理士事務所と一緒に成長をお考えの方は、是非ベンチャーサポートへ。お待ちしています！

月額顧問料9，600円～、会社設立は手数料無料の実費のみでサポート！

ベンチャーサポートの料金体系は、お客様の年商規模や、選んでいただくコース内容によって、多様なラインアップとなっております。コストを抑えたいという方には月額9，600円からの顧問サービスもあり、好評を頂いております。また会社設立は手数料を頂かず、実費のみで設立のお手伝いをしております。詳しくは弊社ホームページをご覧ください！

「ベンチャーサポート」で検索していただきますと便利です。

税理士って、堅くて小難しいイメージありませんか？

実際に税理士を選ぶときは、料金だけでなく「話しやすいかどうか」が非常に重要です。難しい専門用語を使ったり、偉そうな話し方をする税理士には本音で相談できないものです。ベンチャーサポートは、とにかく何でも相談できる話しやすい税理士事務所です。

社員の採用は「コミュニケーション能力」を最重要視しており、明るく楽しい雰囲気でお付き合いさせていただいています。「経営者と友人のようにお付き合いをする」が、ベンチャーサポートの理念です。「こんなことを相談していいのかな？」と悩むことなく、どんなことでもご相談ください！

事務所概要

代表社員 税理士　中村真一郎

昭和50年生まれ、愛媛県出身。
26歳のときに税理士登録後、多くの企業の会社設立、会計業務立ち上げを経験し、独立の大変さを肌で感じ、税理士の使命は中小企業経営者のよき理解者となり、共に発展していくことだと強く認識する。平成15年8月ベンチャーサポート総合会計事務所を設立。現在も変わらず「起業家を全面的にサポートする」ことを人生最大の使命と考えている。
東京税理士会京橋支部

ベンチャーサポート税理士法人
職員数：1000
〈渋谷本社〉
東京都渋谷区渋谷1-15-21-8F
TEL 03-5468-0823

〈横浜事務所〉
神奈川県横浜市西区北幸1-11-15-1F
TEL 045-620-0217
〈大阪事務所〉
大阪市北区梅田1-1-3-25F
TEL 06-4797-0101

〈その他、東京（新宿・日本橋・池袋・銀座・恵比寿）、大阪（難波・本町）、仙台、名古屋、福岡にも事務所があります〉

みらい会計税理士法人

みらい経営株式会社　みらい相続安心センター

2003年度版から9回選出

事務所の特徴

①私たちは「ありがとう」を一番多く頂ける事務所を目指しています。
②私たちは「月次決算」で社長の悩みを解消しています。
③私たちは「経営会議、経営計画」で会社の未来を創造しお客様の事業発展に貢献しています。
④私たちは「相続対策、事業承継対策」で資産家が抱える悩みを解消しています。
⑤私たちは「医業経営のパートナー」として、院長が抱えるストレスを取り除いています。

Web・SNS

Webサイト　https://www.miraikaikei.or.jp/
http://www.anshin-souzokunet.net/

「月次決算に基づく経営指導及び資金調達支援」で、お客様から「信頼」されています。

みらい会計では、月々の試算表を「月次決算」として、本決算と同程度の処理を毎月行います。「月次決算」の12か月分が本決算という位置づけで取り組んでおります。「月次決算」では、「その月のコメント」「みらい会計図」「キャッシュフロー計算書」「資金別貸借対照表」「年計グラフ」、その他の手作りの資料と「心を込めたご説明」で、お客様から「安心」「信頼」の評価を頂いております。

また、お客様の資金需要に応じて、金融機関への提出資料作成や同行等状況に合わせて対応していますので、社長様は本業に専念でき、非常に喜んで頂いております。

社外CFOの位置づけで「経営会議、経営計画支援」をしています。

経営者は会社の業務についてはプロ中のプロです。しかし自社の業界にどっぷり浸かっていると、意外に見えていないことが多くあります。みらい会計では、経営計画策定の支援や経営会議運営の支援をして、会社の発展に寄与しております。まさに社外CFOとしての位置づけで、社長や他の役員とは別の角度からの気付きは、会社が進むべき方向性の決定にとって欠かせない存在との評価を頂いております。

また、社長と他の役員や社員との危機感の違いは中々埋められないものですが、その違いからくる溝も深いことがあります。この溝を埋める為、「みらい会計」が、他の役員や社員との面談をして、社長と他の役員や社員との様々な誤解を解き、距離感を縮めています。そして社長を中心に一丸体制を築くことができ、社長から感謝されています。

「相続対策、遺言書作成、事業承継」は自信があります。お任せください。

近年、相続税の重税感が増す中で相続

事務所概要

代表社員　増田正二

みらい会計税理士法人代表社員。みらい経営株式会社代表取締役。みらい経営塾塾長。経営心理士。
みらい相続安心センター代表。戦略税務研究会世話人。東京中小企業家同友会足立支部幹事。東京商工会議所豊島支部評議員。
東京税理士会豊島支部所属

～闘う集団～　みらい会計税理士法人
豊島事務所
〒171-0014
東京都豊島区池袋2-23-24　藤西ビル別館2階
TEL 03-3986-3551　FAX 03-3986-3552

の関心が非常に高まっています。みらい会計では「相続税の試算」から「対策」までを、関係する資産家の方々について網羅的に取り組み、皆様から「安心」したとのお言葉を貰い、感謝して頂いております。

また法人の場合、経営者がガムシャラに頑張って働き、利益を積み上げた場合には、株価が非常に高くなり事業承継が大変困難になっているのですが、様々なノウハウを駆使して、株価対策を実行した上で事業承継を行い、先代社長からも後継者からも感謝されております。

私たちは「医業経営のパートナー」です。

その昔は、医院を開業すれば儲かった時代がありました。今では競争が激しく、以前とは様変わりをしています。特に歯科はコンビニの数より多いと言われ、非常に厳しい状況になっております。みらい会計では、様々な標榜科目の医科と歯科の院長と契約させて頂いております。

医療法人やMS法人の設立、研究室の設置、その他あらゆる節税対策を駆使して、院長の要望にお応えします。またキャッシュフローコーチとしてお金の流れを明確にして、院長が抱える経営からのストレスを軽減させて頂いております。

後継者教育など「高度情報発信基地」としてお役立ちをしています。

中小企業経営者の大半の方々は経営の勉強をきちんとする機会があまりありません。みらい会計では社長や後継者に「数字に強い経営者」になっていただくために、毎月「社長セミナー、後継者セミナー」を開催しております。

また「相続対策セミナー」「改正税法セミナー」「クラウド会計セミナー」等必要に応じて各種セミナーを開催しております。

税理士法人 矢崎会計事務所

事務所の特徴

- 練馬で70年の実績と伝統
- 100社以上の専門家/提携先が実現するワンストップネットワークが武器
- ITを駆使した効率的かつ効果的な経営/売上UP支援
- コロナ禍でも新規のお客様が絶えない!? 的確な補助金/助成金の提案/情報力
- 相続税申告件数300件以上の実績
- 事業承継支援
- 金融機関との連携による融資交渉（創業融資含む）
- 飲食店オーナー支援、介護事業者支援
- WEB（非対面）面談も可能

Web・SNS

Webサイト https://yazaki-kaikei.com/　**Facebook** yazaki.kaikei
E-Mail info@yazaki-kaikei.com

練馬区で70年の実績 コロナ禍でも多くのお客様からお問い合わせ頂いております

当事務所は、70年以上練馬区で地域の皆様のご支援をさせて頂いております。また、会計業界の中ではいち早くＩＴやクラウドサービスを用いて、お客様の経営や売上ＵＰ支援にも尽力してまいりました。また、コロナ禍で多くの中小企業様が尽力している中、１００社以上ある提携先と連携して、最新の補助金や助成金、融資等の情報を即座に提案、申請補助をすることで、多くの顧問先が現在も経営を存続させることができております。

お客様の悩みを根こそぎ解決する体制

当事務所の理念は「笑顔を結ぶ幸せの懸け橋」になることです。そして、幸せの懸け橋となるためには、お客様の全ての悩みを解決できなければならないと考えております。しかし、全ての問題を税理士単独で解決するのは不可能です。なので、当事務所では１００社以上の専門家と連携することで、常に変化する環境や法律に対応し、お客様へ最善の策を提案できるようにしております。士業連携はもちろんのこと、経費削減支援、保険提案、不動産有効活用、人材紹介、補助金・助成金獲得支援、事業再生支援、Ｍ＆Ａ支援、ＩＰＯ支援、販路拡大支援等、他にも幅広いネットワークを持つ当事務所なら、迅速に、的確に問題を解決できます。

円満な相続を実現するために

練馬区には地主様が多く、相続税の申告案件も３００を超える件数を行ってまいりました。申告はもとより、遺産分割手続き、納税資金の確保、二次相続対策支援、不動産の売却支援、アパート空室改善支援等をワンストップで対応します。

なお、相続の本来の目的は、相続税を節税することではなく、遺された方が明るく円満に幸せに暮らすことだと考えております。そのためには、財産を譲り渡す方から

事務所概要

名誉会長 税理士　矢﨑一郎

昭和21年生まれ。明治大学商学部卒。北條恒一事務所を経て矢崎会計事務所へ入所。地域に密着したサービスを行ってきた。

東京税理士会練馬東支部所属。

代表社員 所長 公認会計士 税理士　矢﨑誠一

昭和57年生まれ。平成18年公認会計士試験合格後、監査法人トーマツを経て平成25年税理士法人矢崎会計事務所を設立し、代表社員に就任。幅広い人脈を持ち、あらゆる分野の問題に対処できる体制を整えている。自らが3代目経営者として、業績をV字回復させてきた実績と後継者の悩みがわかる税理士として企業の発展に貢献している。

東京税理士会練馬東支部所属。

税理士法人矢崎会計事務所
創　業：昭和23年
代表者：矢﨑一郎　矢﨑誠一
職員数：20名(公認会計士2名、税理士3名)　顧問税理士1名
所在地
〒176-0005
東京都練馬区旭丘1-67-2
YAZAKIビル1階
TEL 03-3951-5456
FAX 03-3951-5450

譲り受ける方へ想いもしっかり相続させることで、円満な相続が実現できるのだと思っています。そのような相続が実現できるように、日々お客様とのコミュニケーションをしっかりととり、相続というテーマをきっかけに、財産を譲り渡す方、譲り受ける方のお互いの想いを理解し合える場を提供することを心がけております。

事業承継サポート

代表の矢﨑誠一が3代目経営者として事業承継を経験し、低迷していた業績をV字回復させてきました。ここで、事業承継支援というと節税対策を中心としたテクニカルな面のコンサルが多く取り上げられていますが、事業承継に直面されるお客様は、儲かる仕組みや企業文化、先代と後継者並びに周辺の親族との感情面の調整等、ソフト面の課題を多く抱えています。このような事業承継に関してのソフト面の苦しみの経験を元に、同じ事業承継で悩まれている経営者をサポートし１００年続く企業作りを実現します。

資金調達相談士による預金最大化サポート

多くの経営者は、資金繰りや資金調達等の財務の悩みを抱えていらっしゃいます。お客様の財務の悩みを解決するために、資金調達相談士として財務の勉強を定期的に行い、融資や資金繰りのサポートを積極的に行っております。また、公庫、信用金庫、地銀など豊富な提携先を有することで幅広い資金調達のサポートにより経営者の預金を最大化させる支援を行っております。

飲食店の繁盛サポート

当事務所は、①飲食店に特化した儲かる仕組みづくり、②売上・利益ＵＰを実現するためのメニュー表、チラシ、ポスター、各種ショップツールの企画から作成、③共同購買による材料費削減、④各業者との交渉による経費削減等により、飲食店を繁盛させるサポートを致します。

山下康親税理士事務所

有限会社ゆ～かり計算センター

9

2003年度版から9回選出

事務所の特徴

①経営計画を徹底指導。
②相続・資産税に強い。
③新設法人の経営を徹底サポート。
④資金繰り・資金調達を徹底指導。
⑤医療経営指導に強い。

Web・SNS

Webサイト　http://www.office-y-y.com

E-Mail　info@office-y-y.com

Facebook　山下康親税理士事務所

社外ブレーン事務所の構築

当事務所は、お客様の社外にいる専門スタッフとしていつでもお声を掛けていただける「社外ブレーン」という位置付けをしています。

そのため、「大病院型」経営でなく、「訪問介護型診療所」経営のスタイルにこだわり、お客様へ直接訪問し、お客様を含めた全ての従業員・その家族・そのご友人に至るまで、悩みを相談できる雰囲気造りを心がけ、訪問の際にはお客様の元氣と健康にも注意を払っております。

①お客様の社外にいる専門スタッフであるために、税務研究会、資産税対策、税務調査、医業コンサル、インターネット改善などのプロジェクトチームを設置し、お客様のために勉強を実施し、情報を共有しています。

②お客様へ当事務所のサービスをよりリーズナブルに提供できるよう、各種応援団パックをご用意いたしました。例えば、

- **法人設立応援団パック**は法人設立までの登記、届出書類作成提出まで一切お任せ
- **新規開業応援団パック**は、会社を立ち上げたばかりのお客様への月次監査や決算申告のお手伝い
- **消費税応援団パック**は、消費税納税方法の判定のお手伝い
- その他、**経理改善応援団パック**や**おためし応援団パック**　等

リーズナブルな価格設定で対応させていただいております。

主力三商品

当事務所の主力商品は、決算診断提案書、月次決算報告書、TAXシミュレーション報告書の三大商品です。

①決算診断提案書は、決算書を点数評価し、わかりにくい決算書を会社の強み弱みが手に取るように理解できて、現状分析することで、次期以降の経営のお役に立てていただくものです。

事務所概要

税理士　山下康親

昭和26年熊本生まれ。昭和58年、税理士登録と共に「右山昌一郎税理士事務所」に入所。昭和60年、税理士として勤務した「右山税理士事務所」を退所し、新宿区四谷にて独立開業。昭和63年、相続対策のお客様獲得のために「積水ハウス」の門をたたき、新宿西支店を始めとして各支店の顧問となる。

平成10年、不動産の税金よろず帳（税務研究会出版局）発刊。

東京税理士会中野支部所属。

山下康親税理士事務所／有限会社ゆ〜かり計算センター

創　業：昭和60年

職員数：25名（うちパート7名）
女性12名、男性13名

所在地　〒164-0012
東京都中野区本町3丁目30番14号
コアシティ中野坂上406号、201号
TEL 03-5351-0800　FAX 03-5351-0801

②月次決算報告書は、毎月の経営状況を把握するためのA4ワンシート帳票で、お客様に直にわかりやすくご説明いたします。これは監査翌月にご報告させていただき、内部的に二重のチェックを経た後、お客様の手元に届きます。

③TAXシミュレーション報告書は、期首から6ヶ月及び9ヶ月目に節税対策、納税資金対策をご説明するための帳票で、わが事務所では、節税対策のプロであることは最低条件であります。

ゆーかり倶楽部（異業種交流会）

お客様同士で活発に商取引をしていただき、相互発展を願っております。お客様との対話から、「こういう話なら、あの会社に相談してみよう」といった、積極的関係構築を心がけております。ゆーかり倶楽部は別名「有加利倶楽部」と書き、お客様に利益を加えていただこうという趣旨のもと発足したもので、2ヶ月に1回のペースで外部講師または事務所職員による研修会と懇親会を実施しております。

経営計画の発表

毎年1月初旬に当事務所の経営計画発表会にお客様をご招待して実施しております。この発表会では、当事務所の現状のご報告と、今後どのような方針でお客様のお役立ちになっていくかを明確にしています。これは、経営計画は当事務所を含め中小企業には必要不可欠であるものとして自ら実践垂範しているものです。

経営計画は社長の頭の中にある目標や経営理念を従業員に周知徹底することができ、目標（利益）を明確にすること、ビジョン（夢）を文章で語ることで、企業が一丸となって目標に向かって邁進していくことができます。この計画実現、すなわち経営計画書の作成のお手伝いをさせていただきます。

税理士法人横溝会計パートナーズ

行政書士法人結い　株式会社プラスファ　株式会社ケイリズム
株式会社結いごと

4
2011年度版から4回選出

事務所の特徴

- 経理代行とコンサルティングを組み合わせた、経営者フルサポートサービス「となりのブレイン」
- 代表が元金融機関出身だから融資に強い
- 創業30年超の豊富な経験と実績
- 介護・医療系サポートに強い

Web・SNS

Webサイト　https://www.yokomizo-kaikei.com/
E-Mail　info@yokomizo-kaikei.com
Facebook　税理士法人 横溝会計パートナーズ

多摩地域の未来に貢献する会計事務所

私たち税理士法人横溝会計パートナーズは、東京都国分寺市に本社を置く創業30年を超える歴史ある会計事務所です。

一方、展開している事業を見てみると、会計事務所業界には珍しいほどのベンチャー気質を有し、「社会的意義のある事業を展開する」をポリシーに、会計税務にとどまらず全く新しい付加価値業務に力を入れています。

代表者の横溝大門は40歳。30年の歴史に裏付けされた経験とノウハウと同時に、中小企業の支援と相続対策のための新しい風を業界に吹き込みます。

未来を創る中小企業の礎を創る

「未来を創る事業者に対して、価値を創出する環境と体制を提供することを通じて、新しい世の中を創造することに貢献する」ことが私たちの経営ビジョンです。

そのビジョンを具現化したサービスが2021年から開始した新サービス「となりのブレイン」です。起業した孤独な経営者に対して、社内のCFO（ブレイン）のような存在となり、社内バックオフィス業務のアウトソーシングから、事業計画策定の支援、人事評価や人材教育までサポートする人事コンサルティング、金融機関からの融資やクラウドファンディングをサポートする資金調達コンサルティング、など経営者の「不安」をフルサポートする体制を敷く業界随一のサービスです。

起業家が一人で始めた事業であっても、社内に経理部長、人事部長、法務部長たちがいるかのようにサポートするという意味で「となりのブレイン」と名付けました。

ウィズコロナの時代となり、これからますます先が読めなくなってくる中で、

事務所概要

代表社員　公認会計士・税理士　横溝大門

税理士法人横溝会計パートナーズ代表社員。公認会計士、税理士。昭和55年生まれ。明治大学法学部卒。大学卒業後、多摩信用金庫に入社し営業係として勤務した後、脱サラし公認会計士試験に専念。公認会計士資格取得後、有限責任監査法人トーマツ、税理士法人レガシィを経て、現在の税理士法人横溝会計パートナーズの代表社員に就任。東京税理士会立川支部所属。

税理士法人横溝会計パートナーズ　行政書士法人結い　株式会社プラスファ　株式会社ケイリズム
株式会社結いごと

創　業：昭和63年
代表者：横溝大門
職員数：30名（税理士4名、公認会計士1名、行政書士4名、社会保険労務士1名）

所在地
〒185-0012　東京都国分寺市本町2-12-2
大樹生命国分寺ビル6F
TEL042-321-9583

起業する社長も減ってくるでしょう。そんな中で孤独な経営者を支え、供に闘うブレインとして、経営が良好な時もピンチの時も、重要な決定をするときには常に隣にいて、事業を盛り立てていく。その先にある、日本の未来の礎を築いていくお手伝いをしていきたいと考えています。

全ての相続の場面から不安を取り除く

「相続の場面から、不安を取り除き、感謝の心を添えることを通じて、全ての人生を充実させることに貢献する」ことが当社の相続グループの経営ビジョンです。

　同様にこのビジョンを具現化したサービスが２０２０年から開始した「結《ゆ》いごと」です。結いごとは、遺言とともに大切な方に贈る動画メッセージを、アプリを使って簡単に撮れるサービスです。ご本人の相続の際に、遺言と一緒に家族へのメッセージ動画が手渡されることにより、争続の防止にもつながることを期待します。「遺す財産はなくとも、家族に伝えたいメッセージはあるはず」という想いのもと、愛に満ち溢れたサービスに仕上がっております。

得意な業種は介護事業

　４００を超える法人のお客様がいる中で、力を入れている業種が介護事業です。50社を超える介護事業者のご支援を承っております。訪問介護やデイサービスが多いですが、特別養護老人ホームやグループホームなどの施設系サービスにも対応しており、特に社会福祉法人のご支援に力を入れております。難解な社会福祉法人会計は税理士であれば誰でも対応できるわけではなく、経験と知識を要します。

2007年度版から8回連続選出

リッチフィールド税理士法人

事務所の特徴

お客様の問題解決に全力で取り組みます。
- ◆問題点がどこにあり、原因は何なのか？
- ◆日々の会計処理、月次決算の中から、経営課題を早期に発見します。

当事務所で対処できない事項については、他の専門家や異業種との連携・紹介を積極的に行っています。

Web・SNS

Webサイト　https://rich-field.or.jp

E-Mail　office@rich-field.or.jp

もっと飛躍したいと考えている企業経営者の方へ

1. 月次決算をいかに早く経営者に報告説明し、次月の経営に役立てるかが会計事務所の使命だと考えています。
2. 経営結果の早期分析→早めの対策→将来の予測→事前の対策→経営成果のアップという好循環に、経理を有効に役立てるのです。
3. 売上、原価、経費を早期に把握するためには、コンピュータシステムの導入が必須です。小規模企業ではどこでも人材不足です。経理・給与計算・原価集計・資金繰り等、システム導入のお手伝いをいたします。経理、パソコンに不慣れな従業員を教育いたします。フリー（freee）やマネーフォワードなどクラウド会計のサポートも万全です。また、アウトソーシングも積極的にお受けいたします。
4. お客様と当事務所はクラウド上の会計・給与データを共有しているので、タイムリーな処理と同じデータを共有した質疑応答が活発です。
5. 経営者の方と一緒に、決算日1～2カ月前に決算検討会を行っています。今期の予測損益計算書・予測税額計算書を作成し、どんな決算にしたいか、決算日までにどのような対策がとれるかを共に考えます。
6. 中期経営計画・単年度経営計画の立案及び達成管理サポートをいたします。漠然とした思いを具体的な数字や行動計画に置き換えることにより、経営の最適な意思決定を支援いたします。

医療・福祉経営者の方へ（診療所、病院、介護施設、社会福祉法人等）

1. 新規開業や移転等新築時の事業計画の作成・資金調達の紹介をいたします。
2. 日々の経営をバックアップいたします。すべての医療・福祉のお客様に対し、会社と同じような月次決算のご報告をすることに加え、医療独自の収入分析を月次推移、前年比、グラフで表示し、原因分析のきっかけをご提供い

事務所概要

代表　多田美佐子

1955年、埼玉生まれ。

1981年、公認会計士登録。

1983年、税理士登録。

1985年、外資系監査法人・コンサルティング会社を経て、独立開業し、多田公認会計士・税理士事務所を設立。

2002年、リッチフィールド税理士法人へ組織変更。

〒102-0074
東京都千代田区九段南4-2-11
アビスタ市ヶ谷ビル6F
TEL　03-3262-8511
FAX　03-3262-8515
職員数　20名

◆MMPG理事会員
(http://www.mmpg.gr.jp/)
◆日本M&Aセンター理事会員
(https://www.nihon-ma.co.jp/)
◆ビジネス会計人クラブ会員
(http://www.bac.gr.jp/)
◆東京税理士会麹町支部
◆経営革新等支援機関

たします。

医療保険、介護保険等の改正にどのように対処するか検討いたします。
3．医療法人化の相談・実行
4．医療施設のＭ＆Ａ
引退を考えているが後継者がいない方、ご相談ください。ハッピーリタイアのお手伝いをいたします。
5．社会福祉法人の月次決算の早期化と各種計算書類の作成を支援します。
事業区分別、拠点別の月次決算を翌月の早い時期に報告できる体制を確立するためには、日常業務の改善やシステム化の提案をさせていただくとともに、必要に応じて、システムへの一部又は全部の入力代行も可能です。

相続・事業承継で悩んでいる方へ

1．当事務所では、お元気なうちに、事前に相続対策をある程度実行したり、計画を立てておくという考え方を推奨しています。対策の目的は以下の４点に凝縮されます。
①遺産争いの防止
②納税資金の確保
③節税
④円滑な事業承継
事前に準備をし、相続税の額を予測することにより、どのような方法があるのかが分かるだけでも、人は安心できるはずです。

相続対策は、時間をかけるほど良い結果が出る傾向にあります。
2．不幸にして、相続がもう間近に迫っているか、相続が発生してしまっている方も是非ご相談ください。
①人間関係の調整と、節税を意図した遺産分割のご提案・シミュレーションを何回でも行います。
②離婚、再婚、子供がいない、相続人が遠隔地に住んでいるなどの理由で人間関係が複雑な相続もお任せください。
③相続税の税務調査の負担を軽減する「書面添付」を実施しています。
3．２０１８年4月から10年間の期限付きでスタートした「特例事業承継制度」の検討と実行を支援いたします。

税理士法人アイ・パートナーズ

3
2007年度版から3回選出

事務所の特徴

- 意思決定会計（社長の意思決定を手助けする会計情報）を提供
- バックオフィス業務をあれこれ連携させて、経理担当者を事務作業から解放します
- 図表やグラフの会計報告で直感的に経営状況がわかります
- クラウド経理システムとオンライン面談で全国展開中

Web・SNS

Webサイト　https://www.aip-f.com/

E-Mail　info@aip-f.com

目指すのは「中小企業に特化したコンサルティング会社」

これは私たちが掲げる目標です。経営者が思い描くビジョンを実現できるよう、数値をもとにサポートすることが使命だと考えています。経営は決断の連続です。

そのためにも、私たちは、経営者の意思決定に必要な会計情報を提供しなければなりません。経営者の思いの詰まった経営計画を共有させて頂くことから始めます。

意思決定会計の導入ではハードルを低くすべし

経営計画を持たずに経営をすることは、大海原を羅針盤なしで航海するようなもの

「社長、経営計画を作りましょう。具体的数値に落とし込みましょう。その後は進捗確認をします。そのためには、こまめに会計帳簿を作成しましょう。お金の流れをより理解する上で自計化は必須です。」

これまではこういったアプローチをしていたのですが、『自計化』が前提となるとグンとハードルが上がりませんか？

もちろん羅針盤のない航海はお勧めできません。しかし、顧問先様の多くは中小・零細企業。経営者が営業やサービス提供、もしかしたら経理まで一人で何役もこなし、これ以上の余力がないことも珍しくありません。

そうなると、経営計画を作りたくても時間的制約や人的制約がハードルとなって、なかなか手が出せない。必要性を感じながらも躊躇しているのであれば、まずはその原因を取り除くことが先決です。

まずは時間の確保経営者を事務作業から解放

一般に総務課が担うような事務作業（バックオフィス業務）。ここをあれこれ連携させることで、経営者を経理事務作業から解放します。

具体的には、会計入力、給与計算、勤怠管理、経費精算、請求業務、債権の回

事務所概要

代表社員　税理士　石渡哲哉

税理士法人アイ・パートナーズ代表社員。税理士。1961年生まれ。2014年に創業者の石渡宏道の後継として代表に就任。グループ企業には、社内ベンチャー発のアイ・パートナーズ社会保険労務士事務所、開業及び経営を支援する株式会社アイ・ブレーン、行政書士事務所などがある。常に人と人とのつながりを大切にし、先進的な取組みにチャレンジすることで会計事務所の新たな可能性を切り拓いている。東京地方税理士会鶴見支部所属。

税理士法人アイ・パートナーズ

創　業：1980年
代表者：石渡哲哉
所在地：〒230-0051
神奈川県横浜市鶴見区鶴見中央2-13-18

職員数：グループ総数45名（税理士：10名、行政書士：2名、社会保険労務士：2名、医業経営コンサルタント：3名、創造経営コンサルタント：2名、M&Aシニアエキスパート：1名）

収などの業務フローを整理し、可能な限りデジタル化。それを相互連携で一元化することで省力化・効率化を図ります。

会計帳簿であれば、領収書類をスキャンしてデジタル化。ネットバンキングやwebカード明細等のデータと共にクラウド会計ソフトに流し込むだけ。安価で手間いらず、時間もかからないため、最速で翌日には会計帳簿が作成可能。こうして経営者に「時間」をプレゼントします。

財務諸表を読み解く

経営者だからといって必ずしも財務諸表を読みこなせるわけではありません。むしろ苦手意識がある、確認するのは売上や利益の増減だけ、ということもあるのではないでしょうか。

そこで、私たちは、図表やグラフで経営者が直感的に経営状況やキャッシュフローがわかるようにしています。クラウドで共有すれば、経営者は時と場所を選ばずに確認できます。また、過去の数値をベースに、予定や見込みの数値を加味して加工することで簡単に数値計画が作成できます。更には、今後どこをどう増減させればキャッシュがまわるかを経営者自らがシミュレーションすることも可能です。

私たちは、経営者が図表と試算を通じて財務諸表の大事なポイントを理解し、経営計画を作成したくなる環境を提供しています。

コロナ禍で後押し　現在、全国展開中です

私たちは、訪問によるウイルス持込リスクを考慮し、オンライン面談をいち早く導入しました。同時に紙データのデジタル化を推進してきたことで、これまで関東を中心に提供してきたサービスも全国展開しています。

経営計画の必要性は感じているけれどまだ着手できていない経営者の皆さん、全国どちらでもサポートさせて頂きます。私たちにご相談ください。

2

2017年度版から2回選出

税理士法人IKJ

事務所の特徴

- 私たちは、税務会計を手段として、お客様があんしんして経営に取り組めるようサポートし、一緒に未来を創ることを経営理念に掲げています。
- 経営計画の立案、モニタリングに豊富な実績あり。
- 他士業、金融機関等と連携し、幅広い相談にもワンストップで対応することができます。
- クラウド会計を主軸に、様々なITツールに対応しています。遠隔地のお客様も多数！
- 豊富な経験により創業支援に強いです。

Web・SNS

Webサイト　http://www.e-ikj.net
採用専用サイト：https://ikj-saiyo.com/
E-Mail　info@e-ikj.net
Facebook　税理士法人IKJ

高崎市地域を中心に中小企業の皆様をご支援

私たち税理士法人ＩＫＪは、１９４０年（昭和15年）に創業した、群馬・高崎で最も古い会計事務所のひとつです。

それだけ長く続けていられるのも、お客様から厚いご支持を頂けている証だと考えています。

会計事務所として一番大切なことは、お客様が安心して経営を行えるようサポートし、一緒に未来を創ることです。

その為に税務会計や経営計画等の財務コンサルティングを手段としながら、社会保険労務士や弁護士などの他士業や金融機関、保険会社等と緻密なネットワークを形成して、様々な方向からお客様の経営支援を行っています。

経営者のもつ大きな夢も、夜眠れないほどの悩みも、どちらも共有しながら、明るく輝かしい未来を一緒に築いていきたいと思っています。

会計システムをオーダーメイドで！

一般の方にとって、経理・会計は敬遠されがちです。理由は、数値が細かい、面倒くさい、分かりづらいなどが挙げられます。

ですが、会計は経営の土台です。決して疎かにしていいものではありません。

私たちは、お客様と綿密なヒアリングを行い、お客様にとって最もやりやすく、ご希望に沿った形を一緒に考え提案し、共に創りあげます。

会計ソフトで近年非常に人気なのは、インターネットを使用したクラウド会計「freee」「Money Forward」などです。

ネットを経由して通帳やカードの情報を取得し、現金取引はスマホで画像を撮ることで仕訳に変換され、自動的に記帳することができます。ゆえに経理にかかる負担が非常に軽くなりますので、大変好評を頂いております。

このような会計ソフトに併せて、

事務所概要

代表社員 税理士　市川 一馬

税理士法人IKJ代表社員。税理士。1978年生まれ。中央大学商学部卒。
2007年、税理士法人IKJの前身となる市川会計事務所に入社。
2012年、税理士法人IKJに組織変更し、2014年代表社員に就任。
事務所入社直後から経営計画の立案をメインにした経営支援に積極的に取り組み、緻密な経営診断にもとづくコンサルティングを展開。クライアントの業績発展に尽力している。
関東信越税理士会高崎支部所属。

税理士法人IKJ
創　業：昭和15年
代表者：市川一馬
職員数：7名（税理士2名）

所在地
〒370-0812
群馬県高崎市成田町31-66
TEL 027-395-0336　FAX 027-327-9367

ChatworkやZoom、Splashtopなどの各種ＩＴツールを併用することで、更に経理面の負担を削減することが可能となり、オンラインでのミーティングを通して、関西などの遠隔地でも、地元でも変わらぬ水準のサービスを提供しております。

決算前検討会&決算説明会は当たり前

決算は、会社にとって大きな節目となります。その節目に備え、またその後振り返る為、当社では決算前検討会・決算説明会を開催しております。

決算前検討会は、決算月の直前（標準は二か月前、遅くて当月）までに今期の最終予想を算出し、主に節税・黒字化・金融機関対策の三点から綿密な決算対策を行い、来るべき節目に備えます。

決算は、過ぎてしまったらやり直しは利きません。決算前検討会は、経営者にとって非常に大切なイベントといえます。

決算説明会は、決算書の解説・説明・分析を行い、役員幹部の方にしっかり数値を理解して頂きます。

予算に応じた顧問料

当社では、顧問料をお客様の予算に応じて、選択できる価格体系を採用しています。

主に、売上規模、人員数に加え、関与の度合いやサービスの内容を、お客様ご自身で取捨選択することができます。

なるべく安く、申告だけでいいという方から、領収書のチェックから数値を細かく説明して欲しいという方まで、あらゆるニーズに対応しております。

即日で御見積を出すことも可能ですので、ご興味ある方は一度ご検討ください。

「人にいきいき　経営に体力」

浅沼みらい税理士法人

浅沼経営センターグループ

10

2003年度版から10回連続選出

事務所の特徴

浅沼経営センターグループは、毎年、顧問先法人全社に決算診断を実施し、「会社の健康診断」を行い「経営課題」を社長と共に考え、さらに事業計画作成を全社において実施し、多くの社長から感謝され、地域経済活性化にも影響を与えている。

Web・SNS

Webサイト　https://www.asanuma-keiei.jp/　　**社長の四季**　https://www.shiki21.com/

地域のワンストップ総合事務所

浅沼経営センターグループは、昭和35年の開業以来、栃木・群馬・埼玉・茨城の北関東圏を中心とし、会計・税務のみならず、社労士・保険など、地域のワンストップ総合会計事務所として、経営者の皆様へのお役立ちのため、活動しております。

当グループでは、「月次型・訪問型・対話型」の会計事務所として、お客様を毎月訪問し、「その場で会計」にて月次決算を行い、分かりやすい説明で経営者のサポートをしています。

また、「決算書の見方・活かし方」の勉強会や後継社長育成塾、経営者セミナー・経理塾、創業支援勉強会など、顧問先のお客様や一般のお客様を対象としたセミナーを定期的に開催し、大変喜ばれております。

さらに、「あさぬまかわら版」「活力経営」などの情報誌や、経営者のお役に立つFAXサービス「あさぬま」を発行し、お客様のみならず多くの経営者の方々に、経営トピックスや、税務・労務等の解説をお届けしております。

病医院経営サポートにも専門特化

また、当グループは、一般の企業だけでなく、病医院経営のサポートにも専門特化しております。

医療を取り巻く環境は年々厳しさを増しています。そんな中、病医院の先生方は、「医師」であると同時に「経営者」でもあることが強く求められてきています。そのような先生方が医療に専念できる環境を整えるため、経理・税務・労務などさまざまな視点からサポートさせていただいております。

毎月の訪問で、月々の業績や患者数推移を把握し、次の一手がいち早く打てるようサポートするのみならず、医療法人成りや新規開業のご支援、「医業経営塾」など、連携企業とのネットワークで対応しております。

経営者の『みらい』をサポート

会社を創ることは、会社法施行により

事務所概要

浅沼経営センターグループ 会長　浅沼邦夫

栃木県足利市生まれ。弱冠24歳で税務会計事務所を創業し、60年を経て発展させた、浅沼経営センターグループの会長です。「企業は人なり」「会計事務所は人が中心」、クオリティの高い人財育成が、顧客対応の急務でした。そのため「決算診断などの会計MAS」に力を入れ、平成26年8月「国家資格を超える民間資格」を目指して、「決算診断士」を商標登録することができました。「顧客満足と社員満足」の実践です。同グループ株式会社プロスの決算診断システム「社長の四季」は全国1600超の会計事務所に導入実績。
関東信越税理士会栃木県足利支部

足利本社
〒326-0808
栃木県足利市本城2-1901-8
TEL 0284-41-1365
FAX 0284-41-1340

群馬本社
〒373-0851
群馬県太田市飯田町1060
TEL 0276-48-9511
FAX 0276-48-9513

埼玉支社
〒346-0005
埼玉県久喜市本町1-9-3
TEL 0480-29-3231
FAX 0480-29-3232

誰でも簡単にできるようになりました。

しかし、会社を「伸ばすこと」は容易ではありません。「上り坂・下り坂・まさか」の3つの坂を乗り越え、トップの大きな責任と、重い決断に支えられ「盤石な会社」に成長していきます。

「事業計画」もその一つ。目標売上計画等を作成し、経営者の今とこれからを一緒にサポートし会社の成長に貢献しています。

また、創業者から創業の精神を盤石に受け継ぎ、「100年企業」にしていくため後継者の方々に「後継社長育成塾」と題し、社長力を名実とも強化するきっかけをご提供しています。

さらに、複雑化する事業承継関連税制に対応するため専門事業部を設け、合併・分割やM&Aなどの組織再編税制のみならず、相続対策のため節税対策をはじめ、家族事業への想いなどの承継を中心とした遺言書作成のサポートも行い、経営者の『みらい』をご一緒に創造しています。

経営改善3つのストーリー

経営者の方々は、誰しも業績をアップさせたいと思っていることでしょう。

そのために、まず「決算診断」により、強み・弱みを把握します。業績アップには資金も必要です。そして、強みを活かし、弱みを克服していき、「資金繰り改善」（資金を確保）していく過程を見える化したものが「事業計画」です。

〈決算診断は当グループの最大の売り物です〉

決算書は会社のすべてを物語るものです。一年間のドラマがあるのです。しかし、経営者にとって決算書は、専門用語と数字の羅列にすぎず、「よく分からない」との声を多く聞きます。その決算書を分かりやすくしたものが、「決算診断提案書」です。「決算診断提案書」は、最近の決算についての概要と推移が分かり、百点満点で経営バランスを総合診断し、金融機関が見る重要ポイント、資金の調達とその使途及び、利益と資金の差、来期の必要売上高が分かります。

初選出

岩岡克徳税理士事務所

グロースサポート株式会社

事務所の特徴

①毎月お客様のところへ訪問します！
②徹底した財務・経営指導を行い黒字化を支援します！
③書面添付制度を活用し、税務調査リスクを減らします！
④紹介可能金融機関多数！
⑤他士業と連携し、どんな相談にもワンストップで対応可能！

Web・SNS

Webサイト　https://www.iwaoka-kaikei.com/

丁寧な経営助言で お客様の発展に寄与致します

岩岡克徳税理士事務所は、神奈川県相模原市を拠点に、首都圏のお客様を支援している会計事務所です。私どもは、「利他の精神で法令遵守に徹し、お客様に適切な経営助言を行う」ことを理念に掲げています。会計はあくまで経営助言を行うためのツールです。私どもは、税理士業務の完璧な履行は当然のことと考え、その上でお客様に寄り添いどのような貢献ができるかを考える姿勢が大切だと考えています。一歩先を見すえた経営助言を丁寧にお伝えすることで、お客様の発展に寄与させて頂いています。

確かな知識と経験、行動力を お客様の支援に活かしています

所長の岩岡克徳は、中堅税理士法人や一般企業にて創業支援等の経験を積んだ後に、平成30年に独立開業致しました。まだ比較的若い税理士事務所ではありますが、特徴として幅広い経験を積んだ所長のもと、会計事務所で約30年間実績を積んでいる経験豊富な職員が揃っています。一方で、女性職員の割合が多く、きめ細かなサービスをご提供できることも好評を頂いています。

付加価値の高い経営助言を 実現するため、多方面から 取り組みを実践しています

①毎月巡回させて頂く「月次巡回監査」

「月次巡回監査」とは、毎月定期的にお客様の会社を訪問して会計データの確認と共に、直接お客様とお話をすることで会社の状況を把握させて頂くことです。精度の高い財務情報をタイムリーにご提供することで、お客様が経営判断を的確に行うことが可能になります。

また、私どもにとりましても、お客様の生の声を聞き、雰囲気を肌で感じることで、実情の正確な把握が可能となります。お客様が一人で悩みを抱えることがないように、常に身近な相談相手としてお役に立つ点でも、「月次巡回監査」は私どもの主要な取り組みとして注力して

事務所概要

税理士　岩岡 克徳

岩岡克徳税理士事務所　所長。グロースサポート株式会社　代表取締役。1980年生まれ。日本大学大学院法学研究科卒業後、中堅税理士法人にて決算業務等に従事。2015年8月、税理士登録、所属税理士として従事。2018年11月、岩岡克徳税理士事務所を開業。2020年8月、グロースサポート株式会社を設立、代表取締役に就任。利他・法令遵守を経営理念に掲げ、首都圏のお客様の発展・成長に尽力している。東京地方税理士会相模原支部所属。

岩岡克徳税理士事務所
創　業：2018年
代表者：岩岡 克徳
職員数：7名

グロースサポート株式会社
設　立：2020年
代表取締役：岩岡　克徳
業務内容：セミナー開催
　セミナー講師
　コンサルティング　等

所在地
〒252-0143
神奈川県相模原市緑区橋本
3-4-15　M-6・101号
TEL 042-703-7521

います。

②書面添付制度の積極的な推進

書面添付制度は、税理士法で規定されている制度で、税務署は書面添付制度を利用している場合、納税者に対して税務調査を通知する前に、添付書面の記載事項について税理士に意見を述べる機会を与えなければならない、と定められています。そして、税務署は税理士に対する意見聴取によって納税者に特段問題がないと判断した場合には、税務調査について省略することになります。

月次巡回監査を実施している法人であれば、書面添付制度を活用するメリットは大きいと考えております。実際に、私どもの意見聴取を経て税務調査が省略された実績もあり、全国平均では書面添付率は10％程度といわれていますが、私どもの事務所ではお客様に丁寧にご説明を続けた結果、書面添付率は50％を超えるようになりました。

③金融機関や他士業事務所との連携を構築

現在、多くの中小企業のお客様が資金繰りに悩んでいます。私どもは、まさにこの状況において会計事務所の真価が問われていると考えています。お客様から借入のご相談があった際に、「ご紹介できる金融機関をいくつ持っているか」が会計事務所の価値の一つであるからです。私どもは開業時からそのような意識をもって金融機関との信頼関係・連携構築に努めて参りました。電話一本で対応して頂ける金融機関や、既に借入があるかないかにかかわらず相談に乗ってくださる金融機関が多数あります。

また、他士業（弁護士・社労士・司法書士・行政書士等）の方々とも常日頃から信頼関係構築に努めており、お客様がまずは私どもにご相談頂くことで、ワンストップで的確な対応をご提供できる体制を整えております。

最後に

私ども岩岡克徳税理士事務所は、お客様の健全な企業経営の継続のために使命感をもって支援させて頂きます。どうぞお気軽にお問い合せください。

税理士法人　エナリ

江成健一社会保険労務士事務所
株式会社　ブレイン・スタッフ　　株式会社　ミッションリーダー社

5
2003年度版から5回選出

事務所の特徴

- 税務申告は三段階監査による高い品質保証！
- 相続・医業・介護・社会保険・人事・マネジメントに専門特化した部門での専門家対応。
- 他士業と連携し、どんな相談にもワンストップで対応。
- 経営成熟度アップ・事業承継支援・後継者育成のためのマネジメントスクールを主催。職員は、無料聴講できます。
- バランス・スコア・カードにポーター競争戦略を加味した、エナリシステムによる経営戦略策定。

Web・SNS

Webサイト　www.enari-brain.com

ストップ・ザ・倒産・廃業 200年企業を目指して

私たち税理士法人エナリは、中小企業の存続と発展をめざし、200年企業創造支援としてマネジメントの普及活動を行っております。昨今、メディアや情報誌では企業の倒産・廃業が多くとりあげられ、帝国データバンク調査によれば、今後10年の間に70歳を超える中小企業・小規模事業の経営者は約245万人となり、内、約半数が後継者未定となる見込みです。現状を放置することは、中小企業廃業の急増及び、雇用の喪失が見込まれます。そこで、中小企業の最も身近な存在の会計事務所が今こそ、マネジメント指導により、企業の存続と発展を支援する時ではないかと考えております。

専門性に優れたスタッフが応対

現代は知識社会と言われています。当社では、「学習する組織」を掲げ、スタッフが専門特化した上、多能化をめざし、幅広い知識の向上に努めております。経営者の方々の悩みは様々です。そこで、どんな経営上の悩みにも対処できるよう、スタッフが日々知識をつけ応対しております。私も税についての専門家、税理士としてスタートしましたが、経営者の相談に応じるにつれ、社会保険労務士・中小企業診断士・販売士等々の資格を取得して参りました。すべては「クライアントのニーズに応えたい」という思いからです。また、基礎となる知識を資本財として、応対ができるという思いからです。

今後は、三士業務をミックスしシナジーを発揮します。

今では、資産税・相続税・医業・介護・社会保険・人事・マネジメントに専門特化した、経験豊富な専門家スタッフが多数おります。経営全般におけるワンストップサービスをめざし、経営者のお困りごとを日々解決することにより、顧客満足実現を目指しています。

事務所概要

社員税理士　江成健一

税理士法人エナリ社員税理士。
株式会社ブレイン・スタッフ代表取締役。中小企業診断士。社会保険労務士。昭和14年神奈川県足柄下郡湯河原町に生まれる。明治大学商学部商学科卒業。筑波大学大学院ビジネス科学研究科企業法学専攻修了、法学修士。著書として平成元年「消費税：課税・不課税・非課税の論理」、平成8年「中小企業　次期社長のライセンス」、平成30年「200年企業を目指して」を出版。ドラッカー理論、ポーター競争戦略、キャプラン・ノートンBSC経営戦略論にもとづく経営計画発表会、経営戦略会議方式による経営指導により経営成熟度アップ。昨今の企業の倒産・廃業をストップすることが地域の成長と発展・国民の幸せ・日本の成長と発展と考え、200年企業を目指し、日々マネジメントの普及活動の実践を行っている。
東京地方税理士会小田原支部所属。

税理士法人　エナリ
支社：高田喜一事務所
江成健一社会保険労務士事務所
株式会社　ブレイン・スタッフ
株式会社　ミッションリーダー社
代表社員税理士：髙田喜一
社員税理士：江成健一
所属税理士：小網寛治、江成結己
公認会計士：江成結己
社会保険労務士：三田早希子、鍋島照奈
職員数：40名（税理士4名、公認会計士1名、社会保険労務士3名、行政書士1名、中小企業診断士1名）
所在地
【本社】　〒250-0045
神奈川県小田原市城山3-25-23
TEL 0465-24-3311　FAX 0465-22-9880
【支社】　〒250-0001
神奈川県小田原市扇町3-5-8
マザー西丸ビル3階
TEL 0465-35-5101　FAX 0465-35-4483

黒字化経営支援を徹底

当社はお客様の黒字化経営支援を行っております。経営戦略会議を毎月、経営者及び幹部に行っております。経営者一人の頭の中の考えではなく、幹部社員チームとのコミュニケーションをよくし、会社全体の経営戦略目標を掲げ、各部門目標の実施状況を経営監査することで目的を達成します。

後継者・管理職の育成

当社では、後継者や管理職の育成支援を行っております。医者に医学があるように経営者には経営学があります。経営学を学び、実践するため、毎月第2火曜日にマネジメントスクールを開催しております。あらゆる業種の経営者・次世代経営者に向けた、参加型の講座です。2年間をワンクールとして行っているマネジメントスクールは昭和50年代初めから継続して行っている伝統あるものです。著書である「２００年企業を目指して」及び、ドラッカー、ポーター、キャプラン、ノートンの理論を学んでおります。こちらのスクールでは、既に１００人以上卒業しております。

ワンクールで全て完了というわけではなく、プログラムが年々更新されることもあり、2回、3回と継続して受講する方もいらっしゃいます。

また、管理職研修も随時行っております。教育研修においても企業のニーズに基づき、ご希望にそえるような研修プログラムにしております。

すべては、地域の皆様のお役にたつために

事務所が創業66年を迎えた今、地域の皆様に支えられていることで、今もなお成長することができていると感謝しております。これからも、公家・武家・商家の家訓にもあるように「法律を守る」「正直」等こそ信頼の礎と考え、お客様ファーストをモットーとして、中小企業の皆様に真摯な御支援を心がけて参ります。

2009年度版から7回連続選出

小野瀬・木下税理士法人

小野瀬公認会計士事務所

事務所の特徴

小野瀬・木下税理士法人は、茨城県水戸市とひたちなか市に事務所を構え、職員55名を擁する税理士法人。企業の税務・会計・経営相談に加えて、事業承継や相続の相談、診療所開業や増患・増収対策立案など医業・介護・福祉の支援業務といった、様々な分野について満足度の高いサービスを提供します。

水戸オフィス

ひたちなかオフィス

Web・SNS

Webサイト　http://www.onosecpa.co.jp

E-Mail　info@onosecpa.co.jp

相続問題や事業承継にも親切に対応 地域の幅広い事業者を全力サポート

小野瀬・木下税理士法人は、１９８５年開業の小野瀬公認会計士事務所（現水戸オフィス）と、１９６９年開業の木下会計事務所（現ひたちなかオフィス）が、２００９年に合併して生まれた税理士法人です。水戸オフィスでは特に医業・介護・福祉、ひたちなかオフィスでは製造業や建設業、そして全国の９割以上が茨城県で生産され、その中でもひたちなか市が最も生産量が多い「ほしいも」の農家など、幅広い事業者の経営をサポートします。

代表の小野瀬益夫、ひたちなかオフィス所長の大川雅弘、副代表の小野瀬貴久を含む６名の税理士がおり、総勢55名の職員とともに、長いお付き合いのお客様に対して、経営面のみならず、相続や事業承継の相談にも親切に対応しています。両オフィスとも地域に貢献する会計事務所として発展し続けます。

税務・会計面だけに限らず 医業・介護・福祉も 支援スペシャリスト

中小企業などの税務・会計・記帳代行や、経営計画、事業承継、企業再編、事業再生などの策定・支援を中核業務に据えていますが、医業・介護・福祉分野の経営支援にも力を注いでいます。

小野瀬代表は県内でも数少ない「認定登録医業経営コンサルタント」の有資格者。病医院の開業及び医療法人設立の相談、診療圏の調査、増患・増収に向けての計画立案、財産運用管理、相続税対策など、医業・介護・福祉事業の経営をトータルサポートします。

例えば、クリニック新規開業の場合には、診療内容や自己資金の状況を踏まえた物件・テナント探しから始まり、銀行などとの融資交渉、建築工事業者などの選定、建築・内装などの設計企画や医療機器の選定、スタッフの募集及び研修、開業に係る各種申請業務代行など、これ

事務所概要

代表　小野瀬益夫

公認会計士・税理士・不動産鑑定士・行政書士・認定登録医業経営コンサルタント。1957年茨城県生まれ。1980年、慶應義塾大学法学部卒業。1985年、小野瀬公認会計士事務所を設立。関東信越税理士会水戸支部

代表社員　小野瀬貴久

公認会計士・税理士。1987年茨城県生まれ。2010年、慶應義塾大学総合政策学部卒業。大手監査法人を経て2017年、小野瀬・木下税理士法人代表社員就任。関東信越税理士会水戸支部

小野瀬・木下税理士法人
小野瀬公認会計士事務所
創　業：1985年
代表者：小野瀬益夫
職員数：(1)水戸オフィス40名
　　　　(うち税理士3名)
　　　(2)ひたちなかオフィス15名
　　　　(うち税理士3名)
〈水戸オフィス〉〒310-0911
茨城県水戸市見和1-299-1
TEL　029-257-6222
FAX　029-257-6333
〈ひたちなかオフィス〉〒312-0018
茨城県ひたちなか市笹野町1-3-20
TEL　029-273-3511
FAX　029-273-8074

まで培ってきたノウハウ・実績を活かして、開業決意から実際の開業に至るまでの長期間、様々な打ち合わせに参加し、コーディネーターとして支援を行います。開業後も会計顧問としてサポート体制を充実する、頼もしい存在です。

　このように、中小企業の税務のみならず、医業・介護・福祉業務の経営支援に携わり、同分野の発展に長きに亘り大きく寄与してきました。

　都市部・地方部関係なく超高齢化社会が急速に進展するなか、更にニーズが高まることが予想されますが、今後も税務・医業関係支援のスペシャリストとして、その確かな手腕が注目されるところです。

相続案件も豊富なノウハウで
ワンストップのサービス提供

　相続と一口に言っても、遺産分割や事業承継対策にはじまり、納税資金や相続税軽減対策などご相談は多岐に亘ります。その解決には高度な知識と経験が求められることから、創業時から地域の不動産や建設業者、士業事務所などとの情報交換や連携に力を入れており、民事信託など新しいサービスの研究も欠かしません。

　これまでに取り扱った相続案件は750件を超えており、現在も年間30件以上の相続税の申告を扱っています。なかでも、相続財産に不動産の占める割合が多い農家のお客様などに対して、地域の事情に即したきめ細かな対応を専門の担当者が行います。

　蓄積された豊富なノウハウで、お客様の相続・事業承継の事前対策から申告業務まで、幅広くワンストップでのサービス提供に取り組んでいます。

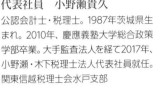

税理士法人鯨井会計

8

2004年度版から8回選出

事務所の特徴

- 企業経営のコンシェルジュを目指し、総合的なサポート体制を構築しています。
- 経営理念「地元企業と共に生きる」
- 経営方針「企業経営のコンシェルジュ」

Web・SNS

Webサイト　https://www.kujirai-kaikei.com

E-Mail　info@kujirai-kaikei.com

関与先企業と二人三脚の50年間

私ども鯨井会計グループは、昭和39年に会長の鯨井基司が茨城県下妻市で創業いたしました。その当時、地元の優秀な若者は東京の大学に進学してそのまま大手企業に就職し、地元には帰郷していただけない状況でした。そこで地元企業の発展に寄与し、優秀な若者が帰郷したくなる地域経済の発展に貢献することが、私ども鯨井会計グループの経営理念となっております。

鯨井会計グループの役割

企業経営では、パイロットが社長です。私ども鯨井会計グループの役割は、飛行機の計器盤だと考えております。パイロット（社長）が飛行機の運航（会社の経営）をするにあたり、正確な判断を下すための情報を、いかに適時・的確に提供できるかが私どもの役割です。そのためには、飛行機の中だけでそろう情報もありますが、管制塔などの外部から得られる情報もあります。

私どもは、経営者の皆様に有用な情報をより多く持参することと、経営者の判断を誤らせないための正確な情報をより分かりやすく提示することに全力を注いでおります。

企業経営のコンシェルジュ

私ども鯨井会計グループでは、企業経営のコンシェルジュを目指し、それぞれの会社が次の3つの側面から企業経営をサポートします。

①安心して経営していただける環境のサポート

- 税理士法人鯨井会計：税理士業務・経営アドバイス業務担当
- 鯨井行政書士事務所：法務行政業務・経営審査アドバイス業務担当

②安心して就業していただける環境のサポート

事務所概要

代表社員 税理士　鯨井基司

税理士法人鯨井会計代表社員税理士。昭和11年生まれ。明治大学経営学部卒。昭和39年、鯨井会計創業。多岐にわたるお客様のニーズに対応するために、多くのグループ企業と連携し、税務・財務から融資、相続、行政、医業診断、リスクマネジメント、金融コンサルティング、労務管理、人材教育の情報を提供。平成19年4月に業務拡大に伴い新事務所を拡充。
関東信越税理士会 下館支部所属。

税理士法人鯨井会計
設　立：平成20年11月
代表者：鯨井基司
職員数：72名（税理士4名）

所在地
〒305-0051
茨城県つくば市二の宮3-7-5
TEL 029-856-8066　FAX 029-858-4452

・社会保険労務士法人人事コンサル鯨井：社会保険労務士業務・人事労務アドバイス業務・助成金アドバイス業務担当

③安心して生活していただける環境のサポート

・株式会社つくば相続支援センター：相続支援アドバイス業務・リスク対策アドバイス業務・ＦＰアドバイス業務担当

業種に応じた専担者の育成

現在、中小企業の経営環境は非常に厳しい状況に置かれております。そのような状況下で経営者のご相談に応じるために、それぞれの分野で専担者を育成し、的確なアドバイスをさせていただく体制を整えさせていただいております。

専門分野といたしましては、一般事業部門、建設及び不動産部門、医療部門、飲食・理美容部門、資産税部門、金融部門、行政部門、記帳代行部門、農業部門、公益法人部門、人事労務管理部門、助成金部門、人材教育部門、リスク管理部門、システム部門、資産運用部門にわかれております。

これらの部門の専担者が、それぞれの分野における専門知識を有したスペシャリストとしてアドバイス業務に力を注いでおります。

異業種交流会としての「種徳会」

経営者は孤独な職業と言われておりますが、経営者同士の横のつながりを構築していただく目的で異業種交流会としての「種徳会」を運営しております。現在１０００社を超える企業の経営者の方々に加入していただき、経済講演会、情報交換会、研修会、視察研修、情報誌発行、親睦ゴルフコンペ開催などの多岐にわたる活動を展開しております。

税理士法人児島会計

株式会社ケーヨー総研

2019年度版から2回連続選出

事務所の特徴

- 医業・介護の分野に個人・法人を問わず豊富な実績あり。
- 事業拡大を目指す農業クライアントを支援します。
- 中小企業クライアントの存続と発展を支援します。
- 資産家クライアントのお悩み解決を支援します。

Web・SNS

Webサイト　https://www.kojimakaikei.co.jp/

E-Mail　admin@kojimakaikei.co.jp

児島会計について

税理士法人児島会計は、千葉県を中心に、東京・埼玉・神奈川・茨城の一都四県にわたるクライアントの皆様に、課題の発見と解決策の提案を行っています。

代表は、医業・介護の経営支援に多数の実績を持つ公認会計士・税理士の児島修。前身である児島会計事務所の創業以来50年以上にわたり蓄積されたノウハウを元に、ご満足いただける解決策を提示させていただきます。

医業・介護事業のお客様への支援

日本の人口ピラミッドの歪みに伴う少子高齢化の進展により、医業・介護事業は国外からの参入ができない成長産業という恵まれた位置にあります。この成長産業を支えるのが会計事務所の現在の大事なミッションだと考えています。

児島会計は、医業・介護事業のクライアントの皆様に開業支援や法人化支援を始めとするサービスを提供し、高いご満足を頂いております。

医業や介護事業特有の諸課題についても、最新の情報の収集と提供に努めております。医業経営コンサルタントの資格を有するスタッフ8名を中心に、お忙しいクライアントの皆様の手を煩わせることなく、経営判断に必要な情報を提供しております。

成長する農業クライアントへの支援

農地解放に始まった戦後日本の農業政策は、食糧管理制度や減反政策と大きくぶれながら現在に至りますが、人口ピラミッドの歪みに伴う少子高齢化に端を発し、限界集落どころか限界自治体の発生が目前に迫る中で、大きく方向転換をせざるをえない時期が近づいています。集約による大規模化こそが適切な政策上の解決策と思われますが、今の日本の選挙制度の中でそれを訴えられる政治家はまだいません。

時代の変化は経営者にとってチャンスでもあります。いずれ来る時代の変化を

事務所概要

代表社員　公認会計士・税理士　児島 修

税理士法人児島会計代表社員。公認会計士・税理士。昭和41年生まれ。東京大学工学部卒。平成3年、大手重工メーカーに就職。平成19年、公認会計士論文試験合格、都内の準大手監査法人に勤務。平成28年、父である児島敏和から児島会計を引き継ぎ、医療介護、農業、中小企業、資産家のクライアントの問題発見と解決に尽力している。千葉県税理士会船橋支部所属。

税理士法人児島会計／株式会社ケーヨー総研

創　業：昭和45年
代表者：児島 修
職員数：56名（グループ法人含む、税理士6名、公認会計士1名、社会保険労務士1名、行政書士1名）

所在地
〒273-0865
千葉県船橋市夏見2-14-1
TEL 047-424-1988　FAX 047-424-1978

見据えて、事業の拡大を指向する農業クライアントの皆様の成長を支援するのが我々の今後の大事なミッションだと考えています。４名の農業経営アドバイザーと共に皆様の問い合わせをお待ちしております。

中小企業クライアントへの支援

コロナ禍とそれに伴う緊急事態宣言などにより、中小企業の経営はかつてないリスクに直面しています。経営者の高齢化が進む中、親族や第三者への事業承継を考えておられる経営者も増加しています。

一口に事業承継と言っても、承継する経営者が、営業だけでなく労務・経理・資金管理などを急に渡されて途方に暮れることになる例もあります。我々は会計事務所として経理・資金管理面での支援だけでなく、グループの社労士法人により、労務や給与計算などの業務をトータルで支援することが可能です。承継する経営者に伴走する意味では、代表自身も二代目経営者としてクライアントの皆様の悩みに共感し、解決策を提案することが地域における大事なミッションだと考えています。

資産家クライアントへの支援

コロナ禍で税務調査の件数が減少しているため、富裕層に対する税務調査が重点的に行われており、当局の目が厳しくなっています。安直な節税は調査における否認のリスクを高め、相続人の方々に余計な負担を負わせることになりかねません。

我々は事前に被相続人となる方のお考えを伺い、それに基づくシミュレーションを行うことで、被相続人の意に適うような分割実現のお手伝いをさせていただきます。資産家の方々に「争続」になる不安から解放された充実した人生を送っていただくのが、我々の大事なミッションだと考えています。是非、お問い合わせください。

2003年度版から10回連続選出

税理士法人小林会計事務所

事務所の特徴

- 創業時の事業計画、資金計画など、経営計画の策定を軸に多方面からの支援
- 常時800社を超える中小・零細企業に関与しているので実績経験が豊富
- 経営承継、株式対策、M&Aなど幅広いコンサルティングサービスを提供
- 不動産有効活用、相続対策など経験豊富
- 弁護士、司法書士などの士業ネットワークによりどんな相談にも対応

Web・SNS

オフィシャルサイト　https://www.kobayashi-jp.com/　　**E-mail**　kaikei@kobayashi-jp.com

会社設立専門サイト　https://www.esta-support.com/

相続専門サイト　https://www.souzoku-yokohama.com/

経営計画の策定指導で将来のイメージを具体的に

「経営計画」というはっきりした形がなくても、企業の社長は将来のイメージ、経営方針を頭に描いているものです。それを引き出し、まとめていくための作業を経営者との二人三脚で行います。そして、「経営計画とはどういうものか」をしっかりと説明し、十分な判断材料を提供したうえで、経営者に意思決定を行っていただきます。

　コンサルティング業務を会計業務の延長ととらえ、経営者の持つ考え方や目標を基本にお手伝いをしていくのが、当事務所のスタンスです。

　経営計画というと、ある程度の規模の会社が行うというイメージをお持ちの経営者がいらっしゃいますが、規模の大小にかかわらず、事業計画や資金繰り計画、利益の採算を考えて計画を立てることは、大切な社長の仕事です。

次世代への引き継ぎ「経営承継」を支援

　創業期、発展期、そして成熟期において、さまざまな悩みを抱えてきた社長の最後の悩み事が経営承継の問題です。

　後継者が不在である、組織的経営ができていないために経営を任せられる人材がいないなどの理由で、会社を閉鎖せざるを得ない場合も増えています。

　このように、一代で築いた会社、また、先代より承継した大切な会社を存続させる手段として、Ｍ＆Ａの提案も積極的に行っています。

　創業時より長年共にしてきた役員や、後継者として育ってきたご子息に経営を任せていきたいが、株式を譲る有効な手段を考えたい――、このようなニーズに対しても、株価対策からご提案いたします。

事務所概要

代表の小林 清氏（右）と、
副所長の小林弘清氏（左）

代表 税理士　小林 清

昭和24年2月18日生まれ。神奈川県出身。
昭和53年12月、税理士試験合格。
昭和54年1月、税理士登録。
昭和54年4月、独立開業（六角橋）。
平成7年6月、新横浜に移転。
平成23年11月25日、税理士法人小林会計事務所に組織変更。

〈保有資格〉 税理士、行政書士、公的資金プランナー、株式公開コンサルタント

東京地方税理士会　神奈川支部

税理士法人小林会計事務所

創　業：昭和54年
代表者：小林　清
職員数：70名（税理士5名、公認会計士2名、行政書士1名、社会保険労務士2名、中小企業診断士1名、CFP多数）

所在地：〒222-0033
神奈川県横浜市港北区新横浜2-6-13
新横浜ステーションビル1F
TEL：045-475-3677
FAX：045-475-3678

不動産の有効活用

資産家さんのお悩みには、相続の問題と不動産の有効活用があります。

毎年、税金の支払いと借入の返済に追われて現金が足りない、相続が発生したら相続税がいくらになるか不安だなど、外からは余裕があるように見えても、現実のキャッシュフローには余裕がない資産家さんが大勢いらっしゃいます。

そこで、遊休不動産を有効活用することや用途の変更をすることで、新たな価値を生み出し、キャッシュフローを効果的に改善し、納税や返済を楽にするためのコンサルティングを行っています。

また、借入金の返済方法や法人税・所得税の税率の仕組み、相続については長期にわたる事前対策を有効に行うことで資金繰りは改善される例が多々あります。

借入の返済期間とキャッシュフロー関係のチェック、個人所有が良いか法人所有が良いかの不動産物件ごとの所有形態のチェックを行い、また、今まで守り続けてきた財産や、築き上げてきた財産を相続によって失うことなく子孫に承継していく方法をご提案させていただいています。

6

2011年度版から6回連続選出

さいたま新都心税理士法人

河合公認会計士事務所

事務所の特徴

- 「もっと早く知り合いたかった！」と最初に言われ、その後は「末永くよろしく！」と言われ続けたいと思っています。
- 国税 OB の顧問税理士を多数抱え、安心して税務調査を受けられるようにしております。
- 海外 20 か国以上の会計事務所と提携関係にあり、海外進出をバックアップいたします。

Web・SNS

Webサイト　http://saitama-shintoshin.or.jp　**Facebook**　さいたま新都心税理士法人

E-Mail　fujii@kawai-cpa-office.com

一番大事なことは事業の成功です。

コロナ禍の中、会計事務所として一番大事なことは、現状を正しく把握して将来の対策を立て、事業を成功させるとともに、将来的な税負担を軽減する事です。

お客様の夢を一緒にかなえていくことが私たちの喜びです。ともに成長し、10年後、20年後に、「あの頃は……」と笑ってお話しできる、そんな関係を作っていきましょう！

厳しい事も申し上げます

代表の河合明弘は、東証2部上場会社（株式会社安楽亭）の社外取締役も務めています。社外取締役は、社内の人間が遠慮して経営者に言いにくい事を「ビシッ！」と言うのが最大の務めです。経営陣に遠慮せず、会社のためになる事を言い続けます。

税務調査はお任せください

税目ごとに、国税OB税理士の顧問がおりまして、税務調査に対応いたします。経験豊富な国税OB税理士が税務調査に立ち会う事で、お客様に少しでも有利な結果になるようにしております。

海外進出を支援いたします

コロナ禍の中で海外進出することは容易ではありません。しかし、

事務所概要

公認会計士・税理士　河合明弘

昭和43年埼玉県生まれ。中央大学卒。平成7年公認会計士第2次試験合格。監査法人勤務等を経て、平成15年独立開業。株式会社安楽亭社外取締役。関東信越税理士会浦和支部所属。

公認会計士・税理士　河合あゆみ

昭和45年三重県生まれ。上智大学卒。平成11年公認会計士第2次試験合格。監査法人勤務を経て、平成18年河合公認会計士事務所に合流。東京税理士会日本橋支部所属。

**さいたま新都心税理士法人
河合公認会計士事務所**

【さいたま事務所】
〒330-0081
さいたま市中央区新都心4-3
ウェルクビル5階
TEL：048-600-2851

【東京日本橋事務所】
〒103-0024
東京都中央区日本橋小舟町8-6
H1O日本橋小舟町8階
TEL03-6268-0960

皆がやらないからこそ、大きなチャンスがあります。海外の会計事務所（日本人が経営）と20ヵ国以上と提携しております。海外事務所と随時Ｚｏｏｍ会議なども行えるようになっております。

ご紹介者をお知らせください

基本的にご紹介者のいらっしゃらないお客様とは契約しておりません。弊事務所のお客様や金融機関等のご紹介で、ご面談をお申し込みください。必ず、代表の河合がご面談させていただきます。

さいたま新都心税理士法人 松波事務所

銀行借入ドットコム

8

2004年度版から8回選出

事務所の特徴

- お客様の手元資金をサポート前の最大17倍（平均3倍）、金利は1/2以下とした目からウロコの手法をもって、お客様に税理士が直接アドバイスいたします
- 年商1億円以上50億円未満の企業様に最適な事務所です

Web・SNS

Webサイト　https://www.saitamasintos.in　　Facebook　銀行借入ドットコム

E-Mail　info@saitamasintos.in　　Twitter　@maznami

「勝ち組企業は利益が出ているから金を持ってるんだ」と思っていませんか？

銀行取引について質問します。

□金利が2％を超えている

□保証協会付きの融資しか勧められたことがない

□担当者も呼ばなければ来てくれない

□決算書のあら探しをされ、無理難題を吹っかけられる

どれかひとつでも当てはまった方は、必ず続きをお読みください。当社と顧問契約を結ぶことで、これまでとは全く違った経営ができる可能性があります。

例えば、次のような経営ができたらいかがでしょうか？

✓「次回借りられなかったらどうしよう」という不安から解放されます。

✓資金繰りが楽になり、事業に前向きに取り組むことができるようになります。

✓潤沢な資金を元に利益を上げることが可能になります。

✓銀行に支払う金利を減らせます。

銀行から融資を受けること、金利を引き下げることを経営における最重要ポイントと位置づけているわけではありません。最重要ポイントは「手元資金」を増やすことです。なぜなら、資金があるから利益が出るのです。利益の結果で資金が増えるわけではありません。

交渉を制したものがビジネスを制します。そして、交渉は選択肢が多いものが勝つ。これは絶対です。手元資金は「選択肢」と「可能性」を増やす手段です。頭の中に選択肢や可能性があっても手元資金がなければ、それを実現することはできません。ですから、資金があるから利益が出るということになります。

そして、利益が出るから、銀行が金を出す。さらに増えた資金で、より利益を出す。実は勝ち組企業はこのことを知っているだけなのです。

本当に今の財務戦略のままでいいのですか？

会計事務所業界に20余年、税理士資格取得後独立し18年になりましたが、私も初めからこのような財務戦略を身につけていたわけではありません。お恥ずかしい話ですが、初めは私もそれまでに学んだ財務戦略で中小企業に貢献したいなどという思い上がりがありました。

きっかけは資金繰りに悩んだ一人の経営者を救えずに失ったことです。私はこのことに大変なショックを受け、それまでの机上の勉強が全く役に立たないことを痛感しました。そして、膨大なコストと時間を費やし、延べ500社以

事務所概要

代表 社員税理士 松波竜太

会計事務所業界に26年、税理士資格取得後独立し18年となる。500社以上の中小企業に関与し、特に資金繰りと銀行交渉については300社以上をサポート。具体的な「次の一手」をアドバイスし、中小企業経営者から絶大な信用を得ている。税理士会・商工会議所などの公的機関でのセミナーに加え、企業コンサルタントとして全国で活躍している。『その節税が会社を殺す』（すばる舎、2018年）、『借入は減らすな!』（あさ出版、2013年）、「税理」「税務弘報」等の専門誌への寄稿も多数。税理士。神奈川大学経済学部経済学科卒。さいたま新都心税理士法人 代表社員。関東信越税理士会浦和支部所属、総務部長。

さいたま新都心税理士法人 松波事務所／銀行借入ドットコム
所在地：〒330-0081
さいたま市中央区新都心4-3 ウェルクビル5階
TEL 048-600-2900　FAX 048-600-2909

上の中小企業に関与し、特に資金繰りと銀行交渉については３００社以上の融資申込から借換・返済・返済猶予といった銀行との折衝をサポートしました。

その結果、ある法則に気づき、今ではお客様の手元資金をサポート前の最大17倍（平均3倍）、金利は2分の1以下にすることができるようになりました。お客様の中小企業経営者からは、「今までこんなに会社の資金繰りが楽だったことはない」「先生と出会わなかったら、今ごろ会社がどうなっていたかわからない」という評価を頂いています。

その節税が会社を殺す／借入は減らすな！

このノウハウを誰にでもできるように、書籍『その節税が会社を殺す』（すばる舎、２０１８年）、『借入は減らすな！』（あさ出版、２０１３年）にまとめました。本書を読んで、この手順で手を打てば、誰でも銀行にお願いしなくても「うちから借りてもらえませんか？」と言われるようになります。

- 中小企業が手を出してはいけない節税とは
- 銀行から融資を受けるのに必要な利益とは
- 順序を間違えると泥沼に！　担保・保証人の付け方・外し方
- 銀行の対応が劇的に良くなる交渉テクニック
- 銀行員の評価が一瞬で変わる決算書の見せ方・作り方
- 銀行員はここを見る！　決算書減点ポイント
- 赤字になった時の対応のポイントとは

しかし、知識だけあっても、どのタイミングで使えばよいのかをご存じなければ、かえって逆効果を招いてしまう可能性があります。

当社では、経験豊富な税理士が適切なタイミングで打ち手をアドバイスいたします。もちろん、貴社にぴったり合った節税もしっかりサポートいたします。

現在は、税務顧問に加えて全国の税理士会、商工会議所など公的機関でのセミナーを行っており、「税理」「税務弘報」等の専門誌への寄稿も多数しています。

無料セミナーも多数開催

いきなり顧問契約というのも不安があると思います。ですから、まずは当社の銀行対策セミナーに参加してみてください。無料で参加いただけるセミナーを商工会議所などで行っております。

今すぐホームページでセミナーの日程をご確認いただきたいと思います。

1
初選出

税理士法人湘南

株式会社湘南ビジネスパートナー

事務所の特徴

- 「理念経営」実践のための原理原則をお伝えします。
- 経営者と一緒に次の一手を考えます。
- 他士業との連携による、ワンストップの相談体制。
- 事業承継、資本政策、組織再編のスキーム提案。
- 経営者、経営幹部を対象とした勉強会の開催。

本気で未来を豊かにする。
湘南会計グループ
SHONAN KAIKEI GROUP
税理士法人湘南
有限会社　湘南会計センター
株式会社　湘南ビジネスパートナー
湘南行政書士事務所
湘南社会保険労務士事務所

Web・SNS

Webサイト　http://www.shounan-kaikei.com
Facebook　湘南会計グループ
E-Mail　info@shounankaikei.com

会計事務所のイメージを変える一歩先の提案を。

私たち税理士法人湘南は、総合士業コンサルタントファームである『湘南会計グループ』の中核を担う会計事務所です。当グループは、会計事務所、社会保険労務士事務所、行政書士事務所、コンサルタント会社を擁し、また、弁護士、司法書士等と連携し、グループの経営理念である『本気で未来を豊かにする。』の旗印のもと、中小企業経営者が抱える様々な問題・課題に対して士業グループとして、ワンストップでの解決のお手伝いを日々実践しています。

経営理念は「本気で未来を豊かにする。」

〝本気〟について

人が簡単に真似できないと思うようなことこそが「本気」のゆえんであり、その「本気」が集まることで、他の同業他社には真似のできない湘南会計グループならではの強みが生まれます。

士業のプロフェッショナルとして、原理原則を説くこと……一人ひとりが自分の「本気」をさらけだし、互いのスタンスを理解しながら協力しあうことで、私たちの強みが磨かれていきます。

〝未来を豊かにする〟

会計業務や経営支援など、湘南会計グループが提供するすべてのサービスは〝未来を豊かにする〟ものです。「豊か」には、お客さまの経済的な安定や業績向上といった業務と直結するニュアンスと同時に、精神的な豊かさや人生のニュアンスも含みます。

経営者の伴走者として。

コロナ禍における経営環境は依然厳しいものがあります。利益創出、資金繰りといった目先の問題から、人事評価や設備投資、事業計画や事業承継といった長期的な課題まで、解決すべき事柄は多岐にわたります。経営者は常に判断に迷い、下した決断に躊躇しています。私たちはそれら一つひとつの課題を経営者と共に考え、同じ目線で最適なご提案ができるよう日夜研鑽しています。

私たちは、税務に関する高い専門性と、従来の会計業務以外のかたちを提供しようとトライし続け、大手税理士法人にも負けない対応で支援いたします。

事務所概要

代表社員　税理士　近藤多賀志

税理士法人湘南代表社員。株式会社湘南ビジネスパートナー取締役。税理士。昭和39年生まれ。立教大学経済学部卒。平成9年、近藤多賀志税理士事務所を開業。平成25年に税理士法人湘南を設立、当初よりMAS監査による未来会計に取り組み、平成26年コンサルタント業務に特化した㈱湘南ビジネスパートナーを設立。東京地方税理士会平塚支部所属。

湘南会計グループ／税理士法人湘南／有限会社 湘南会計センター／株式会社 湘南ビジネスパートナー
湘南社会保険労務士事務所／湘南行政書士事務所

創　業：平成9年
代表者：近藤多賀志
職員数：16名（税理士４名、社会保険労務士1名、行政書士1名）

所在地
〒254-0043　神奈川県平塚市紅谷町2-14
一剣浜大門ビル4階
TEL 0463-20-6061　FAX 0463-20-6062

数字の報告ではなく数字を学ぶ場を。

百戦錬磨の創業経営者でさえも、コロナ終息後の経営を予測することは難しいでしょう。しかし、こんな時だからこそ、私たちがお伝えしたいのは経営の『原理原則』です。経営者の責務は、社員とその家族を守るために利益を出し、資金を貯めることです。また、その手法は経験や勘ではなく、戦略的な行動の実践を繰り返すことだと私たちは考えています。その実践を学ぶ場として、次のサービスを提供しています。

月次決算

毎月の利益と資金を検証し、経営者が次に打つ手を一緒に考えます。

財務分解

金融機関の格付けや、財務上の弱点や課題を洗い出し、貸借対照表の改善に向けたアドバイスをします。

湘南式経営計画策定教室

経営者の「理念」実現のための戦略・戦術をまとめた経営計画書の作成をご指導いたします。

MAS監査

M(anagement)A(dvisory)S(ervice) 監査とは、私たちが経営会議のファシリテーターとして、組織が抱える課題を解決しながら、経営計画の進捗管理を通して強固な財務体質の構築をするものです。

湘南経営塾

今年7期目を迎える、主に事業承継予定者や経営幹部を対象とした勉強会です。1講座（全6回）を半年間かけて「経営者とは何か」「経営者しかできないこととは何か」を少人数で討議します。

経営者にワクワク感を。

私たちが提供するのは、未来の経営に役立つ「生きた数字」です。

決算書の数字は企業の経済活動の結実です。しかしこの数字は過去のもので、経営者の知りたい未来ではありません。私たちは、経営の原理原則をお伝えし、経営者に『自ら考え』『行動し』、未来の数字を予測してご指導させていただきます。経営は困難なことが多いけれど、それ以上にワクワクできるものであることを知っていただきたいのです。私たちは、一会計事務所の枠にとらわれないコンサルタントファームとして中小企業の皆さまと共に成長していきたいと考えています。

税理士法人新日本経営

新日本経営コンサルティンググループ

事務所の特徴

【企業の「経営パートナー」としてライフステージに合わせて「いい会社」を創るお手伝いをします】
- 徹底した財務・経営指導により顧問先黒字率80％！
- 銀行・信用金庫に強い会計事務所が、融資・資金繰りを支援
- 経営の「専門医」である経営コンサルタントが経営をサポート
- 事業再生・事業承継・M&A等に対応する専門家チームを組成
- CFO代行、経理部門代行として経営管理部門をサポート

Web・SNS

総合Webサイト　https://shinnihon-keiei.com/

サービスWebサイト

①埼玉創業融資サポートセンター　https://saitama-yushi.com/
②銀行融資サポートセンター　https://ginko-yushi.com/
③中小企業のための経営あんしん相談室　https://shinnihon-consulting.com/
④大宮・浦和経理お悩み相談室　https://keiri-urawa.com/
⑤埼玉あんしん相続相談室　https://www.sozoku-saitama.com/

E-mail　info@shinnihon-keiei.com　**Facebook**　税理士法人新日本経営

5
2013年度版から5回連続選出

中堅・中小企業の経営を徹底的にご支援

新日本経営コンサルティンググループは、会計事務所と経営コンサルティング会社が一体となり、中堅・中小企業のライフステージに合わせて成長と発展を支援しています。

会計事務所では、会計・税務は勿論のこと、顧問先の「黒字化支援」と「資金繰り・銀行対策」等の経営問題に積極的に取り組んでいます。

コンサルティング部門では、経営コンサルタントが、より専門性が必要とされる経営問題に対して、社外の専門家および商工会議所等の公的経営支援機関等と連携して問題解決を図っております。

会計事務所のサポートで企業に大切な管理能力を身につけていきましょう

中小企業は、人間と同様に基礎疾患に問題があると、新型コロナ等の影響を大きく受ける可能性があります。中小企業にとっての基礎疾患を「中小企業病」と呼び、①ドンブリ経理、②金欠病、③メタボ体質、④無計画と行動不足、⑤赤字体質等の症状が見られます。

この症状を改善・克服するための準備や対策が急務であり、そのサポートを会計事務所は担っていると考えています。

クラウド会計の導入から融資・資金繰り等幅広くご支援

会計事務所ではまず、経理部門の見直しのために、クラウド会計の導入やインターネットバンキング等会計のIT導入化サポートをはじめ、部門別試算表や資金繰り予定表の作成を推進しています。それにより正しい数値の管理ができ、最適な融資を受ける環境ができあがります。

また、当事務所では地域金融機関のご紹介、融資申込資料の作成支援、銀行・信金への同行等も、顧問先の状況に合わせて対応致しますので、資金調達や資金繰りの悩みから解放され、社長様はより一層本業に取り組むことができます。

事務所概要

代表税理士　竹内武泰

税理士法人新日本経営及び新日本経営コンサルティンググループ代表。税理士、上級経営会計専門家。昭和40年生まれ。獨協大学外国語学部卒業。会計事務所及び事業再生コンサルティング会社に所属した後、平成19年、新日本経営会計事務所開設。再生支援協議会、信用保証協会等の財務専門家も務める。現在、グループを挙げて顧問先の「黒字化」「融資・資金繰り支援」に取り組んでいる。関東信越税理士会浦和支部所属。経済産業省認定経営革新等支援機関。

税理士法人新日本経営／新日本経営コンサルティンググループ

創　業：平成19年
代表者：竹内武泰
職員数：12名（税理士2名、行政書士1名、税理士科目合格者4名）

所在地
〒330-0062
さいたま市浦和区仲町1-11-12
さくらビル浦和I- 3階
TEL 048-814-2030　　FAX 048-814-2031

経営支援の「専門医」である経営コンサルタントが経営をサポート

会計事務所が会社の「かかりつけ医」なら、経営コンサルタントは経営支援の「専門医」です。

コンサルティング部門では会計事務所だけでは解決できない問題を解決するために、財務改善や組織再編等抜本的に企業の改革をお手伝いします。

例えば、借入の返済猶予（リスケ）や、もっと会社を成長させたいという悩みだけでなく、事業再生・再編、事業承継やM&A、廃業といった課題に対して社内の経営コンサルタントは勿論、場合によっては社外の専門家と連携し、経営支援の「専門医」としてサポート致します。

セカンドオピニオンサービスも提供しております

今の税理士には決算申告をお願いしたいが、その他の経営や融資に関する相談は他の専門家へお願いしたいという依頼が増えています。つまり、かかりつけ医の診断以外に専門医の意見を求めるように、顧問税理士以外に意見を求める財務・経営のセカンドオピニオンサービスです。

まず、決算書診断からオリジナルの月次試算表で分かりやすく説明をして、経営計画の作成や融資相談、アドバイス等社長のお悩みに合わせたサービスを提供しております。

CFO代行・経理部門代行としてサポート

業績の良い会社の社長は、8割の時間を前向きな時間、いわゆる売上・利益を上げる時間に使っているそうです。しかし、現実的には、銀行対応、資金繰り・損益の把握、クレーム・社内問題対応等で、社長は時間がいくらあっても足りません。

私どもは、社長に何とか前向きな時間を作っていただき、成長の次のステップを目指してほしいと考えております。そのため、グループではCFO代行、経理代行として企業の経営管理を支援しております。

税理士法人トップ会計事務所

株式会社TOPコンサルティング

2003年度版から9回選出

事務所の特徴

税理士法人**トップ会計事務所**
株式会社**トップコンサルティング**

- 決算書作成型のレントゲン技師ではなく、お客様の問題解決や提案をするコンサル型の総合病院を目指します（相続税申告、資産税コンサルも対応可能です）。
- クラウド会計（freee、マネーフォワード）にも対応。
- 認定経営革新等支援機関。
- M&A、IPOのご相談にも対応。
- 他士業と連携し、色々な相談にもワンストップで対応。

Web・SNS

Webサイト　http://www.topms.co.jp/　　**E-mail**　info@topms.co.jp

税理士法人で、税理士業界の“総合病院”を目指します

当事務所は、昭和52年個人事務所開業から、平成14年の税理士法人化（法人No.39）を経て、創業44周年を迎えます。お客様の資金繰り・キャッシュフローの改善や赤字体質からの脱却など経営上の問題解決や、相続税申告、資産税コンサルも含め、数多くの実績がございます。

当事務所は、現在、税理士8名、中小企業診断士３名が、総合病院のように、高度に専門化されたスタッフの連携により、総合的にコンサルティングを提供しております。

事務所としては、川崎事務所、横浜事務所、新宿事務所があり、東京、神奈川地区を中心に千葉、埼玉を含め広域的に業務を行っています。

関係会社である株式会社ＴＯＰコンサルティングが税務会計以外のＭ＆Ａ、ＩＰＯ等のソリューションに係るコンサルティングを提供しております。

クラウド会計に対応

当事務所は、クラウド会計（freee、マネーフォワード）に対応し、お客様の業務の効率化を推進しております。

月次決算書の提供でお客様の利益を追求します!!

当事務所は「成長志向のある会社社長様に対して、税理士が月次決算書により、お客様に利益増加の指導をする」ことをモットーとしています。社長様と毎月、月次決算書を基に会議によって利益を追求します。

月次決算書の目的は、

①どこに手を打てば利益が出るか理解する

②お金を残すための経営（キャッシュフロー経営）を理解する

ことにあります。そのために、月次決算書は、

①損益分岐点分析（利益を出すにはどこに手を打てば良いか？）

②キャッシュフロー計算書（儲けた利

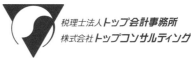

事務所概要

代表社員　増山雅久

税理士法人トップ会計事務所代表社員。株式会社TOPコンサルティング代表取締役社長。税理士。慶應義塾大学工学部卒。昭和52年、税理士法人トップ会計事務所の前身となる増山雅久税理士事務所を開業。昭和62年株式会社TOPコンサルティングを設立。中小企業に対し、税務面のみならず、経営全般にわたる指導を展開。ロータリークラブ会員、川崎商工会議所副会頭。著書「税理士業勝ち残り戦略」「会計事務所のM&A成功術」。東京地方税理士会川崎南支部所属。

税理士法人トップ会計事務所
株式会社TOPコンサルティング
グループ職員数：34名（税理士8名、中小企業診断士3名）

<税理士法人　川崎事務所>
<㈱TOPコンサルティング　本社>
神奈川県川崎市川崎区駅前本町11-2
川崎フロンティアビル12F
TEL　044-222-2468
FAX　044-230-4112

<税理士法人　横浜事務所>
神奈川県横浜市神奈川区鶴屋町2-23-5
銀洋第2ビル4F
TEL　045-534-3338
FAX　045-534-3328

<税理士法人　新宿事務所>
東京都新宿区西新宿7-18-18
新宿税理士ビル
TEL　03-3371-7211
FAX　03-3365-3747

益はどこに消えたか？）
③見積もり資金繰り表（向こう3カ月の資金繰りは大丈夫か？）
の3点について検討していきます。

認定経営革新等支援機関

当事務所は経済産業省認定の支援機関となっております。事業計画の策定、補助金申請等質の高い支援を行います。

お客様対応型の資金調達コンサルティングを推進します

当事務所では、資金繰りに悩んでいるお客様に対して、信用格付けを行い、最適な金融機関をご紹介します。

Ｍ＆Ａ、ＩＰＯのご相談に対応

企業の成長のため、事業承継等のためのＭ＆Ａのご相談にも対応しております。特に当事務所顧問先において後継者問題に悩んでいる社長様に対してのハッピー・リタイアを応援しています。

また、ＩＰＯのご相談にも対応することが可能です。

他士業と連携し、色々なご相談にもワンストップで対応

当事務所では弁護士、司法書士、社会保険労務士等他士業と提携し、色々なご相談にもワンストップでの対応が可能となっております。

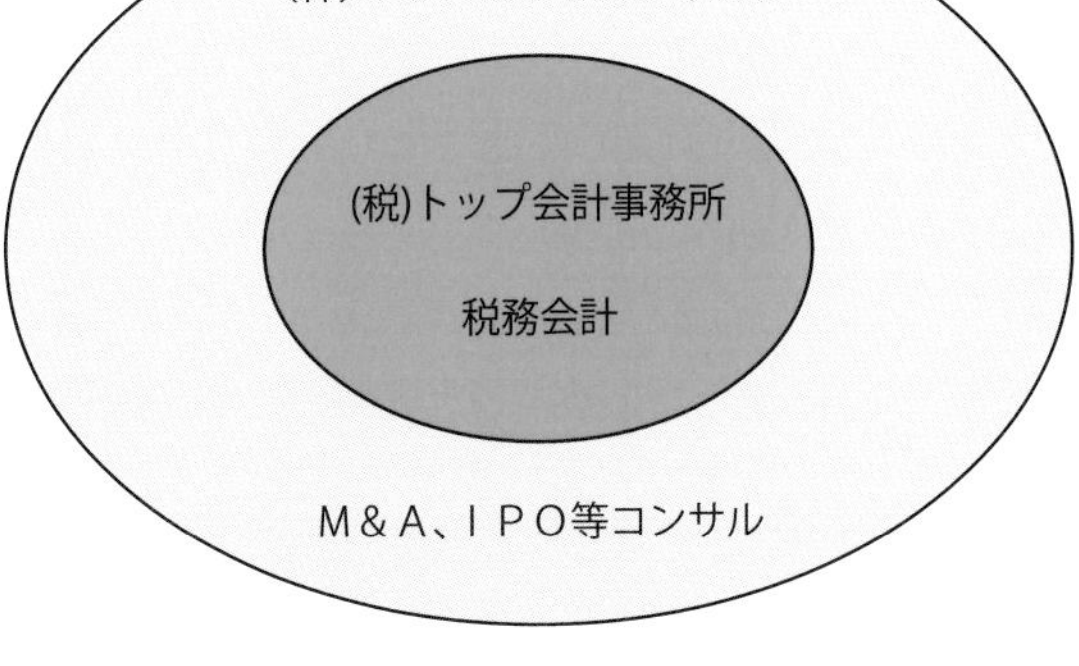

税理士法人Farrow Partners

株式会社Farrow Consulting

2

2019年度版から2回連続選出

事務所の特徴

明日を照らす灯りとして、お客様の明日を照らします

- １社３名体制での手厚いサポートを提供。
- クラウド会計の導入、運用実績豊富で、業務効率化に貢献。
- 他士業と連携し、どんな相談にもワンストップで対応。

Web・SNS

Webサイト　https://f-accounting.jp/

E-Mail　info@f-accounting.com

ＩＴ技術を活かし、全国にサービス提供

私たち税理士法人Farrow Partnersは、横浜市の北部に拠点を構えサービス提供を行っています。当法人は総勢12名で、原則としてお客様1社に３名の担当を付けてチームでサービス提供を行い、安心して任せて頂けるよう心がけています。また、新しいＩＴ技術等を取り入れることに積極的で、遠隔地のお客様に対しても、近隣のお客様と同様のサービス提供が可能な態勢をとっています。

代表の福岡雅樹は、公認会計士として大手監査法人で主として上場企業の支援を行い、その後に勤務した大手税理士法人では、法人の税務コンサルティング、Ｍ＆Ａ支援や事業承継の業務に携わりました。独立後は、その経験を活かして、中小企業の会社様を中心にサービス展開を行っています。

一歩踏み込んだサービス提供

「明日を照らす灯り」これが当法人のモットーです。

これには色々な意味が含まれますが、その一つに、お客様の行く先を照らす灯りとなる、という意味があります。

経営者は、やりたいことがあるからこそ事業を興されたのだと思います。私たちは、その思いをビジョンとして明確化し、それを達成するための行動計画策定、策定した行動計画の達成状況を確認しながら修正行動計画を一緒に考えることのお手伝いを、経営者に寄り添いながら行っています。

現状の財政状態、損益状況を経営者に正しく把握して頂くことは非常に大切で、当法人でも丁寧にお伝えしています。しかしながら、それは過去の状況を解説したに過ぎません。もっと大切なのは、今後の道筋をつくることであると考えます。そのため、当法人は本来の会計事務所が行う業務から一歩踏み込んで、お客様の行く先を照らす業務を行っています。

医療関係、公益法人もお任せください

当法人は、医療関係のお客様が多いことも特徴の一つです。日々の業務が忙しい先生方に対し、会計数値の報告にとどまらず、

事務所概要

代表社員 公認会計士・税理士　福岡 雅樹

税理士法人Farrow Partners代表社員。株式会社Farrow Consulting代表取締役社長。公認会計士・税理士。昭和51年生まれ。中央大学商学部卒。平成12年に大手監査法人に就職。その後、税理士法人プライスウォーターハウスクーパースでの勤務を経て、平成24年に独立。多くの中小企業を利益体質にし、地域の活性化に繋げるべく日々の業務を展開中。東京地方税理士会緑支部所属。

税理士法人 Farrow Partners ／株式会社 Farrow Consulting

創　業：平成24年
代表者：福岡 雅樹
職員数：12名（税理士2名、公認会計士1名、税理士科目合格者2名）

所在地
〒224-0032
横浜市都筑区茅ヶ崎中央50-9
CMKビル2階
TEL 045-511-7660　FAX 045-511-7394

それらの材料をベースにして一歩踏み込んだ経営のアドバイスを行っています。

また、NPO法人、一般社団法人等の公益法人のサポートも行っています。これらの法人は、通常の法人税、消費税等と異なり、特別な知識・ノウハウが必要となる場面が少なくありません。

株式会社等と異なり、公益法人等は税務における実務上の取扱いが明確になっていない点も多く、税務署に照会しなければ明らかにならないこともあります。

また、地方税は、各自治体で税務上の取扱いが異なることもあるため、全国で画一的な処理が行えません。そのため、当法人は一つ一つ丁寧に税務署や自治体とコミュニケーションをとりながら業務を進めています。

経営者が本業に集中するためのサポート

大規模な法人には経理担当者がいるため、経営者は比較的、経営に集中できますが、設立後間もない会社や中小企業は、そうはいきません。営業、会計帳簿入力、請求書発行、給与計算、経費の支払い、資金繰り対策など、やるべきことは多岐にわたります。

そのような忙しい経営者が少しでも経営に集中できるよう、当法人では様々なサポートを行っています。

近年、主流になりつつあるクラウド会計ソフトの導入も、その解決方法の一つです。ただし、クラウド会計ソフトにも特徴があり、導入方法を誤ると思った通りの効果を生み出しません。そのため、当法人はそれぞれの会社の実状を正しく把握し、業務効率化に資する導入支援を行っています。

また、当法人では給与計算、支払い業務等のバックオフィス業務を一括して請け負うことも可能です。最近、経理担当者などの人材採用が困難になってきているため、このサービスも忙しい経営者にご好評を頂いています。

MASHUP税理士法人

2019年度版から2回連続選出

事務所の特徴

・病院、診療所、介護施設は相当数の実績あり。
・病院、診療所、介護施設の税務調査に強い。

当事務所は ①クライアントの満足と幸せの追求 ②スタッフの幸せの追求 ③事務所の発展と安定性の追求 を経営理念とし、スタッフ1人1人がクライアントの状況に合ったサービスを一生懸命考えて行動する事をモットーに、日夜知識及び心の豊かさを高めるべく努力を重ねております。

Web・SNS

Webサイト http://www.zei-mashup.com/index.html

E-Mail zei-masu@mbn.nifty.com

はじめに

当事務所は令和2年度8月より税理士法人となりました。現在も埼玉県を中心に東京都、群馬県、千葉県にクライアントがあり、医療クライアントが多くを占めています。そのクライアントには病院をはじめ、診療所、歯科診療所、介護施設、社会福祉法人、宗教法人等があり、これらに力点を置き、展開しております。特に診療所は全診療科目のクライアントが存在するため、各診療科目特有の特徴もしっかりと把握できております。

また、MMPGという医療を専門に研究している会計事務所の団体にも加入しているため、品質の重視をモットーに、MMPGマスターの称号をもらえるよう、職員一同努力を重ねております。税法も一月一回の研修を事務所内で行い、各人の担当分野を研究し、発表し合い、互いの能力を磨いているところであります。

毎月の訪問が大原則

経営者である理事長又はドクターと毎月面談し、診療所の問題点、医療行政の変化、患者様の動向、患者様の懐事情（経済）、人口推移、高齢化問題等のお話をさせていただいております。経営のお役に立てるよう、新聞、テレビ、雑誌等をチェックし、的確なアドバイスが出来るように情報収集は怠らないよう研鑽しております。

三種の神器を提供?

ここで申し上げる三種の神器とは、「クリニックニュース」「MMPG医業経営ジャーナル」「マイコモン（医業DB診療分析）」であります。この三種類の情報ペーパーを毎月お届けし、必要な箇所は理事長に必ず見ていただきます。

クリニックニュース

厚労省、財務省、内閣府、経済財政諮問会議など社会保障に関する話し合い等において内容、統計等が毎月発表される

事務所概要

代表社員　増山良裕

税理士。昭和33年生まれ。明治大学政治経済学部卒。昭和56年、学校法人大原簿記学校にて税理士課講師。昭和60年税理士登録。昭和62年、増山良裕税理士事務所を開業。事務所開業直後から医業経営支援に積極的に取り組み、緻密な経営診断にもとづく医業経営コンサルティングを展開。埼玉地域の医業の発展に尽力している。関東信越税理士会所沢支部所属。

MASHUP税理士法人
創　業：令和2年
代表者：増山良裕
職員数：20名（税理士3名、社会保険労務士1名）

所在地
〒359-1111
埼玉県所沢市緑町2-6-5 芝崎ビル101号
TEL 04-2928-3470　FAX 04-2928-3486

中から重要な事項を厳選し、抽出した記事であります。

ＭＭＰＧ医業経営ジャーナル

厚労省、財務省の委員会等で、今一番押さえておきたいホットな話題を中心に、新聞等にはあまり記載されない項目を分かりやすく解説しているものであります。

マイコモン（医業ＤＢ診療分析）

全国三千件以上の診療報酬データを蓄積しており、それを基に自院の実績を三期分の推移や全国平均、地域平均と比較することができます。医療機関からレセプトの総括表をお預かりして、実患者数、延患者数や診療単価等の推移から、診療収入の現状把握や経営のベンチマークとして活用しております。

従業員さんの給与は相場以上？

医師、歯科医師、看護師、准看護師、テクニシャン等の全国の地域別年収相場がすぐに分かる給与データベース（約三万名の給与データ）を持っているため、各職種の給与は東京ではどうなのか、埼玉ではどうなのかといった理事長の質問に回答することができます。

ＡＩはどこまで発展するのか？

今後はＡＩの進化により、診断支援が容易になり、問診、検査、画像診断等がＡＩに代替され、ＡＩが病名診断をすることが出来るような時代になりつつあります。将来、ドクターはＡＩの診断支援を基に最終判断のみを行うようになり、それにより保険点数が下げられるといったことが考えられます。

また、医師の少ない東南アジア諸国では、スマートフォンでドクターと面談し、薬の処方が行なわれ、宅急便で薬が届けられる仕組みがあると聞いております。日本もオンライン診療に保険点数がついたばかりですが、この波も東南アジア諸国の方が先に進み、日本は最後になるような気もします。私達の事務所は、このような時代の波を乗り越えられるような工夫を理事長と共に考えていく所存であります。

3

2017年度版から3回連続選出

ヤマト税理士法人

有限会社埼玉FPセンター　株式会社ヤマトサポート　ヤマト社労士事務所

事務所の特徴

- 会計税務の処理に留まらず、FP（資産設計）まで幅広く対応。
- TKC、JDL、発展会計のほか、自動読取りのクラウドにも対応。
- 他士業と連携し、どんな相談にもワンストップで対応。
- 相続・事業承継には豊富な経験と層が厚いスタッフで対応。
- 豊富な経験により税務調査に強い。

Web・SNS

Webサイト　https://www.yamatotax.com　**E-Mail**　tax@yamatotax.or.jp

さいたま市を中心に中小企業と個人をご支援

私たちヤマト税理士法人は、さいたま市を中心に、中小企業とその関係者の皆様をご支援している会計事務所です。

会計・税務はもちろんのこと、財務管理を中心に経営管理局面での様々な問題にも、とことん親身にサポートしていくことを心掛けています。また、FP（資産設計）的感性で、個人のライフプランへの支援も得意分野です。

会社の会計処理の負担を軽減

当事務所が依頼を受けますとまず、初めに行う作業が会社の会計システムのヒヤリングです。このヒヤリングでプロの見地から、無駄な作業がないか、徹底的に洗い出します。そして、きちっとやるべきところ、省略できるところを明確にして、会社の事務負担を軽減する提案をさせて頂きます。

最近話題の預金口座自動読取りのクラウドにも対応しています。

事務所の総合力で、決算も税務調査にも対応

私たちの事務所はお客様に事務所の総合力で対応しております。

具体的には、7名の税理士と二十数名の税務会計スタッフがおりますので、お客様の担当者のみでお客様をご支援するのではなく、事務所全体でお客様のご支援をします。また、事務所全体でのサポートは、月次だけでなく、決算や税務調査での対応についても同様です。複数の税理士により、最善の対策を準備します。

相続特化部門あり

相続については思い入れが深く、相続を被相続人の精算処理と考えるのではなく、故人の遺志を引き継ぐことによる愛情のリレーと考えて、FPの手法を用いて遺族の生活設計まで親身に対応します。

まず、メールや電話で相続について問合わせがあると、1時間の無料相談から

事務所概要

代表社員 税理士
北村 喜久則

ヤマト税理士法人代表社員。有限会社埼玉FPセンター代表取締役社長。税理士。宅地建物取引士。CFP。昭和29年生まれ。明治大学商学部卒。昭和58年税理士登録。当初は都内の共同事務所で上場プロジェクトチームに参加しMASを経験。昭和63年にヤマト税理士法人の母体となる北村税理士事務所をさいたま市南区に設置。平成6年CFP取得後、埼玉SG創設、日本FP協会埼玉支部長（初代）、評議員等歴任。関東信越税理士会浦和支部所属。

ヤマト税理士法人
有限会社埼玉FPセンター
株式会社ヤマトサポート
ヤマト社労士事務所

創　業：平成22年
代表者：北村 喜久則
職員数：30名（税理士7名（顧問含む）、社会保険労務士2名、行政書士1名、宅地建物取引士2名、税理士科目合格者5名、不動産コンサルタント1名、CFP2名、AFP6名、FP技能士7名）
所在地
〒336-0022
埼玉県さいたま市南区白幡4-1-19
TSKビル5F
TEL 048-866-9734
FAX 048-866-8591

始まり、個人のバランスシートを十分に分析してから相続対策に入ります。その後、被相続人（依頼者）の意向を活かしながら、争族とならないような相続対策を提案し、遂行できるよう粘り強く対応していきます。

なお、有力な国税・資産税OBが複数脇を固めていますので、税務調査対策も安心です。

社長の夢を実現するための経営管理支援

MAS（経営助言サポート）はまず、経営者へのヒヤリングから始まります。そして、目標とする企業モデルを見えないものから見えるものへと具体化させていき、図解させていきます。社長の思いを視覚化することにより、社内のベクトル合わせが実現し、理解が広まれば確実に目標に向かって進んでいきます。

次の打つ手は、経営管理過程の段階的レベルアップです。①経営計画、②労務管理、③販売管理、④財務管理、⑤仕入（生産管理）、⑥店舗施設（資材）管理、⑦商品管理について、成り行き管理レベルから上場会社レベルまで、少なくとも4段階レベルを上げていくことが必要ですが、自社のみでは実現が難しく、外部の専門家の参加が効果的ですので、その役割にも取り組んでいます。

税理士法人横浜総合事務所

株式会社横浜総合エクスペリエンス　株式会社横浜総合マネジメント
株式会社横浜総合フィナンシャル　株式会社横浜総合アカウンティング

2007年度版から8回連続選出

事務所の特徴

変わらないは、つまらない。
「生き残るものは、強いものではない。賢いものでもない。唯一、変化するものである。」といわれる通り、社会と時代の変化に対応し、能動的・主体的に自ら変化し、進歩へと革新のチャンスを創り出せる社員・経営者を一人でも多く育てることにより、日本の元気を創ることが私たちの使命です。
私たちは、変化を楽しみ、変化をリードし、成長し続けます。

Web・SNS

Webサイト　http://www.yoko-so.co.jp　　**E-Mail**　client_liaison@yoko-so.co.jp

お客様の元気をサポートして、お客様の夢の実現に貢献します。

私ども事務所のミッションは、「お客様のビジョン実現と真の豊かさの創出をサポートする」ことにあります。

つまり、お客様のビジョンを共有し、課題を整理し、経営計画に落とし込み、課題を解決して価値化していく事が私どもの仕事です。したがって、税務会計業務のみならず、お客様の経営や資産運用など、全ての諸問題に対応し、課題解決をサポートします。

そのためには、経営者の一番身近なブレーンとして信頼され、ざっくばらんに何でも気軽に相談できる、ポジティブで明るくフットワークの軽いスタッフを揃え、お客様と同じ「経営者」の視点から課題を共有できるような社員教育を徹底することにより、お客様の元気をサポートしています。

ＷＩＴＨコロナとＤＸ

ほぼ全ての企業が新型コロナウイルスの感染拡大により、経営に大きな影響を受けました。困難な時だからこそ、私達はお客様のそばに立ってサポートしなければなりません。同時に、私達に出来ることは、先頭に立って変化をリードしていくことです。中でも、デジタルによる既存市場の破壊が進む中で、デジタルトランスフォーメーション（ＤＸ）の推進は、中小企業の生き残りには必要不可欠なものとなっており、ＤＸサポートは今後、税理士に必要なスキルと考えています。「クラウド」、「ＩｏＴ」、「ＡＩ」などと聞くと、「うちには高嶺の花だ」と思うかもしれませんが、これらはあくまでツールであり、自社に適しているもの、さらなる発展につながるものを選ぶ必要があります。私たちは「それぞれのＤＸ」を推奨しており、お客様の一番そばにいる税理士だからこそできる「実現できるＤＸ」をお手伝いします。

事務所概要

代表社員 税理士　山本 歩美

1975年群馬県生まれ。横浜国立大学卒業後、1998年に泉敬介税理士事務所(現：税理士法人横浜総合事務所)入社。中小企業の発展に注力しながら、上場企業の税務監査から個人のFP業務まで幅広い知識を持つ。2008年、税理士法人化に伴い役員就任。2011年、TEAMyoko-soのCOOとなり、2017年1月に税理士法人横浜総合事務所を承継、代表社員に就任する。就任後、自身が中心となって初めてとなる、第7次中期経営計画「細マッチョ計画（根から幹へ）」を発表。理念経営と効率化で地域一番事務所を目指している。東京地方税理士会横浜中央支部所属。

税理士法人横浜総合事務所／株式会社横浜総合エクスペリエンス／株式会社横浜総合マネジメント
株式会社横浜総合フィナンシャル／株式会社横浜総合アカウンティング

創　業：平成元年
代表者：山本 歩美
職員数：50名

所在地
〒231-0023
横浜市中区山下町209　帝蚕関内ビル10F
TEL 045-641-2505　FAX 045-641-2506

困難な時代だからこそ、経営理念！

「経営とは、自社のミッションから逆算したあるべき姿を明確にして、あるべき姿と現状とのギャップを課題化し、その課題を経営計画に落とし込み、価値化していく一連のプロセスである」という言葉の通り、経営者はミッション（理念）を明確にし、その実現のために、戦略・戦術を具体的に示し、時代の変化に対応していきながら、組織の変革をリードしていかなくてはなりません。

新型コロナウイルスの感染拡大から始まった2020年代は先の読めないVUCA（変動性・不確実性・複雑性・曖昧性）時代であり、より一層、経営者のリーダーシップが問われる中で、理念（行き先）を明確にし、先頭に立って旗を振り、常に動き（変化し）続けることが、必要です。

数千人の経営者とお付き合いをしてきた私たちの経験から、能動的・主体的に変化できる組織とできない組織の間には決定的な一つの違いがある事がわかりました。

それは「変化しないもの」を持っているか否かです。

絶対に変化しない理念（存在意義・使命）を持っているからこそ、激しい環境変化の中で絶対に変化しないモノを守り、追求するために自らを変化させ成長させていけるのです。

理念という軸を持たない組織は、ただ環境変化に翻弄されて受動的・従属的に変化を強要されていくのです。変化の激流に押し流されて、泳ぐのではなく溺れていくのです。

大きく変化をしなければならない時だからこそ、原点に戻り、もう一度「絶対に変化しない自社の理念」と目指すビジョン、行動を支えるフィロソフィ（哲学）の再確認が大切です。理念経営をサポートすることで、横浜総合事務所は、お客様の一番身近なパートナーとして、一緒に変化し続けます。

ランドマーク税理士法人

ランドマーク行政書士法人　株式会社ランドマーク不動産鑑定
株式会社 ランドマークエデュケーション
株式会社 ランドマークコンサルティング
一般社団法人 相続マイスター協会

7

2007年度版から7回選出

事務所の特徴

① 相続・事業承継対策支援
② 相続手続き支援、相続税申告
③ 資産税コンサルティング
④ 税務調査対策支援
⑤ 決算、確定申告（個人・法人）
⑥ セミナー開催（年200回超）

Web・SNS

Webサイト　https://www.landmark-tax.com/
E-Mail　info@landmark-tax.or.jp
Facebook　ランドマーク税理士法人

相続税の申告実績4，500件超

当社が強みとしているのは、資産家、特に地主の方々に対する相続の支援です。事前の相続税対策や遺言書の作成助言はもちろんのこと、相続税の申告・納税、そして二次相続のサポートに至るまで、親身に対応いたします。また、他の税理士が申告した後の申告書を見直すことで、相続税を還付させた成功事例も数多くあります。

このような還付が認められる事由のほとんどが土地の評価ですが、それぞれの土地の形状や周囲の状況等を総合的に判断しなければならないため、税理士によって見解の相違が大きく、またそれに伴って評価額も大きく変動するという現象が起こります。

場合によっては課税価格が減少することで、納付すべき相続税額も減少します。その結果、既に支払われている相続税が還付されるのです。

当社は、開業以来1万8，000件超の相続税に関する相談と4，500件超の申告実績があり、適正な財産評価には絶対の自信を持っています。

「相続」のお悩み全般を解決する専門家

平成27年度の相続税増税で課税対象者が拡大することを受け、支店を増設し、相続の無料相談窓口「丸の内相続プラザ」を全店舗に併設しました。駅前店舗というアクセスの良さから、幅広い層のお客様にご利用いただいています。

各支店では、毎月、最新の税制動向などをご紹介するセミナーを開催し、その後の個別相談会も好評をいただいています。

セミナー後は、事務所のノウハウを凝縮させたメルマガの発信や広報誌の発行といった形で、継続的な信頼関係を築いてまいります。出版物も種々手掛けており、相続の体系的な理解を助ける「税金ガイド」から、税制の仕組みを応用した節税策、実務で取り扱った事例を紹介す

事務所概要

代表社員 税理士
立教大学大学院客員教授
清田幸弘

昭和37年1月1日生まれ。明治大学卒業。横浜北農協（現横浜農協）に9年間勤務。平成9年、清田会計事務所設立。その後、ランドマーク税理士法人へ改組。
税理士、行政書士、立教大学大学院客員教授、農協監査士、宅地建物取引士、TKC神奈川会副会長。
東京地方税理士会緑支部

0120-48-7271

社員数 289名（令和2年6月時点）

〈ランドマーク税理士法人〉
東京丸の内事務所
新宿駅前事務所
池袋駅前事務所
町田駅前事務所
タワー事務所
横浜駅前事務所
横浜緑事務所
川崎駅前事務所
登戸駅前事務所
湘南台駅前事務所
朝霞台駅前事務所　（順不同）

〈ランドマーク行政書士法人〉
中山事務所
鴨居駅前事務所

るものまで、幅広いご興味に対応しています。

このように「相続」の専門家として認識していただいている当社へは、遺産争いや、不動産の登記など、税務以外の法律問題のご相談も少なくありません。ワンストップサービスの架け橋として、顧問弁護士や顧問司法書士による無料相談などサポート体制を充実させています。

会計事務所・金融機関・不動産業者の強力なブレーンとして

近年は同業の税理士事務所や、金融機関・不動産業者の方々からのご相談が増えています。相続の専門家は多くないため、自身の申告内容が適正か、相続や税金に悩むお客様へどのようなアドバイスをしたらいいのかなど、疑問を抱えた実務家は少なくありません。

そのような方を、相続の専門知識を持つプロフェッショナルにまで養成する「丸の内相続大学校」は、令和2年に第17期を迎えました。相続実務の第一線で活躍中の先生方を招き、「相続」の幅広さと奥深さを同時に味わえる充実した講義を提供しています。ここで得た知識を民間資格として認定する「相続マイスター制度」を創設しました。認定相続マイスターの方々は、相続の現場で日々活躍をされています。

徹底した組織体制で顧客をサポート

当社が得意としているのは、相続税分野だけではありません。

個人・法人にかかる所得税や法人税などの申告についても、相続税同様、きめ細やかなサービス提供を徹底しております。毎月必ずご訪問し、ひざをつきあわせた相談対応を行うことで、お客様の事業実態に合わせた、オーダーメイドの経営助言、節税提案に努めております。さらに、各専門家との強力な連携を持ち、お客様には常に最新で高度な専門知識を提供させていただいております。

初選出

税理士法人りんく

株式会社ビジネス・デザイン

事務所の特徴

- 税理士法人りんくグループの使命として、「社会的インフラとしてお客様をサポートする」を掲げております
- 会計税務支援はもちろん経営支援も行っております
- 元金融機関出身職員がおり資金調達、金融機関対策に強いです
- 事業承継、M&Aの専門部署があります

Web・SNS

Webサイト http://link-tax.com/
E-Mail info@link-tax.com
Facebook 税理士法人りんく
Twitter @LinkTax1

使命は「社会的インフラとしてお客様をサポートすること」

電気や水道といった日常生活を営む上で必要不可欠なインフラのように、会社経営において必要不可欠な存在であり続けることが我々の使命です。

会計に軸足を置いたビジョン達成支援に強い

りんくグループの総力により、お客様の「あるべき姿」を一緒に描き、実行支援までしっかりとお手伝いします。成長したい経営者・会社を全力でサポートします。

理念経営

「VUM（バリュー・アップ・マネジメント）」というサービスを提供しています。あるべき姿を明確にして現状とのギャップを課題化、また、中期・単年度計画に落とし込んで戦略・戦術を具体化してアクションプランを作成し、目標達成を支援しております。

事業承継に強い

事業承継は『全ての企業』が意識していなければならない非常に重要な経営戦略の一つです。事業承継は、①後継者選定、②株式移転費用などの資金対策、③自社株の譲渡方法、④経営権移転のタイミング、⑤承継後の経営の安定化など、数多くの課題を解決しなければなりません。これには多大な時間と労力がかかり、また専門性の高い知識も必要です。これを経営者一人で行うのは到底不可能で、専門家のサポートを受けながら進めていくことになります。

税理士法人りんくでは、グループ会社である㈱ビジネス・デザインや様々な分野の専門家と協力し合い、株価引き下げ対策や株式分散対策、中期経営計画の策定など、企業の『ハード面での事業承継』から、後継者育成や幹部育成、承継後の事業計画など企業の『ソフト面での事業承継』までサポートしております。

また、現経営者と次期経営者との間で発生する経営ビジョンのギャップや、経営方針、人事問題についての解決策などに関しても、経営会議の運営や当事者との調整を図りなが

事務所概要

代表社員　税理士　小久保 忍

税理士法人りんく代表社員。税理士。株式会社ビジネス・デザイン代表取締役。株式会社ビルド・バリュー代表取締役。株式会社日本BIGネットワーク取締役。昭和39年生まれ。日本大学卒業。平成12年に開業後、中小企業支援を事業領域として、160人を超える自らのグループ会社やネットワーク先との連携により、中小企業の経営支援・課題解決に組織的に取り組んでいる。東京地方税理士会相模原支部所属。

税理士法人りんく／株式会社ビジネス・デザイン

創　業：平成12年
代表者：小久保 忍
職員数：35名（税理士4名）

所在地
〒252-0234
神奈川県相模原市中央区共和4-13-5
ディアコートサガミ1F
TEL 042-730-7891　FAX 042-730-7892

ら事業承継をトータルにサポートしております。

お客様の成長戦略を共に描く

事業承継は、単に後継者へ株式・経営権を承継することではありません。承継後、自社のさらなる成長へ繋がるような戦略が大切です。そのためには、現状を分析し課題を浮き彫りにさせ、その課題の対策を講じつつ、また将来起こりえる課題も想定し事前に対策を講じることが大切で、戦略を立てる必要があります。

税理士法人りんくグループでは、その戦略を立てるために以下のようなサポートを実施しております。

1 事業承継計画作成

事業承継についての計画書を作成サポートします。

2 定期支援

会社の現状、業界の傾向、後継者がおかれている環境を分析したうえで、事業承継の成功に向け定期的に打ち合わせを行います。

また、中期戦略立案、組織変革、マーケティング戦略、生産管理などの具体的な経営サポートも実施します。

3 自社株・株価対策

事業承継においては株の承継が経営権の承継へと繋がります。その株の承継をスムーズに実現するためのサポートを行います。具体的なサポート内容は以下のとおりです。

- 自社株の評価、相続税シミュレーション
- 生前贈与の活用
- 組織再編による事業承継対策
- 経営承継円滑化法の納税猶予制度活用
- 退職金支給等による自社株評価額の引き下げ等
- 生命保険活用による納税資金準備と自社株評価額の引き下げ

4 後継者育成

後継者育成塾を定期開催しており、次期経営者としての自覚、経営力のアップ、悩みの共有と解決に向けたアドバイスなどを通じて後継者のサポートを行っています。

税理士法人YMG林会計

9
2004年度版から9回連続選出

事務所の特徴

YMG林会計は林充之以下全員が経営コーチです。

税務はもちろんのこと、リーダーシップやマネジメントといった経営の知識と、それを的確に伝えるコーチングのスキルを持った会計人が、税務だけでなく経営面でも経営者をサポートします。

Web・SNS

Webサイト　https://www.ymgnet.co.jp/
E-mail　info@ymgnet.co.jp

お客様のニーズに応える万全の体制

ＹＭＧ林会計グループは税理士法人ＹＭＧ林会計を中心に約１００名。各種法人・個人・業種を問わず、幅広くご相談に応じられる専門スタッフを取り揃え、お客様の様々なニーズに即座に対応できる万全な体制を整えております。

相続・事業承継　全国でも屈指の事務所

ＹＭＧ林会計は、横浜に昭和41年創業しました。この間に大きく様変わりした横浜、特にＹＭＧ林会計のある緑区は、「昔は農家、今では資産家」と言われる方たちが多く住んでいる土地柄でもあります。地域の発展とともに数多くの相続案件に携わらせていただきました。今や、相続においては全国でも屈指の事務所と自負しております。相続税の計算や事前対策はもちろんのこと、相続発生後の諸手続きに関してもグループ内の相続手続支援センター神奈川がアドバイスさせて頂きます。ともすると「相続」は「争族」になりがち。それを回避するためにも事前対策をすると同時に、故人の遺志をしっかり受け止め、未来への引き継ぎをお手伝いすることを旨としています。

中小企業庁認定の経営革新等支援機関

会社経営は日々的確な判断とスピードが求められています。直接利益に結び付きにくい面倒な手続きよりも、営業活動に専念したいというのが経営者の本音です。面倒な手続きはＹＭＧ林会計ですべて代行します。創業時の開業資金や資金繰りに関しても、政府系金融機関の相談会を個別に設けています。しかも中小企業庁認定の経営革新等支援機関なので、通常よりも低い金利での融資をご提案できます。

社員教育に力を入れています

お客様に安心して頂ける充実したサービスを提供するには、社員のレベルアップが欠かせません。ＹＭＧ林会計では毎月初日に税務を中心とした事務所内研修を行っております。この他にもＤＶＤ研修、営業研

事務所概要

代表社員 税理士　林 充之

昭和36年生まれ。法政大学卒。平成11年税理士登録。
税理士法人YMG林会計の代表として現在に至る。外部団体からの依頼による講演活動で高い評価を得ている。
著書 :「起業を成功へと導く経営コーチ」「その時、会社が動いた」「サラリーマンのための相続トラブル対策」「土下座と健太と経済学」
東京地方税理士会緑支部所属。

税理士法人YMG林会計を中心としたYMGグループ (Yokohama Management Trust Group)

代表者：林 充之
職員数：約100名 (税理士10名)

所在地
〒226-0025
横浜市緑区十日市場町861-6
0800-800-7884
TEL 045-983-0110　FAX 045-983-5617

修、日本経営コーチ協会主催の研修など、他にない充実した研修を通して、全体のレベルアップを図っております。

ＹＭＧ林会計はココが違います！

①お客様を徹底的に応援します

毎月訪問している関与先様へ無料でお客様のチラシを配布しています。また、お客様の未来を一緒になって創造する事業計画を推進しています。

②地域への情報発信基地です

情報誌「ＹＭＧ倶楽部」「経営コーチ通信」「経営コーチメール」を無料で配布・配信しています。さらに「経営コーチセミナー」等、お客様のニーズに合わせたセミナーを随時開催しています。

③難しいことを分かりやすく説明します

分かりやすいと評判の「決算診断提案書」を使って経営状況を説明します。

④安心・万全の検算体制です

グループ検算と税理士検算、さらに最終申告チェックと万全の検算体制です。

⑤税務調査に強い事務所です

ＹＭＧ林会計には税務署ＯＢも含めて税理士が10名、まさかの税務調査にも心強い事務所です。

⑥ＩＴに強い事務所です

社内もグループ会社のＹＭＧソフトの協力を得て、ペーパレス、Ｚｏｏｍ等を導入し、テレワーク勤務が可能となりました。

⑦お客様を総合的にバックアップします

税理士法人の「ＹＭＧ林会計」を中心に、グループ会社は最新の会計・ＩＴ等の知識に基づき、各種コンサルティングを行う「ＹＭＧコンサルティングラボ」、不動産コンサルティングとはんこ屋さん運営を行う「ＹＭＧ」、ＩＴ関連コンサルティングを行う「ＹＭＧソフト」、お客様の立場に立った保険を提案する「ＹＢインシュアランスサービス」、記帳代行の「アイリスサポート」、社会保険労務士法人の「つむぐ」の6社で構成されています。

ＹＭＧ林会計は何でも相談できるコンシエルジュを目指しております。

フリーダイヤル
０８００（８００）７８８４

あおいパートナーズ会計事務所

暁アカウンティングアドバイザリー株式会社
あかつき会計グループ名古屋

3
2013年度版から3回選出

事務所の特徴

- あらゆる問題解決をサポートする総合会計事務所
- 経験豊富な会計士らによる的確なアドバイザリー
- 全国ネットワークによる監査・BPOサービスの展開
- 上場企業から個人企業までの幅広い支援実績
- M&A・事業承継の強力なサポート陣営

あおいパートナーズ 会計事務所

AKATSUKI ACCOUNTING ADVISORY

Web・SNS

Webサイト　http://www.aoi-partners.jp/
http://www.akatsuki-aa.co.jp/

E-Mail　info@aoi-partners.jp

ソリューション提案型の総合会計事務所

劇的に変化していく経営環境の中、「複雑化した組織の再編をしたい」「業務プロセスを抜本的に改善したい」「M&Aにより事業多角化を進めたい」「決算業務の早期化を図りたい」など、経営者の方々の抱く課題は実にさまざまです。

私たちにはプロフェッショナルとしてのスピーディーで戦略的な解決策が常に期待されています。私たちは会計というツールを駆使し、常に最適なソリューションを提供することで、経営者を強力にバックアップするブレーンの役割を担い、クライアントの企業価値向上を目指しています。

BPOサービスの全国展開

私たちは『あかつき会計グループ』というサービスブランドのもとで、各種監査業務及びBPO（ビジネス・プロセス・アウトソーシング）事業を全国に展開しております。お客様のニーズに合った最適な経理・財務業務の形態をご提案させて頂きます。また、経理業務のフル・アウトソーシングにも対応しております。経理業務をプロにアウトソースすることで業務効率が改善し、高品質かつ安定的な運用と、コストの大幅な削減が実現可能となりますが、当グループでは公認会計士、税理士がチームリーダーとなって品質管理を行い、いわゆる社外CFOとなって経営者の方々を力強くサポートしています。

ディスクロージャーが必要な中堅規模の上場企業から、連結決算対応が必要な大企業の子会社や、経理部門を徹底的にスリム化したい中小企業、さらには公益法人等まで、ニーズは拡がりを見せています。

充実・進化したM&Aアドバイザリー・アライアンスサービス

私たちは、M&A分野の専門組織として「暁M&Aセンター」を開設し、M&A、事業承継に関するさまざまなニーズにお応えしております。初期相談からスキームの提案、査定、マッチング、交渉、デューデリジェンス、契約、アフターフォローまで一気通貫したアドバイザリー・サービスを行っています。

事務所概要

代表 公認会計士 税理士　後藤達朗

あおいパートナーズ会計事務所代表、暁アカウンティングアドバイザリー株式会社代表取締役。昭和45年生まれ。名古屋大学大学院経済学研究科修了。EY新日本有限責任監査法人勤務。平成18年、株式会社日比谷パートナーズ代表取締役就任、後藤公認会計士事務所開設。平成23年、暁アカウンティングアドバイザリー株式会社代表取締役就任。東京、名古屋、大阪を中心にサービスを展開中。名古屋税理士会東支部所属。

あおいパートナーズ会計事務所
〒461-0038
愛知県名古屋市東区新出来1-5-19-1F
TEL 052-935-3389　FAX 052-935-3388
あかつき会計グループ名古屋
TEL 0120-355-063

暁アカウンティングアドバイザリー株式会社
〒104-0061
東京都中央区銀座1-3-3
G1ビル7F461
TEL 03-4577-6669　FAX 03-5770-7883

士業や各種コンサルタントとの連携のもとで独自のネットワークを形成しており、最新の情報を共有しながら、M&A市場に出る前の段階でプロジェクトを進めていくことをモットーにしています。事業承継問題は、日本経済にとって今後益々重要な課題となっていきます。

また一方で企業にとって新規分野への参入は事業強化や成長性持続のための重要課題です。私たちは高い専門性とノウハウにより、最適な提案を常に心がけています。

原価マネジメントの徹底化を推進

正確なコストを把握することは、すべての業種において必要不可欠です。どのような業種でも原価をもとに販売価格、製品価格、受注価格を定めることが利益創出のキーとなります。

ITの活用によって必要なデータが常時確認でき、見積原価が簡単に算出できる仕組み、原価管理が簡単にできる仕組みがあると、社内の意識が改革され、業績はおのずと向上していきます。特にモノをつくる側の事前管理（目標原価・予算原価設定）、作業途上での実際原価（支払原価）との比較差異管理はとても重要です。私たちはクライアント企業の現場における原価管理の徹底化を推進しています。

起業家を応援する体制の充実

私たちがご提供する「起業家応援パック」では、開業相談から事業計画の策定、会社の設立、資金調達等の支援、各種届出まですべて無料でご支援しています。

また経理が初めてのお客様でもとても簡単に入力でき、タイムリーに業績管理のできるクラウド会計をベースとした会計・税務・給与等のプラットフォームを導入して会計事務所と連携し、自社の経営状況を把握しながら、会計の知識も習得していくことが可能です。月次、決算時にご提供する経営分析資料も分かりやすい、と大変ご好評を頂いています。

経営の見える化を図り、会計数値から浮彫りになる事業の問題点や解決策を指南していきます。

イワサキ経営グループ

株式会社イワサキ経営　税理士法人イワサキ

2003年度版から10回連続選出

事務所の特徴

- スタッフ 110 名体制のワンストップコンサルティンググループ
- 相続関連業務に強い！相続案件年間 500 件超！
- 税務署 OB が 6 名在籍！税務調査にめっぽう強い
- 顧問先の黒字化支援により黒字割合 65% 超を実現
- IT に強い！顧問先のコロナ対策、DX 支援も万全

Web・SNS

Webサイト　イワサキ経営グループ　検索 ［イワサキ経営］ https://www.tax-iwasaki.com/
Twitter　イワサキ経営＠沼津の会計事務所
Facebook　イワサキ経営グループ
静岡での相続なら『相続手続支援センター静岡』
静岡県相続税専門専用ページ｜税理士法人イワサキ

スタッフ110名体制のワンストップコンサルティンググループ

私たちは、静岡県東部を中心に活動している税理士法人を母体とした総合コンサルティンググループです。「経営と、人生と、地域の力になる」というキャッチコピーを掲げ、地域の中小企業経営者の経営支援はもちろん、その社員や家族、そして地域に住む全ての人たちの暮らしを支えるべく、税務・経営・相続・保険・資産運用・不動産など、あらゆる分野をワンストップでサポートする体制をとっております。

創業48年、110名体制のイワサキ経営グループは、地域から愛され必要とされる会社になるべく、常にグループ一丸となって挑戦を続けております。

お客様の幸せ実現のため、経営計画による黒字化支援を徹底

私たちは、社員の幸せ、お客様の幸せを追求していくという企業理念があります。

そして、私たちのメインのお客様である中小企業経営者にとっての幸せとは、その企業の永続的発展にほかなりません。

中小企業の7割以上が赤字といわれるなか、私たちはお客様の80％以上の黒字経営を目指しています。

そのために最も力を入れているのが「経営計画」です。

経営計画というと、金融機関や支援機関、経営コンサルタントなどの専門分野を思われがちですが、実は私たちのように、毎月お客様とお会いし、経営の核となるあらゆる数字を把握し、税務全般に精通している会計事務所こそが、経営に密着したサポートを実現できるのです。

最近は、専任トレーナーによるダイエットプランが脚光を浴びていますが、私たちの行う経営計画に基づく経営改善、業績アップのサポートは、あのシステムとも似ています。

理想の体型（数字）を目指して日々の

事務所概要

代表社員 税理士
岩﨑一雄（写真左）

株式会社イワサキ経営代表取締役会長。税理士法人イワサキ代表社員。昭和14年生まれ。昭和48年岩﨑一雄税理士事務所開業。東海税理士会沼津支部所属。

代表取締役社長
吉川正明（写真右）

平成8年岩﨑一雄税理士事務所入所。平成25年株式会社イワサキ経営代表取締役社長就任。株式会社フジFPパートナーズ代表取締役。相続手続支援センター静岡LLP代表。

株式会社イワサキ経営／税理士法人イワサキ／あいわ行政書士法人／株式会社フジFPパートナーズ／株式会社ファーストライト

創　業：昭和48年
代表者：岩﨑一雄・吉川正明
職員数：110名（税理士10名、行政書士4名、中小企業診断士1名）

〒410-0022
静岡県沼津市大岡984-1
TEL 055-922-9870
FAX 055-923-9240

運動や食事を管理し、データを定期的に検証する。計画通り進んでいないところがあれば、その原因を分析して改善する。私たちは、そんなお客様の理想の経営状態を実現するために、常に伴走する専任トレーナーのような立場でお客様のサポートを行っております。

まずは自社で実践、そしてその成功事例をお客様に提供する（見せる）「ショールーム型」の経営支援

当社は、会計事務所でありながら、従来の税務会計に留まらず、お客様の成長支援を行うコンサルティング会社でもあります。しかし、経営者であるお客様に対して、経営のアドバイスをするのはなかなか難しいことでもあります。我々が行うのは、経営を「指導する」というよりは、様々な気づきを与え、経営者が的確な経営の意思決定を行うためのサポートをすることだと考えております。

従って、まずは自社で取り組んで成果のあったものをお客様に提供する（お見せする）「ショールーム型」の経営支援をベースとしたサポートを行っています。

当社は既に、フリーアドレス制やペーパーレスなどの取り組みにも成功しており、全国の会計事務所からも見学したいという声を多くいただいております。

また、ＤＸにも積極的に取り組んでおり、グループウェア導入、独自の社内サイト構築、社員全員へのスマホ支給などにより、社員全員がＩＴをフル活用した業務体制を実現しております。

新型コロナウイルスの感染が拡大した際にも、いち早くテレワークを推進し、オンライン会議やリモート業務などを駆使して、生産性・品質を落とさずに社員が安心して働ける環境を作っております。

このような当社の事例をお客様に提供することこそ、最高のコンサルティングであると考えております。

3

2009年度版から3回選出

SMC税理士法人

株式会社SMC総研　株式会社SMCホールディングス

事務所の特徴

- 徹底した財務・経営指導により顧問先黒字率80%以上!!
- 経営指導（MAS監査）先、日本一のレベル160件!!
- 創業百年企業の創出日本一を目指す!!
- 年間セミナー・塾の開催150以上!!
- スタッフの主力が20代・30代の若手税理士法人グループ!!

Web・SNS

Webサイト　https://www.smc-g.co.jp/

Facebook　SMC税理士法人@smc.gifu

E-Mail　smc@smc-g.co.jp

名古屋本社の会計事務所で全国展開中

私たちＳＭＣ税理士法人は、名古屋を本社として東京支社・埼玉支店・多治見事務所・中津川事務所の５カ所の事務所で中小企業を支援しています。将来的には日本全国の中小企業を支援したいと考えています。税務はもちろんのこと、お客様を黒字化する経営コンサルをはじめ資金コンサル、財務コンサルなどを通じて創業百年企業を１社でも多く創出するよう中小企業の経営を支援しています。

現在は税務の顧問先が約７００件、経営支援のコンサル先が１６０件以上あります。税務の顧問先は毎年１００件以上、コンサル先は30件以上増加し急成長している税理士法人グループです。事務所スタッフは20代・30代が中心の若い事務所です。だから、活気に溢れています。

また、お客様の経営を支援するためにグループ内にはシステムエンジニアやＷＥＢデザイナーも所属しています。

ITを駆使した事務所運営

ＳＭＣ税理士法人は完全ペーパーレスを実施しており、決算書や各書類を保管する書棚は一切ないので事務所全体が広々と快適な空間となっています。

また、Ｋｉｎｔｏｎｅによる業務の進捗管理やスケジュール管理など、情報共有のプログラムやアプリを自社開発し、徹底的に活用しています。

更に、スタッフ同士やお客様との情報共有もチャットワークを積極的に使用しています。

新型コロナショックを契機として、税務顧問・経営コンサルのお客様との面談は訪問や来社からZoomによるオンライン面談へと移行いたしました。また、ＳＭＣ税理士法人のスタッフの50％以上はテレワークによる勤務を行っています。以上の通り、ＳＭＣ税理士法人はＩＴを積極的に駆使して効率性を追求しています。

事務所概要

代表社員　税理士　西川正起

SMC税理士法人代表社員。株式会社SMC総研代表取締役社長。税理士。昭和56年生まれ。東京IT会計専門学校卒。平成16年、SMC税理士法人入社。一度退職するも再び戻り、税理士法人の経営に参画。経営理念『お客様と共に成長し、創業百年企業を創出し続ける』を軸に、IT化を積極的に進め、ペーパーレス、クラウド化、アプリ管理、テレワーク等を実施。徹底した効率化を追求している。東京税理士会京橋支部所属。

SMC税理士法人／株式会社SMC総研／株式会社SMCホールディングス

創　業：昭和64年
代表者：西川正起
職員数：60名（税理士11名、公認会計士1名、中小企業診断士1名）

所在地　〒450-0002
愛知県名古屋市中村区名駅4-5-27
大一名駅ビル5階
TEL 052-446-5626　FAX 0572-22-0694

お客様に合わせた料金体系の税務顧問

ＳＭＣ税理士法人税務顧問の特徴の一つに柔軟な料金体系があります。売上規模・月次チェックの頻度・訪問の有無・仕訳件数など、お客様のニーズに合わせた最適な顧問料の提案ができます。その結果、年間顧問料10万円から３００万円まであります。また、経営支援など高度なサービスを望まれるお客様から単に申告だけしてもらえば良いというお客様まで幅広いニーズに応えることができる料金体系になっています。

創業百年企業創出日本一を目指して

ＳＭＣ税理士法人は創業百年企業を1社でも多く創出したいと思っています。そのためにはまずは黒字企業にしなければなりません。ＳＭＣ税理士法人の税務顧問先の黒字割合は80％を超えています。経営コンサル先の黒字割合は95％を超えています。安易な節税提案をしてお客様の財務内容を悪化させるようなことはしません。そして、ＳＭＣグループでは経営者塾・後継者塾・キャッシュを増やす塾・人事塾・会計塾はじめ多くの各種セミナー・塾を開催して経営に強い経営者の育成を行っています。

信頼のできる税務顧問と経営コンサル

税理士が11名（税務署ＯＢ含む）という特徴を活かして徹底した税務に関する品質管理とともに、税務上の有利不利の判断を組織的に行っています。更に税務業務を工程別に分けて徹底した工程管理を行い品質向上に努めています。そして、社内の税務研修・定期試験によってスタッフの能力向上も行っています。

中小企業の業績を向上するための経営コンサル（先行経営Ｔａｓｓｅｉ）は１６０社以上の会社に提供しています。中小企業が苦手なＰＤＣＡの経営サイクルを回すお手伝いをＳＭＣ税理士法人がするだけで、魔法にかかったように黒字割合が95％以上にもなります。

2003年度版から10回連続選出

税理士法人STR

株式会社中央経営コンサルティング

事務所の特徴

税理士法人STRは、
お客様に代わって専門知識を習得し、
お客様と共にプロジェクトを実行し、
お客様の成功と幸せの実現をお約束する、
税務のプロフェッショナル集団です。

Web・SNS

Webサイト　http://www.str-tax.jp

E-Mail　info@str-tax.jp

提案型会計事務所

税理士法人STRは、最新の税法・会社法を駆使した戦略的な法人税等の節税、事業承継対策などを得意とする専門家集団です。

複数の税理士をはじめ、社会保険労務士、行政書士などの専門家を抱え、また弁護士、司法書士などの専門家と連携して、さまざまなニーズにお応えする提案型の会計事務所として、創業から上場まで幅広くコンサルティングをしています。

また、相続税申告件数も年間100件を超え、東海地方屈指の資産税にも強い会計事務所です。

業務内容

○会計・税務

お客様の成長と発展のために、豊富な実務経験に裏打ちされたスタッフの専門知識を駆使し、皆様の納得いく決算、情報の提供、税務相談、経営診断・提案を行います。

○相続関連

大切な財産を継承する際のお客様のさまざまな悩みや不安に対し、きめ細やかな多数のサービスをご用意しております。皆様が安心して相談できる窓口となり、お役に立ちたいと願っています。

○事業承継

専門スタッフの目を通して組織の抱える問題点を整理し、経営の効率化と事業再編のご提案をします。万全な計画ときめ細やかなサポートでスムーズに事業及び企業の再編をお手伝い致します。

○M&A

○社会保険労務士業務

最大の利益

決算書を「過去データの確認という役割」から「経営計画を軸とした将来ビジョン策定への利用」に進化させ、目的を明確にすることで、財務体質を

事務所概要

代表社員 税理士　小栗 悟

1962年、岐阜県生まれ。十六銀行、監査法人トーマツを経て、1989年事務所開設。資産税対策を中心に活躍中。執筆や講演、TV、ラジオ出演など多数。名古屋税理士会名古屋中村支部。

〈著書〉「ここがポイント！新しい事業承継税制の上手な使い方」
「経営者と銀行員が読む　日本一やさしい事業承継の本」
「節税の鬼になる本（会社編）」
「節税の鬼になる本（個人財産編）」
「なぜかお金がやってくる魔法の算式」

税理士法人STR／株式会社中央経営コンサルティング

代表者：小栗 悟
職員数：45名（税理士5名、行政書士1名、社会保険労務士1名）

〈名古屋本部〉〒450-0001
名古屋市中村区那古野1-47-1
名古屋国際センタービル17F
TEL 052-526-8858
FAX 052-526-8860

〈岐阜本部〉〒500-8833
岐阜県岐阜市神田町6-11-1
協和第二ビル3F・4F
TEL 058-264-8858
FAX 058-264-8708

改善しながら最大の利益を創造するお手伝いをします。

最小のTAX（税金）

毎期の決算における納税を、事前の決算対策により最小にしていくプランニングを実行するのはもちろんですが、もっとも力を入れているのが相続・事業承継対策です。特に最新のテクニックである「組織再編税制」を利用した自社株対策を実行することにより、スムーズな事業承継が可能となるようにお手伝いをしております。

システムコンサルティング

その他、関係会社に専門のSEを抱えるシステムコンサルティング会社を持ち、最適なコンピューターシステムの導入により、業務の効率化と合理化をお手伝いしています。

大手システム会社ではコストが高すぎる、専門知識のない会社に任せるには不安がある等、IT化が企業のスタンダードになっている状況でも、まだまだ安心して仕事を任せられるところが少ないのが現状です。

弊社には、会計事務所が行うシステムコンサルティングの有効性を十分に実感していただけるスタッフと体制が整っています。

お客様と共に

いかなるステージにおいても適切かつ最高のサービスを提供するために、弊社スタッフが、お客様の代わりに高度な専門知識を習得し、提案力・実行力に磨きをかけております。お客様と共に次なるステージへ続く道を歩み、成功へと導きます。

弊社の専門スキルが、お客様の成長と発展のために活かされることを、心から願っております。

税理士法人エスペランサ

2011年度版から6回連続選出

事務所の特徴

①平成4年開業の実績と社員の質の高さ（公認会計士・税理士1名、税理士8名在籍）
②相続を専門とした相続ラウンジを設立。相続専門のコンシェルジュ（税理士）が対応
③経営計画プロジェクトチームが、会社の未来に向かって経営計画から目標達成へ向けトータルでサポート
④各専門家とのネットワークでワンストップサービスの提供
⑤セカンドオピニオンサービスにて、中立の立場から最適な選択肢を提案・アドバイス

Web・メール

Webサイト	岡崎オフィス	エスペランサ　岡崎	相続ラウンジ	相続ラウンジ
	名古屋オフィス	エスペランサ　名古屋	相続ラウンジ刈谷	相続ラウンジ刈谷
	東三河オフィス	エスペランサ　豊川	検索	
E-mail	staff@esp-z.com			

オープン型相続専門相談室

税理士法人エスペランサは、1992年の開業以来、岡崎・名古屋・東三河・刈谷にて、中小企業の皆様を支援させていただいている税理士事務所です。

2015年1月からの相続税改正に伴い、相続に関するご相談も増加傾向にあります。エスペランサでは「相続の問題解決は高い専門性とくつろぎの中で」をモットーに、お気軽に足を運んでいただける場として、2014年8月に相続専門のオフィス「相続ラウンジ」を、2020年4月に「相続ラウンジ刈谷」を開設しています。

相続ラウンジでは、相続専門の税理士・コンシェルジュを中心に、専任チーム体制で相続税申告・相続手続き・遺言書作成サポート・相続対策・生前贈与・事業承継などに関するご相談に対し、「より親身に」「より的確に」、二次相続も考慮しながら対応いたします。

相続専門の女性税理士が中心となり対応

相続ラウンジでは、相続税申告・対策・手続き、生前贈与・事業承継などに関するご相談に対して、お客様の想いや意向を尊重し、できる限りの可能性・選択肢を考えます。女性税理士を中心とした相続専門税理士・コンシェルジュが、お客様と相談をしながら豊富な知識を基に最適なご提案をいたします。

例えば、土地の評価は、現地まで伺ってお客様と共に確認させていただきます。また、生前対策は、ご家族の現状、将来的なご意向も含めたプランを一緒に検討いたします。

エスペランサでは創業以来、申告件数3000件以上、相談件数約3000件以上の実績を持ち、積み重ねた豊富な経験とノウハウで様々なケースに対応することができます。また、税務署OBの意見も取り入れながら、税務調査に対応できる申告書の作成をしています。

事務所概要

代表社員 税理士　吉田博幸

昭和37年生まれ。愛知県岡崎市出身
平成元年 税理士試験合格
平成2年 税理士登録
平成4年 開業
平成7年 愛知県岡崎市に事務所移転
平成23年 税理士法人エスペランサ設立、代表に就任。名古屋オフィス開設
平成24年 東三河オフィス開設
平成26年 相続専門オフィスとして名古屋駅前に相続ラウンジ開設
平成29年 名古屋オフィス&相続ラウンジ移転
令和2年 相続ラウンジ刈谷開設　岡崎オフィス移転

【講師歴】昭和62年から「資格の学校TAC」にて相続税法の講師を務める他、ハウスメーカー・金融機関からのご依頼により資産税に関するセミナー講師を務める。

東海税理士会岡崎支部

相続相談予約専用 0120-352-110
開業独立支援専用 0120-099-154

岡崎オフィス
愛知県岡崎市針崎町
字五反田19番地3
TEL　0564-55-2700
名古屋オフィス
愛知県名古屋市中村区名駅
3-25-9　堀内ビル2F
TEL　052-583-9111
東三河オフィス
愛知県豊川市御津町
広石神子田22-11
TEL　0533-77-2633
相続ラウンジ
愛知県名古屋市中村区名駅
3-25-9　堀内ビル2F
TEL　052-551-8686
相続ラウンジ刈谷
愛知県刈谷市中山町2-37-1
YOULUCK 5 SQUARE C
TEL　0566-91-8833

経営計画プロジェクトチームを結成

エスペランサでは、経営計画プロジェクトチームを結成し、経営計画を基軸とした経営サイクルの確立と運営を支援する経営サポート（MAS監査）をしています。経営者は、日々、様々な問題と向き合いながら未来を見据え、道を切り開かなければなりません。そのためには、明確な目標＝「経営計画」が必要です。

まずは「自社分析」「経営診断」を行い、自社の強みと弱み（課題）を整理し、経営目標を明確化します。「経営診断」とは企業の現状を総合的・客観的な立場から把握・評価し、問題の解決を図るための道しるべとなるものです。経営診断を基に経営計画を立案し、課題を一つひとつ改善し、経営体質を徐々に強化していきます。

エスペランサでは、経営計画作成から目標達成に向け、お客様の会社経営を強力にバックアップいたします。併せて、今後の設備投資・人材投資のための計画書を作成し、金融機関等の融資実行ができるようなサポートをしています。

無料セミナー、個別相談会の開催

エスペランサでは、所内のセミナールームにて、「会計・相続お役立ちセミナー」を定期的に開催しております。また、ハウスメーカー・金融機関・保険会社等、多方面よりご依頼いただき、各地でセミナー講師を担当しております。また、個別相談会も開催し、お客様の現状を分析して、的確なアドバイスを多方面からさせていただきます。

セミナー・個別相談会にご参加のお客様からは「難しい言葉を使わないのでわかりやすかった」「次回のセミナーもぜひ参加したい」「色々なセミナーに参加してきたが、初めて聞くことも多く勉強になった」とのお声を多数いただいております。

専門用語を振りかざすことはなく、お客様の目線に合わせた内容と言葉でお伝えすることを常に心がけております。

各務克郎税理士事務所

Kakami-Office

C-MAS 介護事業経営研究会岐阜中支部

4

2015年度版から4回連続選出

事務所の特徴

NPOと福祉に強い税理士事務所「すべての顧問先に安心を！」

- 法人顧問先の半数以上がNPO法人と福祉系の営利法人。
- NPO法人の設立から日常業務・決算業務・事業報告等の事務一切をサポート。
- NPO法人の会計税務及び法人運営に関する講師経験多数あり。
- 介護事業者様の経営をサポートする介護事業経営研究会岐阜中支部の事務局。
- 介護福祉分野の経営を担う専門職資格「介護福祉経営士」1級合格。
- 介護事業者様を対象としたセミナーを企画・開催。

Web・SNS

Webサイト http://kakamioffice.com/　**Twitter** @eachduty89507

E-Mail eachduty89507@gmail.com

事務所所在地

　当事務所の所在地は、JR岐阜駅から北へ2㎞、金華山の麓、伊奈波神社の西、駅からのバスの便も良く、私が育った頃には、岐阜市の中心市街地として栄えた、岐阜城の城下町です。

　ところが、昨今、私の母校の小学校も中学校も合併再編されるような少子状態。日常生活に密着した商店も多くが廃業。買い物が不便になり、ますます若者が離れ、高齢化率が38％を超える地域になってしまいました。そんな地域にある自宅で、平成11年12月に開業しました。現在は、祖父の代から続く酒販店店舗の半分を事務所としています。

NPO法人のサポート

　開業の翌年、平成12年10月に岐阜県内のNPO法人支援を活動目的とする「ぎふNPOセンター」が設立されました。友人の紹介でその設立総会に出席し、監事に就任させて頂いたことが、NPO法人をサポートさせて頂くきっかけとなりました。

　当事務所と顧問契約をさせて頂いたNPO法人については、次のようなサポートを業務として行っております。

①税務申告要否の判断。

　NPO法人の法人税・消費税申告の要否については普通法人とは異なり、少し専門的な判断が必要です。

②申告が必要な法人の税務申告等業務。

③事業報告書の作成及び提出。

　決算日から3カ月以内に、法人を所轄する役所に「事業報告書」を提出しなければなりません。

④各種認証申請・届出書類の作成・提出。

　役員変更、定款変更等、所轄する役所に提出する書類も多いです。

⑤その他法人運営に必要な書類の作成。

⑥NPO関係各種セミナー講師の受託。

　職員の皆さんにNPOを理解して頂くようなセミナーも実施しております。

福祉事業者様のサポート

　顧問契約をさせて頂いているNPO法人の中でも、高齢者の介護や障がい者に対する支援等、いわゆる福祉を生業とされている法人がいくつかあります。

　また、私の父親が平成18年に他界するまで入退院を繰り返す状態であったこと

事務所概要

各務 克郎

各務克郎税理士事務所及び同行政書士事務所所長。㈱菱屋（酒類・醸造食品販売業、不動産賃貸業）代表取締役。メゾン荒畑㈱（不動産賃貸業）代表取締役。昭和38年生まれ。平成2年駒澤大学大学院商学研究科修士課程修了。日本福祉大学福祉経営学部（通信）在学中。平成7年AFP（ファイナンシャルプランナー）登録。平成11年税理士登録。平成12年よりぎふNPOセンター監事。平成18年行政書士登録。平成24年介護事業経営研究会岐阜中支部設立。平成29年介護福祉経営士1級合格。平成29年度よりNPO法人岐阜県訪問介護協会賛助会員。令和3年より日本社会関係学会監事。

岐阜県行政書士会岐阜支部所属。名古屋税理士会岐阜北支部所属。

各務克郎税理士事務所
税理士登録：平成11年
代表者：各務 克郎
〒500-8084
岐阜市松屋町12番地　菱屋ビル1階
TEL 090-4860-5401
FAX 058-263-4885

〈関係法人〉
各務克郎行政書士事務所 代表
株式会社菱屋 代表取締役
メゾン荒畑株式会社 代表取締役
日本社会関係学会 監事
NPO法人ぎふNPOセンター 監事
NPO法人リトミックGifu 監事
NPO法人はびりす 監事
NPO法人にじのこ 理事
NPO法人わいわいハウス金華 理事

も、私が福祉の業界に関心を持つきっかけの一つになっています。

　福祉業界の中でも、国保連や市町村から報酬を頂く事業に対しては実地指導があって、税務調査では是認であっても、実地指導ではNGで報酬返還や指定取消があったという事例をしばしば耳にします。

　そこで平成24年2月、本書の編者でもある㈱実務経営サービス様の紹介で、「介護事業経営研究会（C－MAS）岐阜中支部」を立ち上げ、原則2～3カ月ごとに、介護事業者様を対象とした専門家によるセミナーを企画・開催し、事業所経営やコンプライアンスに役立てて頂いております。

　また「介護福祉経営士」の一級に挑戦し、合格することができました。この資格は、介護に関する専門知識と経営や会計に関する専門知識を併せて修得して現場に活かすための民間資格です。

　介護事業者様に対しては、税理士としての会計税務のサポートのみならず、介護保険法等に基づいた経営相談、実地指導対策等、専門的な相談にも対応致します。顧問先事業所については、実地指導に同席させて頂いて、事後のサポート等もさせて頂いております。

　併せて、障がい福祉を生業とされておられる各種法人についても、対応させて頂いております。

NPOと福祉に明るい事務所として

　NPOも福祉も、制度改正が多く、更にローカルルールの多い制度であるために、情報収集だけでも大変です。

　また、共に人手不足の業界で、甘い考えのスタッフが入ってきてすぐに辞めてしまうことの多い業界です。そのために多くの経営者は自分も現場要員として動かざるを得ず勉強どころではない、という事業者も多いと思います。

　更に、そんな業界を学ぼうとする専門家も、地方での研修会も、そんなに多くないと思います。そんな中、当事務所では、東京大阪で全国レベルの研修を受講したり、有名どころの講師を地元に招いたり、更に通信ではありますが、福祉大学で学んだりする中で身に付けた知識を皆様に還元して、NPO活動や福祉事業の支援を通じた、地域社会への貢献をしていきたいと考えております。

初選出

グロースリンク税理士法人

グロースリンク税理士法人　グロースリンク社会保険労務士法人
グロースリンク行政書士事務所　GLライフ株式会社

事務所の特徴

- クレドによる理念経営、それに基づいた経営計画で、500件超のお客様を支援。
- 医科、歯科、介護の特化部門あり。現在顧問先は170件以上。
- 医療法人成り実績は県内トップクラス。
- 資産税特化部門あり、相続関連メディア多数掲載。
- 税務、労務、リスクマネジメント、IT等グループ全体でのトータルサポート。

Web・SNS

Webサイト　https://www.tsurutax.com/
Instagram　@tsurutax_accounting
E-Mail　info@tsurutax.com
Facebook　@tsurutakaikei

東海エリアを代表する総合会計事務所グループ

当社は、愛知県名古屋市と岡崎市の2拠点で展開し、東海エリアを中心に500社超をクライアントにもち、総勢70名でサービスを提供しています。

2020年5月の設立10年を機に、社名を「税理士法人鶴田会計」から「グロースリンク税理士法人」に変更し、名古屋駅南のささしまライブ駅直結のグローバルゲートに移転しました。通常の税務顧問だけでなく、財務コンサルティング、M&A支援、IPO支援、事業承継対策にも強みがあり、併設する社会保険労務士法人、行政書士事務所、生損保代理店を含めたワンストップでの総合支援を強みにしています。

対応業種は多岐にわたりますが、医科歯科の開業支援、医療法人化支援、相続対策等は特に評価が高く、愛知県でトップレベルのシェアを持っています。

代表の鶴田は、税理士・中小企業診断士・行政書士・医業経営コンサルタントの資格を持ち、業界20年超にして45歳とまだ若く、グループの平均年齢も34歳と、フットワークの良い組織となっています。

クレドによる理念経営

会社の存在意義であるミッション、目指す姿であるビジョン、行動指針や価値観であるバリューを大切にしています。これらを総称して「クレド」と呼んでおり、「クレド」を浸透させるためにクレドカードを作成し、朝礼での唱和、成功事例の発表、クレド研修、月報での目標設定と振り返り、評価制度での賞与の反映などを実施しています。

その結果、社員全体が同じ価値観、目的目標のもと日々の業務を行い、お客様へ向き合うことができています。

組織としての管理体制

毎月の月次報告が契約通りに実行されているかどうか、お客様との面談報告書が期限通り上司に提出されているか等の

事務所概要

代表　税理士
中小企業診断士
行政書士　鶴田幸久

グロースリンクグループ代表。昭和50年生まれ。出身地は愛知県岡崎市。名古屋市立大学卒。平成18年に独立し開業。平成22年、税理士法人鶴田会計を設立、代表に就任。平成28年には社労士法人と岡崎支社を設立。令和2年に社名をグロースリンク税理士法人と改め、名古屋本社をグローバルゲート19階へ移転。設立から14年間、成長と発展を続けている。名古屋税理士会中村支部所属。

グロースリンク税理士法人
グロースリンク社会保険労務士法人
グロースリンク行政書士事務所
GLライフ株式会社

創　業：平成18年
設　立：平成22年
代表者：鶴田幸久
職員数：70名（税理士6名、公認会計士1名、行政書士1名、中小企業診断士1名）

名古屋本社　〒453-6119
愛知県名古屋市中村区平池町4-60-12
グローバルゲート19階
TEL 052-587-3036　FAX 052-587-3037

岡崎事務所　〒444-0842
愛知県岡崎市戸崎元町2-5 LaLa B棟 2階
TEL 0564-73-0101　FAX 0564-73-0100

遵守状況を管理しており、実行できていなければ改善させる仕組みを徹底しています。

また、チャットワークというツールを使い、お客様と担当者だけでなく、上司や作業担当者とも情報共有できる体制をとっています。必要に応じて上司がWEB面談で同席することもあり、お客様に担当者だけでなく、組織としてかかわり、その仕組みをしっかりと監督し、維持しています。

月次決算・収支予測・税額予測による経営支援

会計ソフトから印刷される通常の試算表の提出だけではなく、オリジナルの財務報告書を作成して月次報告を行います。期首に作成した収支予測を更新し、その収支予測に基づいた税額試算を行い、確実な財務管理を支援します。また、これらのツールを基に経営に関する様々な相談に対応します。

IT化支援

社内・社外のコミュニケーションに関しては、チャットワークやオンライン面談の活用を推進しています。経理関係に関しては、経理書類のスキャニングやフィンテックによる銀行口座と会計ソフトの自動連動、労務関係については、ICカード等による勤怠の電子管理から給与計算の自動化、給与明細のオンライン化など最先端の技術を支援しています。

お客様とともに

当社のミッションは、「〝幸せ〟と〝利益〟を両立する『いい会社』を増やす!!」です。「2025年に名古屋で入社したい会計事務所ナンバーワンになり、1000社の黒字企業を支援します。」というビジョンを達成し、私たち自身が「いい会社」を目指しながら、同じ志を持つ経営者・後継者のベストパートナーであり続けます。

”経営のわかる” 会計ネットワーク

公認会計士林千尋事務所　株式会社覚王山総研

6

2011年度版から6回連続選出

事務所の特徴

「税務会計」だけでなく、「経営のわかる」会計をご提供する会計事務所です。中小企業庁から「経営革新等支援機関」に、また経済産業省から「IT 導入支援事業者」に認定されている、経営サポートの専門家集団です。AI・IT 化時代の今、経理部が「経営サポート室」へと生まれ変わるための業務効率化をお手伝いしています。

Web・SNS

Webサイト　https://www.kakuozan-nagoya.com/net/

E-Mail　top@kakuozan.co.jp

Facebook　林千尋

Twitter　wakarunet

「経営のわかる」会計事務所とは？

たいへん厳しい経済環境になってしまいました。そんな中で、経営のアドバイス、ビジネスの相談に乗ってほしいといったご相談をたくさんいただきます。

●従来の商売では利益が確保できなくなってきた。AI・IT化で仕事がなくなるのが心配。何とか将来にも通用するビジネスモデルを積極的に考えていきたい。

●毎月毎月、早いタイミングで月次の成績を把握し、計画数値に達していない場合には、次なる「行動」の打ち出しをどんどん行っていきたい。

●経理から出てくる数字の意味がよくわからない。貸借対照表といわれても理解できないし、勉強している時間もない！

●会計事務所にビジネスのことを相談したい。……などなど。

会計事務所をうまく利用していただきながら、どんどん御社のビジネスを良くし、あるいは今の苦境を何とかして脱出していただくためのお手伝いを行っています。

「経営のわかる会計ネットワーク」は、長年の現場コンサルティングの経験を活かして、

●人材不足は「一石十鳥！」。人材不足をきっかけに、経理部の「サイバー効率化」をどうやって進めるか？ それにより、人件費の削減をどう達成するか？

●経営に必要なデータは何か？ どのように、経営の〝現場〟に活かしていけばよいのか？

といったアドバイスを、積極的に行っています。「数字」は、経営にとって最強の「武器」です！

「来月は必ず利益が出る！」

ある社長様から、「来月は必ず利益が出る。始まる前からわかっている！」とお聞きし、感動したことを思い出します。

その社長様は、「十分戦略を練り上げてある。各社員がやるべきことを、やるべき時までにきちんとやれば、自動的に利益が出る仕組みになっている！」と言われました……。

まずは机上で、社長の目指す会社像を明

事務所概要

代表　公認会計士　林 千尋

昭和37年生まれ。京都大学経済学部卒業。外資系大手監査法人を経て会計事務所を設立。上場企業から中堅・中小企業まで幅広い業種に関与。「教科書的おしゃべり」ではなく、確実に成果を出す実践型コンサルティングを全国レベルで行っている。「AI・IT化時代」に通用するビジネスモデルづくりをお手伝い。「"経営のわかる" 会計ネットワーク」を全国展開中。公認会計士／認定事業再生士。名古屋税理士会名古屋中支部

"経営のわかる" 会計ネットワーク／株式会社覚王山総研

■東京品川オフィス
〒108-6028
東京都港区港南2-15-1
品川インターシティA棟28F
TEL　050-1507-3684　FAX　052-265-5086

■名古屋本社
〒460-0002
愛知県名古屋市中区丸の内3-19-14
林敬ビル2F
TEL　052-265-5085　FAX　052-265-5086

確にし、現状と比較して足りないところの洗い出しを行います。

「足りないところ？」……山ほど出てきませんか？　社長が気づいているポイント、社員が気づいているポイント、両者には大きな隔たりがありませんか？

何が足りないのかを明確にするだけでも、多くの「行動」が生まれてきます！

足りないところ、現状と理想像とのギャップを埋める方法を考えます……。

こんなふうにやり始めると、やるべきことは次から次へと出てきます。

新しい経理部は、「社長の味方」？

●経理は難しすぎて「ブラックボックス化」している？
●社長の知りたい「数字」が、必要な時にすぐ出てこない？
●アナログ作業に振り回されて、経営資料作りまで手が回らない？

従来「経理部」は、アナログ作業の多い、日陰の部署でした。しかし、ＡＩ・ＩＴ化時代の今、経理業務の多くが自動化でき、余った時間と労力で経営資料作りができる時代になりました。すなわち、次世代の新しい「経理部」は「経営サポート室」として、強力に社長をバックアップする部署に様変わりします。本来求められていた「経営のための経理」ができる時代が来ました！

「経営のわかる会計ネットワーク」は、「会計」と「ＩＴ」に精通しており、会計事務所にしかできない経理部の「ＩＴ化」をお手伝いしています。「クラウド型月次会計システム」を使い、お忙しい社長様、専門知識のない社長様にも、わかりやすくて経営に活かせる「アニメーショングラフ」を多数ご提供しています。

会計事務所の持つ質実さと、コンサルティング会社が持つ先取性！

経済環境はすさまじい勢いで変化しつつあります。一人の会計士、税理士がすべてを把握できる時代ではなくなりました。

それぞれの分野を深く熟知し、豊富な経験を積んだ専門家チームによる全国ネットワークを構築しています。

税理士法人コスモス

事務所の特徴

法人名のコスモスは、宇宙の「cosmo」の複数形「cosmos」を意味します。宇宙のような無限の可能性を追求し、経営者へ情報と感動を運ぶパートナー税理士を目指しております。

代表社員　三好茂雄
九州北部税理士会博多支部

社員　田口博司
東京税理士会上野支部

社員　辻村哲志
名古屋税理士会中支部

【社長.tv】
〈web動画〉
骨太企業になる方法

無限の可能性を追求する会計事務所です

私どもは、全ての問題はコロンブスの卵なのではないかと考えております。一見、解決不可能であっても、考え方次第、アイデア次第では解決できるかもしれないと。故に、私どもは、決してあきらめません。株式交換、株式移転をはじめ、会社分割、事業組織再編税制、金庫株制度、連結納税制度、そしてグループ法人税制と、昨今の税法大改正は今までの常識を覆す内容となっております。これからの大改正と、私どものあきらめないスタイルが一体となる今、まさに不可能が可能になる、無理難題が解決できるときが来たと確信しております。自信を持って私どものノウハウをご提供いたします。是非、一度お試しください。

情報を提供する会計事務所です

私どもは、お客様と共に発展し経営者のパートナーになることを目標にしております。故に経営者の皆様のお悩みを汲み取り、有用な情報をお届けします。

コスモスの七不思議のひとつに、顧問先の社業が発展するというものがあります。何故だかコスモスと関わると利益が出る優良企業へ変身する顧問先がたくさんあります。これはひとえにお客様のご努力によるものですが、非常にうれしいことであります。

私どももお客様に負けないよう発展するよう、日々励んでおります。私どもと一緒に発展しましょう！

相続対策、自社株対策が得意です

会社のために生涯を懸けてがむしゃらに働いて会社を大きくしたのに、ふと事業承継を考えたときには、株価が高すぎて事業承継しようにもどうしたらいいか分からない、とお悩みの経営者の皆様、あきらめてはいけません。是非お声をお掛けください。

相続が3代続くと潰れると言われている現代社会において、後継者が事業承継

事務所概要

コスモスグループ CEO　野田賢次郎

昭和22年生。富山大学経済学部卒業。昭和57年公認会計士野田賢次郎事務所（現税理士法人コスモス）開設。㈱ジャパン・アカウンティング・サービス、プレミアム監査法人、㈱トゥエンティ・ワンなどコスモスグループ14社のCEOを務める。
名古屋税理士会中支部

代表社員　鈴木成美

昭和48年生。横浜市立大学商学部卒業。平成9年公認会計士野田賢次郎事務所入社。平成15年税理士法人コスモスの設立に伴い代表社員就任。
名古屋税理士会中支部

コスモスグループ
〒460-0008
愛知県名古屋市中区栄1-12-5
コスモス21ビル9階
0120-265-464
TEL　052-203-5560
FAX　052-204-2127
職員数　53名（コスモスグループ88名）
Webサイト
https://cosmos-gr.co.jp/
E-mail
info@cosmos-gr.co.jp

**名古屋本部 / 福岡支部
東京本部**

できる準備をしておくことは、経営者の最後の課題であります。

私どもは、株価対策から事業承継対策までトータルにアドバイスいたします。

事業再編が得意です

事業組織再編は大企業の話だと思っていませんか？　それは大きな間違いです。中小・中堅企業だからこそ事業再編を活用して、骨太企業体に変身することができます。

「組織を何とかしたいが、どうしたら良いか分からない」

「現状でも悪くはないが、もっと良い組織形態があるなら教えてほしい」

「どうしたら良いか分からないが、こんな組織にしたい」

という経営者の皆様、お気軽にお声をお掛けください。

私どもは現状を細部にいたるまで分析、把握した上で、最も効果的なプランを提案いたします。可能性は無限です！

【事業再編の効果】

- 複雑な持ち合い関係が解消できた！
- 株式公開の準備ができた！
- 後継者対策ができた！
- 自社株対策ができた！
- 従業員のモチベーションがアップした！
- 法人税・相続税対策ができた！

コスモスグループ	
会計監査・株式公開支援	プレミアム監査法人
M&A・内部統制コンサル	株式会社コスモスコンサルティング
保険ブローカー	株式会社コスモス・インシュアランス・ブローカーズ
アウトソーシング	株式会社コスモス・アウトソーシングサービス
人材育成・幹部教育	株式会社コスモスアカデミー
経営コンサルティング	株式会社ジャパン・アカウンティング・サービス
企業再生・リスクコンサル	株式会社トゥエンティ・ワン
資産運用・不動産コンサル	株式会社コスモス財産コンサルタンツ
国際税務・海外法人の信用調査	株式会社コスモス国際マネジメント
フィナンシャルアドバイス	株式会社コスモスコーポレートアドバイザリー
営業支援	株式会社コスモスアタック
会計事務所向けコンサル	有限会社ビーダッシュ

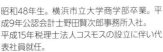

2004年度版から9回連続選出

税理士法人大樹

社会保険労務士法人大樹　コンサルティング五藤株式会社
一般社団法人大樹相続センター　一般社団法人中部経営会計支援協会

事務所の特徴

- 管理会計指導を中心とした経営指導の実績多数
- 「争わない相続」を実現できる、専門のコンサルタントが対応
- 実績、経歴を持った税理士が在籍し、税務調査に強い
- 医業・介護分野、M&Aに専門スタッフを配置
- 事業承継、後継者・幹部育成に独自のサービスを提供
- 「人と会社を守るため」の経験豊富な労務専門スタッフ

Web・SNS

Webサイト　税理士法人大樹：taizyu.jp　　E-Mail　info@taizyu.jp
経理DX：tokai-cloud-keiri.com　　Facebook　@taizyu

急激に変化する社会環境に対応し、進化する会計事務所

税理士法人大樹を中心とした大樹グループは、愛知県の名古屋市、一宮市に拠点を置く、総勢51名の専門家集団です。

コロナ情勢をはじめ、昨今の急激な環境変化は、人々の生活や考え方に大きな影響を与え、多様化・複雑化を招いています。従来の税務・会計業務だけでは、その大きな変化に対応できません。経営者をはじめ、その地域の方々に対して経営理念である「しあわせ」を実践するためには、私たち自身が変化し、進化することが必要です。

その中で現在、「経営の伴走者として」の経営支援サービス、「争わない相続のお手伝い」「任せられる税務対応」「会社と従業員を守る」これらの取り組みを通じて、地域の方々に安心、感動を提供しています。

経営の伴走者として

大樹の経営支援サービスは、「一生涯お客様の成長に携わっていくことができる」ラインナップを揃えています。

①業績向上・目標達成管理を目的とした標準ＭＡＳ（マネジメントアドバイザリーサービス）、②組織構築のための組織化ＭＡＳ、③幹部育成を目的としたＣＦＯＭＡＳ、④後継者の育成や株価対策を行う事業承継ＭＡＳ、⑤財産承継を一緒に考える人生設計ＭＡＳという、５つのフェーズに合わせた商品展開でお客様に寄り添い、お客様のしあわせ実現のお手伝いをさせて頂きます。

また、地域活性化の観点から、地域の中小事業者を支援するために（一社）中部経営会計支援協会を運営しています。デジタルトランスフォーメーション（ＤＸ）を推進し、お客様の経理業務を劇的に効率化する支援や、経営の意思決定に役立つ指標をタイムリーに提供できる管理会計の導入支援を行い、より実行力の高い経営をサポートしております。

争わない相続のお手伝い

以前は相続というと税金のお悩みがほとんどでしたが、最近は「争わない相続」のご相談が大半を占めています。

現状に対応するために、（一社）大樹相続センターを運営し、「争わない相続」実現のために活動しています。お悩みの事情をしっかりとお聞きし、その内容から複数の、専門性の高い提案をさせて頂きます。さらに提案の実行に関わることで、確実に「争わない相続」

事務所概要

代表社員 税理士　五藤一樹

税理士、上級経営会計専門家（EMBA）、行政書士。税理士法人大樹、コンサルティング五藤株式会社、（一社）中部経営会計支援協会、（一社）大樹相続センター代表。愛知大学卒。一宮市に事務所を構え、愛知県を中心に展開する税理士法人大樹の代表として、中小企業の経営指導にあたる。あんしん経営をサポートする会 会長。日本M&A協会東海支部 支部長。日本経営会計専門家協会 理事。東海税理士会一宮支部所属。

税理士法人 大樹／社会保険労務士法人 大樹／コンサルティング五藤 株式会社
一般社団法人 大樹相続センター／一般社団法人 中部経営会計支援協会

創　業：平成8年　代表者：五藤一樹
職員数：51名（顧問含め税理士7名、上級経営会計専門家3名、社会保険労務士3名、行政書士3名、中小企業診断士2名）

名古屋オフィス：
名古屋市中村区名駅3-22-8 大東海ビル9階
一宮本部：
愛知県一宮市せんい2-9-16 ササキセルムビル4階

を実現できます。

相続税対策には、社内の相続専門の税理士が対応し、複雑なスキームについても外部の専門家とも連携した形でご提案いたします。その後の納税資金対策も、必要に応じて金融機関等と連携し、安心して頂けるようサポートしております。

任せられる税務対応

税務の高度化、複雑化が進む中で、適切な税務申告の実現が難しくなりつつあります。そのような状況に対応できるように様々な背景を持った税理士が社内に在籍しています。

顧問先と向き合いながら適切な税務申告をリードしてきた税理士とともに、長年の税務署勤務から税務署の考えを知り尽くした税理士や国際税務など高度な税務に対応できる税理士、相続税や贈与税を専門に扱う税理士など、顧問先の課題や状況に応じて、最適な専門家が対応いたします。さらに外部の国税局出身の専門家とも連携し、納税者に寄り添った対応を心がけています。

会社と従業員を守る

「新型コロナウイルスの支援制度ってどんなものがあるの？」「働き方改革って何をしたらいいの？」「長く働いてもらえる会社にしたい！」「社会保険の手続きが分からない！」こんな声をたくさん耳にしました。そのような中小企業の皆さまの力になりたいという想いから、社会保険労務士法人大樹を設立しました。

働き方が大きく変わるなか、会社やそこで働くスタッフも環境変化に柔軟に対応することが求められています。これを機会に人と会社を守る体制を構築し、安心して働ける職場をつくることが大切です。

大樹の人事労務サービスは、人と会社を守るために、迅速に、ワンストップで経験豊富な専門スタッフが対応いたします。

地域の安心・感動を提供する

これらの取り組みに加え、医業・介護経営に対する支援は、とりわけ高齢化が進む地域にとっては重要であると考え、専門の担当者を配置しております。また、地域経済の維持発展にはスムーズな事業承継が欠かせません。M&Aや後継者育成などの支援を通じて、地域の安心、感動を提供していきます。

これからも顧問先・相談者とともに歩みながら「しあわせ」を感じて頂けるように、そして地域社会の「しあわせ」に貢献できるパートナーとして努めてまいります。

NAO税理士法人

NAO社会保険労務士法人　NAO行政書士法人
NAOマネジメント株式会社

2003年度版から9回選出

事務所の特徴

定量分析・各種情報だけでなく、「数値分析・税務提案をベースとした税理士法人の強み」を活かしたコンサルタント集団を目指しています。

Web・SNS

Webサイト　https://www.nao.gr.jp/
E-Mail　info@nao.gr.jp

クライアントのニーズに必要なさまざまな情報・判断基準・ソリューションの提供

昭和52年に高井直樹税理士事務所を開業して以来、新規開業サポートを武器に順調に発展してまいりました。

その後、診療圏分析の特化、決算診断システム「院長の四季」「社長の四季」による経営診断業務、ＭＡＰ経営計画による経営計画の策定、ＩＳＯの取得による業務全般の標準化の確保、ＦＰ業務によるクライアントの資産保全、メディカル・マネジメント・プランニング・グループ（ＭＭＰＧ）・日本医業経営コンサルタント協会・日本中小企業経営支援専門家協会（ＪＰＢＭ）などからの情報享受、シミュレーションソフトの購入、設備、情報の取得に先行投資を行ってきました。

これらはクライアントのニーズのすべてに対応するという「かかりつけ医」的精神が弊社の基本理念だからです。

さて、開業して40年超が経過し、時代はますます混迷をきわめ、経済、経営環境の変化は日に日に厳しさを増しています。企業がこの時代を生き抜き、成長発展するためには、必要な情報を確実に収集、分析し、的確かつ迅速な経営判断をくだすことが要求されています。

そこで平成28年、さらなる質的向上を目指すために、主力である税務部門、さらに行政書士部門を法人化しました。サービスを一層明確にして、それぞれの分野が自立しながら成長し、さまざまな角度から情報をご提供できるグループ組織となりました。

税理士・社会保険労務士など有資格者が多数在籍

当グループには、税理士、社会保険労務士、行政書士、宅地建物取引士、ＣＦＰ等の有資格者が社内に在籍。各監査担当者との連携を図り、迅速に対応できます。

また、スタッフの教育にも力を入れて

います。スタッフ全員が医療用語を熟知するなど、高い専門性を持っております。

医療、福祉、介護の経営に対するサポート

医療、福祉、介護の質を重視した医療・介護サービスの提供が、クライアントに求められているニーズです。

ドクターには医療に専念していただき、経営に関するさまざまな医療外業務は弊社でサポートしていきます。

さらに、経営上の判断情報および労務情報もご提供いたします。診療と経営の分離による医療の質の向上と経営の安定が弊社の願いです。

サポート内容としては、記帳の簡略化、税務指導、給与計算、社会保険の手続き、労務問題の相談と解決、医療会計データ・レセプトデータによる医療行為分析、接遇等のコミュニケーション指導、医療・福祉・介護施設の設立・変更等の行政への届出、金融機関との折衝など多岐にわたり、最終的に相続対策を基本とした「個人、法人の生涯計画の策定」というワンストップサービスのご提供ができる体制を整えています。

また、クライアントの潜在ニーズを掘り起こし、提案業務による解決商品の開発も手がけております。

そして、昨今は医師の高齢化が進展していることから、M&Aのご相談もお受けいたしております。

新規開業のクライアントに対しては、これまでに構築したネットワークを基盤に、有効な情報・サービスを提供しサポートさせていただきます。

事務所概要

代表社員 税理士　高井直樹

代表社員 税理士　赤堀安宏

〈沿革〉

昭和52年　高井直樹税理士事務所開業
昭和62年　株式会社ナオ経営センター設立
平成5年　有限会社岐阜エムアンドエーセンター設立
平成11年　労働保険事務組合NAO経営労務センター設立
平成25年　NAO社会保険労務士法人設立
平成28年　NAO税理士法人／NAO行政書士法人／NAOマネジメント株式会社設立（㈱ナオ経営センターからの組織変更）
名古屋税理士会岐阜北支部所属

NAO Consulting Group
NAO税理士法人
NAO社会保険労務士法人
NAO行政書士法人
NAOマネジメント株式会社
労働保険事務組合NAO経営労務センター
有限会社 岐阜エムアンドエーセンター

創　業：昭和52年（高井直樹税理士事務所）
代表者：高井直樹
職員数：55名（税理士9名、社会保険労務士5名（うち特定社会保険労務士1名）、行政書士4名、CFP® 1名）
関与先：700件（うち医療関係180件）
所在地
〒500-8335
岐阜県岐阜市三歳町4丁目2番地10
TEL 058-253-5411
FAX 058-253-6957

Rikyuパートナーズ税理士法人

Rikyuコンサルティング合同会社

初選出

事務所の特徴

- 融資が受けやすくなるためのアドバイスやご紹介。
- 補助金や助成金などの申請多数。
- ITによる経理効率化（DX）を徹底支援。
- 飲食店には低料金プラン「会計コンシェルジュ®」をご用意。
- 全国どこでも対応（交通費不要）。

Web・SNS

Webサイト　https://www.tax-110.com　　**Facebook**　Rikyuパートナーズ税理士法人

E-Mail　tax@tax-110.com

最先端IT技術で経営をバックアップ

「5年先の業界標準」。私たちRikyuが描く次世代型会計事務所の未来像です。昨今、国もDXを推進していますが、私たちは、まだ誰も着目していなかった9年前からAIをチャンスと捉えてきました。

Rikyuのサービスは「アウトプット型」。記帳を自動化させることで、お客様もRikyuも記帳しない。空いた時間は、お客様の経営状況をビジュアル活用し、分かりやすく伝えるなど「過去の結果」だけでなく「未来の予測」を重視しています。

次世代型顧問＋αでお客様をサポート

通常の税務顧問から「次世代型顧問」に移行しています。次世代型顧問とは、

- 経理効率化で低価格な「AI記帳代行」
- YouTube等動画で情報提供
- Zoomによるお客様限定セミナー
- 試算表のビジュアル化
  今期の予測を反映した試算表
- いつでも見られる「セルフ経営分析」
- ワンシート節税チェックリスト
- 融資アドバイス・あっせん
- 補助金・助成金の申請代行

新ビジネスモデル構築と経営計画書作成支援

①新ビジネスモデル構築

時代が大きく変わる今、新たなビジネスチャンスも増えています。コロナ融資の返済が始まる前に、利益が出るビジネスモデルへの転換が必要です。Rikyuでは、お客様と一緒にビジネスモデルをゼロベースから考え、約6ヶ月かけて細部まで作り込みます。

②経営計画書作成支援

経営計画には「感情（理念・ビジョン）」と「勘定（数値）」の両方が重要です。夢を語ってワクワクしても、具体的な数値目標がないと、適正かどうかが分

事務所概要

代表社員　税理士
谷口雅和

昭和46年生まれ。お金の勘定と感情の専門家。1級FP技能士、NLPマスタープラクティショナー。平成16年、融資が1円も受けられずにカードローンで起業。以来17年間連続平均15％プラス成長。AIを活用した記帳の効率化を7年前から推進。起業・お金の心理学・記帳効率化をテーマに全国で講師を務める。
同文舘出版より『お金は少ないほうがうまくいく！ 損する起業・得する起業』を出版。名古屋税理士会名古屋中支部・東京税理士会神田支部所属。

Rikyuパートナーズ税理士法人
Rikyuコンサルティング合同会社
創　業：平成16年
代表者：谷口雅和
職員数：18名（税理士2名、社会保険労務士1名）
名古屋オフィス
〒460-0008
愛知県名古屋市中区栄2-5-17
白川ビル東館6階
東京オフィス
〒101-0047
東京都千代田区内神田1-15-7
GRANDIR OTEMACHI 507
TEL 0120-110-559

かりません。マラソンに例えるとゴールまでの途中に何箇所か計測地点があります。遅れていれば改善が必要です。相手が見えればペースメーカーになりますが、経営は他社の状況は見えません。そこで税理士が伴走者になることができます。

経理効率化コンサルティング

Fintechにより、零細企業でも効率化が可能になりました。昔はシステム導入に何百万円もの支出が必要でしたが、今は無料や月額数千円から利用できます。

もし御社が、預金やカード支払い、売上計上を手入力で記帳しているなら、その作業は自動化できます。それにより記帳時間は80％減にもなります。

経理は記帳だけではありません。給与計算、請求書の発行や振込みもあります。これらも効率化することが可能です。

財務コンサルティング

企業の血液は「お金」です。どんなに利益が出ていても、お金が一時的にでもショートしたら倒産します。そのためには財務体質を強化する必要があります。

①融資あっせん

「今、借りたほうがいいのか？」「いくら借りたらいいのか？」「いくら借りられるのか？」「どこに申し込むのが良いのか？」「どんな融資制度を使ったほうが有利なのか？」「返済期間はどれぐらい？」など、融資は分からないことがたくさんあります。そのような悩みや融資を受けやすくするアドバイスをしています。また、日本政策金融公庫と連携しておりますので、ご紹介することが可能です。

②補助金・助成金

情報格差が一番発生する分野です。Rikyuでは情報提供するだけでなく、自ら申請できるような解説動画をアップしたり、申請を専門家に代行してもらうことが可能です。

大沢会計事務所

相続事業を拡大したい
仲間を募集中！

Web・SNS

Webサイト http://www.tkcnf.com/oosawa-kaikei/pc/

E-mail oosawa-kaikei@tkcnf.or.jp

士業者の生き残り戦略を考える

㈱実務経営サービス社主催による「遺言執行の新ビジネスモデル」と題した講演は、税理士事務所生き残り作戦の提案でした。しかも、全国4箇所で開催したセミナーはすべて盛況でした。セミナーの要点は次の通りです。

①税理士業界も他業界と同様に過当競争の時代に入った。

②高齢者の増加は、相続の時代の幕開けである。社会運動を仕事に変えることができれば、ブランド力と組織力で生き残りができる。

③その先生方の情報交換の場所を提供するのが全国相続協会相続支援センターである。

④会員相互は平等であり、お互いに情報を提供する義務を負う。

全国相続協会相続支援センターの概要

士業者の仕事の確保を目的に設立しました。

①会員資格は士業者であること

相続事業者が、お互いに相続事業の情報交換を行う団体です。

②社会運動が仕事になる

当会は社会運動を展開していますから、マスコミの支援が受けられます。また、さわやか福祉財団会長の堀田力先生や聖路加国際病院名誉院長の故・日野原重明先生の支援を受けました。社会運動が仕事につながります。

③遺言相続の「エイブル」を目指す

「エイブル」は不動産賃貸業の代名詞です。全国相続協会相続支援センターは、地域の同業者が「全国相続協会相続支援センター」という同一の看板を掲げることで、地域に存在感を示し、相続遺言のエイブルを目指します。

④全国規模の会の提案者はNHK出版

NHK出版から「遺言セットと実習ノート『これで遺言書が書ける』（NHK

事務所概要

所長 税理士　大沢 利充

昭和25.1.20生まれ。

税理士、行政書士、FP、元松本大学講師、簿記学会会員。

大沢会計事務所 所長、円満相続遺言支援士、全国相続協会相続支援センター 世話人代表、一般社団法人全国相続協会非常勤理事。
・相続に関する講演会、講習会、出版等を通じて啓蒙活動を展開中。
・全国相続協会相続支援センターを設立し活動する仲間を募っている。
関東信越税理士会松本支部所属。

大沢会計事務所
創　業：昭和59年2月15日
代表者：大沢 利充
税理士2名、行政書士1名

所在地
〒390-0872
長野県松本市北深志2-3-35
TEL 0263-34-1445　FAX 0263-39-8080

出版）の購読者から質問がある場合に答えてくれる相談員がほしい」との依頼があり、相談員の募集・相談室の設置を開始しました。

⑤成功の秘訣は仲間作り・ブランド作り

各自が「全国相続協会相続支援センター」の看板を掲げます。同一地域の士業者が同じ看板を掲げることでブランド力が生まれます。

⑥相続拡大の実務セミナー

平成30年6月、「相続実務学校」を設立しました。月1回、士業やファイナンシャルプランナーなど、各分野の専門家を招いて講座を開催し、相続の仕事が増える仕組みを公開しています。

全国相続協会
相続支援センターの状況

〈会員数〉172名（令和3年2月現在）
〈研修会〉会員対象の顧客拡大研修会を年2回（春・秋）開催しています。
〈支　部〉同地域の会員が支部を設立し、各地で活発に共同広告出稿・セミナーなどを行っています。地域No.1を目指す活動を事務局も支援しています。
〈Web〉Webサイトで全会員を紹介しています。相談者から各会員への相談も受け付けており、初回相談は無料です。

聖路加国際病院名誉院長の日野原重明先生と

4
2015年度版から4回連続選出

小川会計グループ

税理士法人小川会計　株式会社小川会計コンサルティング
株式会社KBS　ケイビーエス労務管理センター
社会保険労務士法人KBS　新潟異業種支援センター事業協同組合
一般社団法人 小川会計相続支援センター

事務所の特徴

「お客様にとってよりよい経営のパートナーでありたい」
すべて、この思いから始まっています。
お客様の事業がより発展していけるよう、正確な税務・会計はもちろん、資金繰りや経営計画等の経営相談に注力。また人事労務や事業承継等、幅広い経営支援に努めています。

Web・SNS

Webサイト　https://www.ogawakaikei.co.jp/　　**E-Mail**　o-g-k@ogawakaikei.co.jp

お客様と共に歩むことを目指して

昭和54年創業以来、中小企業様・個人事業主様向けの税務顧問を中心に、幅広い経営支援に取り組んでまいりました。

経営基本理念は、「共育（共に育つ）」。これは、お客様・社員・会社が共に育ち、成長していくことです。正確な税務会計はもちろん、お客様の夢や目標を共有し、共に歩んでいくことを目指します。

◎経営相談を重視

お客様の発展に貢献したいとの思いで、月次訪問時には、経営相談の時間を重視。試算表確認の他、資金繰り、税制を利用した設備投資、金融機関との交渉等、会社経営ならお気軽にご相談ください。

また、事業発展には計画が有効と考え、経営計画策定支援及び定期的な実施支援を行っています。計画を立てただけでなく、確実に実行されるように経営計画の進捗確認・調整を行うもので、全社的に行動が変わり、具体的に改善が進んだという嬉しいお声も頂いています。

また、当社は中小企業庁経営革新等支援機関に認定されています。

◎品質向上に努めています

税務署等からの信頼の高まる書面添付を推進し、県内でも高い実施率を維持。税務調査の際は、事前準備から立会まで、経験豊かな国税出身税理士が丁寧にご対応。

◎医業、建設業、農業の会計に強み

当社は幅広い業種に対応。その中でも医業、新潟に多い建設業や農業に強みがあります。医業では公益社団法人日本医業経営コンサルタント協会認定登録コンサルタントが、農業では日本政策金融公庫農業経営アドバイザー試験合格者が在籍しています。

◎給与計算、人事労務もご一緒に

会計と併せて、給与計算や社会保険・労働保険等もお受けしています。また、就業規則整備、人材育成や評価等、労務トラブルを防ぎ従業員に力を発揮してもらえる職場作りをお手伝いします。

事務所概要

代表社員 税理士　小川 健

昭和26年生まれ。昭和54年に税理士登録、小川健税理士事務所開設。その後、お客様を様々な側面から支援したいという思いから、人事コンサルティングや給与計算代行を行う㈱KBS、M&Aを仲介する新潟M&Aセンター（現㈱新潟事業承継パートナー）を設立。平成17年に税理士法人小川会計設立、現在新潟市内4拠点より新潟県全域に対応。同じ経営者目線に立った経営相談・企業再建支援を数多く手掛ける。関東信越税理士会新潟支部所属。

税理士法人小川会計／株式会社KBS／株式会社小川会計コンサルティング 他

創　業：昭和54年

代表者：小川 健

職員数：72名〔税理士8名、社会保険労務士5名（うち特定社会保険労務士2名）〕

本店所在地

〒950-0812

新潟県新潟市東区豊2丁目6番52号

TEL 025-271-2212　　FAX 025-271-2224

県内トップの相続税申告実績で事業承継までをご支援

資産税の経験豊富な税理士・専門スタッフが在籍し、相続税申告実績は県内トップ。生前対策等も提案しています。

経営者様の場合、個人資産のみならず、事業承継対策も非常に大切です。自社株にかかる相続税対策、後継者育成支援（「共育塾」）、新しい組織設計・移行まで、お客様が事業承継を機にさらなる飛躍につなげていくことを目指します。

様々な経験を持つスタッフと提携ネットワーク

スタッフは、若手からベテランまでと幅広い年齢構成。税理士及び社会保険労務士の有資格者も増え、経歴も会計事務所一筋の者をはじめ、事業会社や金融機関出身、国税ＯＢ等、多様な経験を持つスタッフが集まっています。お客様の抱える様々な経営課題を、担当者はもちろん、全社体制でバックアップします。

提携先の司法書士・弁護士等の専門家とも常に連携を取れる体制があります。仮に当社で対応できないことがあっても、お客様がお一人でお困りにならないよう、ネットワークを通じてサポートいたします。

ポストコロナに向けて

ウィズコロナ時代の現在、感染の拡大・縮小の繰り返しで、先が見えない厳しい経営環境となっています。

ポストコロナ時代は、まずはこのコロナ禍を様々な方法で乗り切ることからと考えております。そのために当社は、資金繰り、各種助成金の活用、予算・決算見直しや事業再構築のための計画作成等、様々なご提案をしていければと考えております。

お客様の会社をお守りするため、職員一同力を尽くしてまいります。

初選出

税理士法人中山会計

株式会社中山パートナーズ保険舎

事務所の特徴

- 相談しやすさ No.1 を掲げ、お客様にとって一番の存在を目指します。
- 品質向上宣言 !! のもと日々品質の向上に努めます。
- IT に強い会計事務所として DX の推進をサポートします。
- 相続、M&A のスペシャリストを揃え、経営者の課題解決を図ります。
- 人材の多様性を重視し、様々な視点から経営を支援します。

Web・SNS

Webサイト https://nakayama-kaikei.com/ **Facebook** 税理士法人 中山会計

E-Mail info@nakayama-kaikei.com

お客様のナンバー1であるために 相談しやすい存在を目指す

私たち税理士法人中山会計は、石川県金沢市に事務所を構え、創業54年を迎える老舗会計事務所です。お客様にとって一番相談しやすい存在となることを目指し、変化に対し臆することなく自ら取り組み、その経験をお客様に展開することを基本スタイルとしています。

常勤税理士7名、顧問税理士3名の計10名体制でお客様の税に対するご支援を徹底しております。また、相続、M&Aの各分野についても、スペシャリストを中心に複数人でのチームを構成し、最新の情報と長年の経験を掛け合わせたベストソリューションを提供しております。

社内の課題はお客様の課題 様々な改善に取り組み 経験を共有する

私たちは数年前まで二十数名の事務所でした。良くいえば安定、悪くいえば停滞。現状を維持することを選択すれば、いずれ衰退してしまうでしょう。

私たちは変化と成長を選択し、人事面においては新卒者の積極的採用、他分野からの専門家採用、そして営業面においてはお客様サービスを全面的に見直し、成長分野への集中投資といった、両面から実行に移しました。その過程で幾多の失敗を経験しましたが、すべて私たちの中にプラスの財産として残っています。

これらの人事面、営業面でのアプローチは、すべてのお客様にとっても重要課題といえます。コンサルタントとして洗練されたサービスは提供できなくても、自らの経験は共有できます。私たち自身が一企業として様々な課題に率先して取り組んだ経験をお客様に共有することで、経営者の方にとってたくさんのヒントとなる情報を提供しています。

DX支援を本格稼働

長らく叫ばれていた働き方の変革は、新型コロナウイルスをきっかけに加速度

事務所概要

代表社員　税理士　小嶋純一

税理士法人中山会計代表社員専務。税理士。昭和52年生まれ。横浜国立大学経済学部卒。平成15年8月税理士法人中山会計に正社員採用。令和2年9月より代表社員専務就任。相談しやすさNo.1を体現する税理士として、自社の経営の実践ならびにお客様の経営のサポートを兼務。15年来M&A支援を専門領域とし推進。日本経営管理協会理事、北陸支会副支会長及び石川県支部支部長、日本M&A協会北陸支部副支部長。北陸税理士会金沢支部所属。

税理士法人中山会計／株式会社中山パートナーズ保険舎

創　業：昭和42年
代表者：中山雅人、小嶋純一
職員数：51名（税理士7名、中小企業診断士1名、M&Aシニアエキスパート4名）

所在地
〒921-8161
石川県金沢市有松2-9-18
TEL 076-243-5233　FAX 076-243-5234

的に進み、ＤＸ（デジタルトランスフォーメーション）を中心に、中小企業にも否応なしに対応が求められています。

しかし、もともと資本や人材が不足している中小企業にとって、当課題に積極的に取り組む余力は限られています。

当社では、当課題をお客様にとっての重要課題と認識し、私たちが率先して支援すべきと決めました。

まずは、システム会社から転職者の採用やシステムエンジニアの出向採用により支援チームを発足させ、人材を整えました。また、他社様との協業として、ＮＴＴ西日本様との地域初の提携を行い、支援ツールも揃えています。さらに、ＲＰＡの開発もシステムベンダー様の協力のもと進め、全国の同業の先生方と共同で進捗させております。

時代の変化に対応する 皆様にとっての ファーストペンギンに

アフターコロナ、ウィズコロナの時代において、これまでの経験では想像できないことの連続だと思います。急激な人口減少、ガソリン車の供給停止など、未知の世界は確実に訪れます。これらの時代に求められる力は、変化に対応できる適応力と、正しいものを見極めることができる洞察力でしょう。

日々の経営に邁進されている中小企業の経営者の皆様に、それらを追加で求めるのは酷なことではないでしょうか。資源が限られている以上、失敗することは許されず、結果として挑戦できないということもリアルな現実でしょう。

中小企業の経営をサポートするのが私たちの使命です。これからの時代、税の専門家という限られた領域での支援では経営サポートは充足されません。

私たちは、お客様が安心して経営していただくために、これからも皆様のファーストペンギンとして半歩先に足を踏み入れ、失敗をしながらも経験を積んで共有していきたいと思っております。

税理士法人MOVE ON

4
2015年度版から4回連続選出

事務所の特徴

「人も企業も健康であり続けたい。そのためには外からは見えない部分、つまり体幹を鍛えることが大切です。精神的にも、肉体的にも」。企業や社長の願望を「明確」な目的・目標へと昇華させます。勝ち残る企業になるため、私たちと一緒にトレーニングしていきましょう！

【事業内容】

- 創業・起業支援
- 事業計画書作成
- 補助金・助成金獲得
- 経理代行
- 税務署対策
- 企業金力アップトレーニング
- 経営セミナー

Web・SNS

Webサイト https://www.moveooon.jp
E-mail info@moveooon.jp
Facebook 税理士法人Move On

私たち税理士法人MOVE ONは、福井市を中心に中小企業社長の応援をしている会計事務所です。経営理念は「社長の応援を通して、成功を引き寄せる社会の実現を目指します」です。

この意味は、社会を良くするのは、民間会社しかできないこと、行政はルールを作り、社会の安定を作りますが、より良い社会を作るのは民間会社の仕事です。会社が良いサービスを創造し、市場に提供し、またそこに競争が生まれ、その循環でより良い社会が出来上がります。私たちは、そのお手伝いをさせていただくことに誇りを持ちます。

代表税理士は、筋力トレーニングの理論で金力を上げるメソッドで活動している孫崎健次（キャッチフレーズは、あなたが至高の社長人生をおくるために存在する男）。

そして大手通信会社における長年の経歴から、戦う組織作りを得意とする税理士の関根英次郎（最強の仕組みから、最大の利益を創出する男）、ほかスタッフ17名の体制で、お客様に対応しています。

社長のセルフプロモーション事業

中小企業の場合、社長のパーソナルブランドを構築することがマーケットにおける会社認知度アップに繋がります。中小企業の戦い方は「何を売るか？」ではなく、「誰が売るか？」です。

「誰が売るか？」つまり社長セルフプロモーションが、会社のイメージを確定させます。その考えのもと、私たちは社長のセルフプロモーション事業に取り組んでいます。社長がマーケットに対して、どう情報を発信し、行動していけば良いのか？　ここを中小企業が生き残る肝と考えます。

また社長は、BODY・MIND・SPIRITがタフでないと、会社は生き残れません。タフになるにはトレーニングが必要です。社長として持つべき

事務所概要

孫﨑健次税理士（右）と
関根英次郎税理士（左）

代表社員 税理士　孫﨑健次

税理士法人MOVE ON代表税理士。北海道大学中退後、札幌から始まったフリーター生活を続けるつもりだったが父の病気により税理士業を継ぐことを決意。『生きることとは行動すること、行動しないということは退化を自ら選んでいるということ』が生きる規範となっている。行動する為には人は筋力・会社は金力が必要であり、自らがトレーニングしなければ絶対に獲得はできないことを会社経営者に伝えていく為に、常に自ら鍛錬を続けている。北陸税理士会福井支部所属。

税理士法人 MOVE ON
設　立：平成24年
代表者：孫﨑健次
スタッフ：19名（税理士2名）

所在地
〒910-0851
福井県福井市米松2-13-1　小町ビル1F
TEL 0776-53-6540　FAX 0776-53-7856

BODY・MIND・SPIRITのトレーニングによる社長力の向上は孫﨑が力を発揮できるところです。

バックオフィス業務のＤＸ化導入コンサルティング事業

生産年齢人口が減少し続ける日本で、中小企業が人を確保していくことは、本当に大変です。単なる雇用条件では大手に絶対勝てません。また人以外でも、物・金が徹底的に足りません。コロナ禍による融資政策により、一時的にせよ、金は中小企業にもある程度まわりました。それでも人は足りません。

またコロナ後においても、その改善はあり得ないでしょう。ただ、人がいないと言っていても前に進めません。私たちは今こそ最低限の人数による会社運営の絶好の機会と考えます。コロナ禍をどう生かすか、生かさないか、会社の真価が問われるでしょう。

私たちの提案は、中小企業においてバックオフィス業務をＤＸ化するべきということです。その結果、経理が会社のデータセンターへと変化できます。そのデータを生かすことで最小のコストで販売業務を集中化でき、現状打破ができる体制になります。

つまり、大手企業でやっていることが、SaaSの利用料が安価になったことにより、中小企業でも可能になったのです。SaaSはコストではなく、未来の売上確保のための投資です。ＤＸ化によるバックオフィスの再構築は関根が力を発揮できるところです。

私たちは、『社長力×ＤＸ化によるバックオフィスの再構築＝お客様のより良い未来＝より良い社会の実現』を目指すことで、地域貢献していきます。

5

2013年度版から5回連続選出

岩浅《いわさ》税理士事務所

株式会社FPテラス

事務所の特徴

①経営・財務・相続の「かかりつけ医」として顧客の立場に立って対応
②相続・事業承継支援に対応
③中長期経営計画・企業再生等に豊富な実績あり
④士業ネットワークによりワンストップサービスを提供
⑤セカンドオピニオンや税務訴訟補佐人実績あり

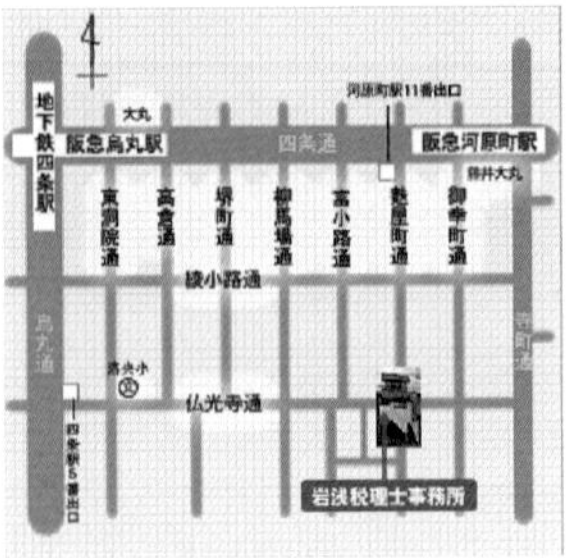

Web・SNS

Webサイト　https://www.iwasa.info/
https://www.fp-terrace.com/
Facebook　岩浅税理士事務所
E-Mail　tax@iwasa.info
Twitter　@taxiwasa

経営理念

お客様の経営・財務・相続の「かかりつけ医」として、常にお客様の立場に立ち、ご発展に貢献できればと考えています。どんなことにも対応可能な「ワンストップサービス提供ができる事務所」であり、常に品質と効率を両立させた経営を心掛けています。

具体的には、専門性を活かし、かつそれをいかに分かりやすく簡単にスピーディーに説明するかを第一に、また専門分野以外のことでも、まずはよく聞き取ったうえで、各専門家と連携したサービスを提供できるように心掛けています。

業務内容

かつて代表が公認会計士事務所に所属していたことから、通常の税務・会計以外にもさまざまな経験をしてきております。経営計画の作成や法的・私的再生支援、税務訴訟の補佐人、相続・事業承継対策など、これらの経験を活かした業務を取り扱っています。

○税務相談・決算申告

法人税、所得税、消費税、相続税を中心とした税務全般にわたり、節税を含めたアドバイスや税務監査、申告業務を行います（税務代理申告業務、税務相談業務、税務調査立会、タックスプランニング業務）。また、税務調査の結果にご不満の方には、所轄税務署への異議申し立て、国税不服審判所への審査請求、弁護士と連携して税務訴訟などの対応もさせていただきます。

○会計サポート

市販の会計ソフト（弥生会計等）を利用し、経営者のニーズに合った最適な会計制度と帳簿組織を立案・指導いたします。また、なかなか経理に手が回らず自計化できないお客様には、記帳代行業務も行っています。

○コンサルティング

経営診断・中長期経営計画・企業再生等、現状の会社の健康診断（現状分析、経営分析、財務調査、事業調査、銀行簡易格付）を行います。その結果により、将来の中長期経営計画の策定・立案・資金繰りの改善

事務所概要

代表 税理士　岩浅公三

岩浅税理士事務所代表。株式会社FPテラス代表取締役。CFP®・税理士・行政書士、京都府中小企業再生支援協議会外部専門家他。昭和45年生まれ。同志社大学商学部卒業後、平成9年に税理士試験に合格し翌年登録、公認会計士・税理士事務所勤務を経て独立。京都市を中心に通常の税務・会計はもとより、私的再生計画策定業務、相続・事業承継対策、補佐人として税務訴訟の法廷に立つなど、常に顧客側の立場に立ち、幅広い分野で活躍している。近畿税理士会下京支部所属。

岩浅税理士事務所／株式会社 FP テラス

創　業：平成15年
代表者：岩浅公三
職員数：7名（税理士3名、公認会計士1名、行政書士1名、CFP®1名・重複含む）他提携弁護士・公認会計士・税理士・社会保険労務士・司法書士等多数

所在地
〒600-8054
京都市下京区仏光寺通麩屋町西入
仏光寺東町129番地9
TEL 075-343-1888　FAX 075-343-1887

（金融機関との交渉など）を行います。また、各専門家と共同で企業再生支援（私的・法的）を行います。さらに、相続税対策・事業承継の支援として、後継者問題の対策、自社株の評価、相続財産や資産の贈与、納税資金の準備など、事前対策の実施をいたします。

○ファイナンシャルプランニング・リスクマネジメント

人生の目標や夢を実現させるために必要なライフプランやマネープランを提案するサービスです。個人・法人のリスクを分析し、保険の見直し等を含めた総合的なプランニングをさせていただきます。

○会社設立・起業支援

個人事業か法人設立のどちらが適切か、また、その変更のタイミング、組織形態の検討、資金調達、司法書士と連携した法人設立手続、社会保険労務士と連携した社会保険関係手続などを行います。起業家の方が、安心して起業準備に専念できるよう、他士業とのネットワークを利用し、会社設立及び起業時の支援を行います。

○セカンドオピニオンサービス

他の税理士の意見も聞いてみたい。そんなときのためのサービスです。

「セカンドオピニオン」という言葉は、もとは医療の世界の用語で、かかりつけ医等の他に、別の医師による診断や意見を求めるもので、患者にとっては、自分の症状について複数専門家の見解を聞いたうえで治療方針を選択することができるメリットがあります。

企業経営においても同様で、経営方針や税法の解釈等は複雑かつ難解なものとなっています。ひとりの目だけではなく別の視点から初心に返りもう一度問題に向きあうと、違う解決策がみつかるケースもあります。

心掛けていること

人は何事もインプットとアウトプットの繰り返しです。

「初心忘るべからず」

「努力に勝る天才はなし」

この2つを頭において精進してまいります。

税理士法人SBCパートナーズ

2007年度版から8回連続選出

事務所の特徴

- 創業26年、お客様数3,700件以上
- 従業員数255名（グループ連結）
- 国内9拠点、海外1拠点
- 国税OB税理士12名が在籍する厳格な監査体制の確立
- 事業承継税制を活用して後継者問題を解決
- 中小企業黒字化で元氣な日本経済を実現

Web・SNS

Webサイト https://www.c-sbc.co.jp　**Facebook** 税理士法人SBCパートナーズ

E-Mail info@c-sbc.co.jp

中小企業の黒字化が使命！目標は黒字申告割合6割

国税庁が発表している「令和元事務年度 法人税等の申告（課税）事績」によると、税務申告をした法人のうち、黒字申告は35・3%。6割以上が赤字という要因の一端には、過度な節税に傾倒しすぎる会計事務所もあると考えています。本来、会計事務所にとって最大の使命とは、中小企業の黒字申告割合を増加させて強い日本を創ることです。

具体的には、黒字申告割合を現在の2倍近くとなる6割にまで増加させることを目標としています。利益を出して納税をすることで会社に資金は留保され、結果として強い会社となります。ウィズコロナ／アフターコロナと言われる時代だからこそ、税理士法人ＳＢＣパートナーズは「適切な節税」と「企業の黒字化」を武器に、強い基盤を持つ会社創りを使命と考えます。

厳格な監査体制によるＳＢＣクオリティ

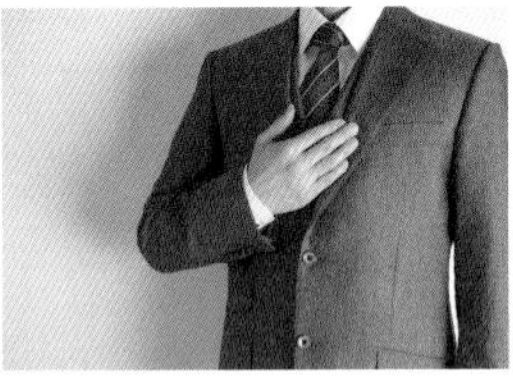

税理士法人ＳＢＣパートナーズの税務申告書は、厳しい自社基準をクリアしたものだけが提出されます。担当者が作成した検査後の税務申告書には、「部門責任者の第1監査」「監査課の税理士による第2監査」「国税ＯＢ税理士による第3監査」が行われ、すべての監査を通ったものだけが申告可能となります。この徹底した監査体制こそが「ＳＢＣクオリティ」の税務申告書を支えています。

また、税務申告書作成に関する証拠書類や確認履歴は7年間保管され、過去に行った税務判断までのプロセスが明らかになります。作成から税務調査が終わるまで、お

事務所概要

SBCグループ総代表　柴田 昇

SBCグループ（税理士法人SBCパートナーズ、SBCパートナーズ税理士法人、株式会社柴田ビジネス・コンサルティング　他）総代表。1964年8月7日生まれ。1994年、税理士法人SBCパートナーズの前身となる柴田会計事務所設立。経営者・資産家の財産を守るコンサルティング（ひ孫の代まで見据えた相続・事業承継対策）を強みに「従業員満足度日本一」を目指し、日々、人財の育成に取り組んでいる。近畿税理士会北支部所属。

SBCグループ

大阪本社
大阪市北区太融寺町3-24
日本生命梅田第二ビル2F
TEL　06-6315-1839

東京本社
東京都渋谷区広尾1-1-39
恵比寿プライムスクエアタワー 12F
TEL　03-5468-3336

横浜オフィス
横浜市神奈川区鶴屋町2-26-4
第3安田ビル2F
TEL　045-548-9009

名古屋オフィス
名古屋市中区丸の内2-19-25
MS桜通ビル6F
TEL　052-203-1112

東三河オフィス
豊川市御油町古御堂118
TEL　0533-88-2958

浜松オフィス
浜松市東区天龍川町100
TEL　053-463-3555

三島オフィス
静岡県三島市中央町2-23
TEL　055-971-0016

なんばオフィス
大阪市中央区西心斎橋2-2-7
御堂筋ジュンアシダビル6F
TEL　06-6210-2255

徳島オフィス
徳島県三好郡東みよし町足代
2837-1
TEL　0883-79-3578

客様の税務を代理させていただくことにスタッフ一同全力で取り組んでいます。

事業承継税制を最大限に活用した税務提案

中小企業経営者のなかには、後継者問題に悩んでいる方が多数います。後継者への円滑な事業承継には、「長期的視野に立脚したプランニング」に加えて、「税務観点による適切なアドバイス」が重要となります。

例えば、「後継者に株式を生前贈与したものの、贈与税の負担の大きさに後継者が困窮してしまうケース」「相続税対策を先延ばしにしたことで、相続人である後継者が会社の財産を処分せざるを得ない状況に陥るケース」など、税務面での十分なサポートが受けられていない事例もよく見受けられます。

税理士法人ＳＢＣパートナーズでは、最新の事業承継税制などを最大限に活用することで中小企業の後継者問題の解決に尽力しています。

複数拠点の強みを活かして日本全国の中小企業を元氣にする！

税理士法人ＳＢＣパートナーズは、全国の拠点から国内外を問わず中小企業を支援。例えば、関西に本社を置く企業の東京進出や、全国各地に相続人がいるケースの相続税申告案件についても、複数拠点のアドバンテージを活かしてトータルサポートを行っています。

将来的には47都道府県の全てに拠点を構え、日本全国の中小企業を黒字化して地域経済の発展に貢献したいと考えています。そして、雇用を創出することで元氣な日本を実現します！

税理士法人FIA

2019年度版から2回連続選出

事務所の特徴

①歯科医院顧問先数西日本一（450件）の実績
②FPプロジェクトチームによる資産形成アドバイス
③資産税プロジェクトチームによる相続税対策
④事業承継・M&Aプロジェクトチームによる戦略的アドバイス
⑤15名の税理士による高度な提案

Web・SNS

Webサイト　https://fia-jp.com/
E-Mail　info@fia-jp.com
Facebook　税理士法人FIA
Instagram　fia_tax_corporation

最高のチームワークで最高のサービスを提供します

税理士法人ＦＩＡでは「幸せな社員が幸せをお届けします」を経営理念として掲げています。社員の高い能力と、それを結集したチームワークでお客さまに最高のサービスを提供する。税務会計・経営・相続のプロフェッショナル集団、それが税理士法人ＦＩＡです。専門性の高い各分野のエキスパートがお客さまにしっかりと寄り添い、お悩みに真摯に向き合い、よりよい解決策をスピーディーにご提案いたします。

　案件の一つひとつに愛情と誇りをもって取り組み、幸せのスパイラルを生み出していきます。お客さまの繁栄を誠心誠意サポートすることは、税理士法人ＦＩＡの社員一人ひとりにとっても幸せなことです。幸せな仕事が幸せを育み、より大きな幸せへと実を結ぶ。私たち税理士法人ＦＩＡは、お客さまに大きな幸せをお届けできることに喜びを感じ、日々の業務に邁進しています。

病医院や介護事業所の皆様をプロジェクトチームがサポート

開業前の先生方へ

ＦＩＡはこれまで４００件以上の医院・歯科医院の開業支援を行って参りました。診療圏調査、事業計画、銀行折衝、採用計画、面接支援、と豊富な経験を持つ開業支援プロジェクトチームがスムーズな開業へとお導き致します。

既開業の先生方へ

　既にご開業の先生方へは、医療法人やＭＳ法人設立コンサルティングによる戦力的節税対策、ファイナンシャルプランナーによる資産形成アドバイス、税務調査士による税務調査対策コンサルティング、事業承継プロジェクトチームによる医院承継やＭ＆Ａコンサルティング、など、医院・歯科医院の経営発展や個人の資産形成に万全の体制でサポートします。

　現在、医院・歯科医院のクライアント数は６００件を超え、豊富な実績をもとに優良なサービスを提供させていただきます。

介護事業所の方へ

　介護事業立ち上げ実績のある介護プロジェクトチームが、介護事業開業支援及び経営支援を行っています。またＣ－ＭＡＳ介護事業経営研究会のメンバーとして介護事業の最新情報をご提供します。

中小企業オーナーの事業承継対策を12名のプロジェクトチームがサポート

経営者の皆様はこのようなお悩みはお持ち

事務所概要

代表社員 税理士　古野裕則

大学卒業後、一部上場企業に入社。営業部に配属され、6年間勤務の後に会計事務所に転職。
1993年に税理士資格を取得し、その半年後に古野会計事務所を開設。医業を中心にクライアントを着実に増やし、2014年には創業20周年を機に税理士法人FIAを設立し、代表社員に就任。80名を率いるFIAコンサルティンググループCEOとして組織をまとめている。
近畿税理士会東淀川支部所属。

税理士法人 FIA

設　立：2014年4月
創　業：1994年6月
代表者：古野裕則
職員数：80名（税理士15名）

本社所在地
〒532-0003
大阪市淀川区宮原3-4-30
ニッセイ新大阪ビル14F
TEL 06-7177-0011　FAX 06-7177-0012
支社　岡山市・京都市

ではないでしょうか？

- 後継者がなかなか決定せず、会社を将来どうすればいいか分からない
- 会社の未来を誰に相談すればいいか分からない
- 自社株の評価額や、自社株の価額の引き下げ方法が知りたい
- 会社の第三者への売却を考えているので売却先を紹介してほしい

事業承継とは、「会社の未来をどうするのか」を決定することです。一口に事業承継といっても、親族内承継や従業員等への親族外承継、Ｍ＆Ａの３つの選択肢があり、その対策についても、自社株の株価対策や組織再編税制を活用した組織の再編等があるので、様々な法令が絡み合うことから煩雑で対応できる専門家は少ないのが現状です。

ＦＩＡには税理士10名を含む12名のプロジェクトチームがあり、経営者の高齢化が進み重要な課題となっている事業承継を円滑に進めるため、各専門家の知恵と知識を結集することで、スピーディーで質の高いサービスを提供しています。

また、複数の国税局ＯＢの先生方を顧問に迎え、各税法の理論武装をより強固なものにしており、税務調査への対応も万全です。提携する弁護士、司法書士、行政書士、社会保険労務士もおり、各種法律にワンストップで対応しています。

Ｍ＆Ａも積極的にサポート

事業承継対策の一つであるＭ＆Ａについては、昨今の後継者難の問題からもはや大企業だけの話ではなく、中小企業においても活発に行われています。ＦＩＡでは、出口戦略としてのＭ＆Ａだけではなく、クライアント企業における事業拡大のためのＭ＆Ａも積極的にサポートしています。

資産税対策も得意とする

ＦＩＡでは、開業当初より数多くのクリニック・病院の支援をしてきたことから資産家に対する資産税対策の実績も豊富にあります。対策前に、現時点での相続税額を概算し、いくらの納税資金を調達する必要があるのかをお調べする相続簡易調査サービスを実施しています。そのうえで、将来の相続税の税率を予測した効果的な贈与プラン等をアドバイスさせていただきます。

佐原税理士事務所

株式会社 シンクスマートコンサルティング

3

2017年度版から3回連続選出

事務所の特徴

- 資金繰り計画、金融機関対策、事業計画策定に強く、税務にとどまらないサービスで会社の成長を支えます
- 事業の成長段階に応じた経理 DX コンサル、スタッフ育成をします
- 経営者個人の相続対策、特に海外相続にも対応するのが強みです
- セカンドオピニオンサービスのご要望にもお応えします
- オリジナルの事務所便りは必読。Yahoo! ニュースの常連です

Web・SNS

Webサイト https://www.office-sahara1.jp/ Facebook 佐原 三枝子

E-Mail threesvision@office-sahara.com

日本の中小企業を変えたい！

おかげさまで、当事務所はまもなく開業20年を迎えます。その中で常々感じることがあります。

日本の中小企業の経営者は、自ら率先して働き、従業員の人生と経営責任を一手に背負っているにもかかわらず、その労に報いるだけの老後が待っていない方が多いのは間違っていないか?というくやしさです。

この状況を変えたい、という想いを「Beautiful Business Beautiful Life」という言葉に込め、経営者の意識改革、財務計画等の策定支援、経理・総務の組織化支援を3つの柱に、勘や個人の力に依存しないシステマチックな事業の拡大と、その結果としての経営者はじめ従業員の皆様の経済的・精神的な豊かさの実現に寄与したいと考えております。

経営者の意識改革

まじめでコツコツ型の経営者の方ほど日々の業務にいそしまれますが、成長を望むのであれば、それだけでは不十分なことに早い段階で気付く必要があります。

毎月の面談を行うコースでは、事業の成長段階に応じ、経営者としてのあるべき視点を意識した会話を通じて、社長の想いや迷いを見える化し、経営改善を促します。

抽象的なコンサルティングではなく、当事務所の多くの経験、そして税理士事務所ならではの財務データを基礎とした具体的な取り組みをお示しします。

財務計画策定支援 特に資金繰り支援

事業計画がなくても、ある程度までの成長は可能ですが、一定の段階で確実に迷走が始まります。地図を持たず深い山を歩けないのと理屈は同じです。

特に資金繰りは頭の中で考えるほど迷います。資金計画、事業計画をだれの目からも見えるように策定し、今は地図上のどこにいて、何をすべきかを常に確認

事務所概要

代表 税理士　佐原 三枝子

佐原税理士事務所代表。税理士。M&Aシニアスペシャリスト。
1963年生まれ。大阪府立大学工学部卒。大手電機メーカーの研究所勤務を経て会計の世界へ転向。2002年開業。女性税理士、女性スタッフによる緻密で行き届いた仕事ぶりは定評があり、地元金融機関、地元企業、地元の士業からの信頼は厚い。資金繰り計画、事業計画策定、再生事案、M&Aも多数手がけ、会社の成長と経営者の幸せを支え続けることをミッションとしている。2018年8月コンサルティング機能を法人として独立。
近畿税理士会 西宮支部所属。

佐原税理士事務所／株式会社 シンクスマートコンサルティング

創　業：2002年
代表者：佐原 三枝子
職員数：7名（税理士1名）
所在地：〒665-0035
兵庫県宝塚市逆瀬川2丁目6-10
本田ビル2階
TEL　0797-72-5132 ／ FAX　0797-72-5162

してかなければなりません。これは先ほどの意識改革ともリンクします。明確な想いがなければ地図は描けず、地図がなければ迷い、ゴールにたどり着くことは叶いません。

　また、資金繰りには銀行借入が不可欠な要素ですが、当事務所の金融機関対策コンサルティングには定評があります。地域に根差した税理士事務所だからこその信頼と情報をもとに、金融機関との最適なお付き合いをご提案します。

経理・総務の組織づくり支援
経理ＤＸコンサル

　営業力や企画力に優れた経営者が率いる会社は時として急成長し、経理や総務といった後方部隊の整備が遅れている場合があります。

　このような会社は、資金管理や人事が属人化し、汚職や専横を発生させがちです。当事務所がその組織化を支援し、事業の成長を阻害する要因を未然に取り除くお手伝いをいたします。

　昨今はＩＴの発達で経理が自動化できる部分も増えています。御社に適した会計ソフトの選定と導入により、業務の脱属人化と省力化を図るとともに、承認プロセスの見直しといった内部統制の構築による不正が生じにくい体制づくり、書類のファイリング指導と断捨離によって無駄を省き、経営者が必要とする情報を素早く提供できる体制づくりの支援を行います。

Beautiful Business
Beautiful Life

　拡大することだけが全てではありませんが、中小企業の経営者と社員の皆様にそれぞれが思い描く幸せを手に入れてもらいたい。その実現のためには理論的なアプローチが必要だと思うのです。

　それこそがBeautiful Businessであり、Beautiful Lifeを導くものだと確信しています。

　さあ、ともに進みましょう！

トリプルグッド税理士法人

2009年度版から7回連続選出

事務所の特徴

企業には継続という重要な社会的使命があります。
継続するからこそ、顧客・社員・社会に対する責任を果たし続けることができるのです。
私たちは、中小企業が継続して発展・繁栄する 100 年経営を、一社一社のお客様で実現します。
そして、お客様の発展・繁栄を通じて、日本を元気にする！
それが、私たちトリプルグッドの使命です。

Web・SNS

Webサイト　https://www.zaimu.com/
https://www.triplegood.co.jp

E-Mail　contact@triplegood.co.jp
Facebook　トリプルグッド

中小企業の100年経営で、日本を元気に！

トリプルグッド税理士法人は、空中庭園で有名な大阪のランドマークである梅田スカイビルの中にあり、大阪最大のターミナル駅、梅田に立地しています。

私たちのミッションは、単なる税務や会計などの代行業務を行うことではなく、『中小企業の100年経営で、日本を元気に！』することです。

昨今、デフレや人口減少による市場の縮小などの影響で、中小企業は大変苦しい経営を強いられています。国税庁の統計によると、赤字法人割合が8年連続で減少するも、依然6割を超える法人が赤字となっています。赤字経営ですので、資金繰りに困り、経営者や社員さんに充分な報酬を支払うことができていません。

私たちは、中小企業の経営支援を通じて、経営者や社員さんに充分な報酬を取っていただき、黒字を継続し、倒産しない100年経営を実現して、未来に明るい希望を持っていただきたいと考えています。

そんな元気な会社をたくさん生み出すことができれば、日本ももっと明るい国になります。それが私たちのミッションです。

あらゆる専門家のサービスで経営課題をワンストップサポート

経営支援とひと口に言っても実際には税務処理や会社登記、法律問題などクリアすべきさまざまな課題がつきまといます。このためそれぞれの目的に応じた専門家の力が必要になるのですが、個別に対応していたのでは時間もコストもかかってしまいます。トリプルグッド税理士法人では、社会保険労務士や司法書士、行政書士、弁護士などの士業をはじめ、事業承継やマーケティング、ITの専門家などと綿密に連携し、ワンストップで経営の課題に対処できる体制を作っています。

中小企業のIT・クラウドツール導入を支援

トリプルグッドグループではITやクラウドツールを積極的に業務に取り入れています。ITやクラウドを活用することで、業務の大幅な効率化を実現しています。

ITを活用することで、お客様とのやり取

事務所概要

トリプルグッドグループ

TripleGood®
中小企業の100年経営で、日本を元気に！

〒531-6109　大阪市北区大淀中1丁目1番30　梅田スカイビル タワーウエスト9F
TEL 06-6454-6855
メンバー数 150名
近畿税理士会東支部所属

トリプルグッド税理士法人　税務、会計、財務業務
トリプルグッド社会保険労務士法人　社会保険手続、助成金手続、労務業務
トリプルグッド行政書士法人　許認可等行政手続、相続手続業務
トリプルグッド司法書士事務所　商業登記、不動産登記業務
トリプルグッド法律事務所　一般民事、損害賠償、商事、契約、労働
トリプルグッドウェルスマネジメント株式会社　M&A、組織再編、事業承継、相続対策、生命保険を活用した財務戦略、節税対策
トリプルグッド株式会社　経営企画、マーケティング、ITソリューション業務
トリプルグッドホールディングス株式会社　グループマネジメント業務

りもレスポンスの良い対応を行え、経営状況も随時共有できているため、刻一刻と変化する状況に対しても、適切なサポートを行うことが可能になっています。

　また自社での活用だけではなく、お客様のIT化、クラウドツールの導入支援も行っています。中小企業が独自で業務のIT化や、クラウドツールを導入し、生産性を上げる仕組みを作るのは簡単なことではありません。適切なツールの選定や効果的な運用方法の策定など、さまざまな問題が発生します。

　そこでトリプルグッドでは、自社で培ってきたノウハウを生かし、これまで1000社以上のお客様に対して、クラウド会計ソフトをはじめ、さまざまなクラウドツールの導入支援を行ってきました。それにより、お客様の業務が自動化され、作業の手間と経費などのコストダウンを実現できています。

　トリプルグッドには税理士や経営コンサルタントだけではなく、ITに精通した専任のスタッフが在籍しています。税務顧問と同様に、IT分野をサポートする「IT顧問」のチームを置き、今まで以上に専門的な支援ができる体制をとっています。

　これまでの経営支援と併せて、IT活用の支援もしっかり行い、お客様である中小企業のIT化で、これからの時代の経営支援を行っています。

企業のライフサイクルに応じて ワンストップで支援

トリプルグッドグループでは、起業から事業承継まで、企業のライフサイクルに応じた支援を行っています。

　その中で経営者ならいつかは考えないといけない事業承継。円滑に実施するには10年以上の期間をかけて準備をする必要があります。またとても高度な専門知識を必要とします。トリプルグッドグループでは事業承継の専門家が在籍し、各専門家と連携してお客様の事業承継をサポートできる体制を整えています。

　親族承継、役員従業員承継、M&A、廃業・清算など、経営者にしっかり生活資金が残る事業承継を提案します。

初選出

東口会計事務所

事務所の特徴

- 創業から80年、お客様第一優先で歩んで参りました。
- 地域密着型、お客様とのご縁を大切にしています。
- 他士業と連携し、幅広い相談に応えます。
- 事業承継支援・後継者育成のための勉強会を開催予定。
- 豊富な経験により税務調査に強い。
- 傾聴し、寄り添う。導く。

Web・SNS

Webサイト　https://higashiguchi-tax.jp

E-Mail　clientroom@higashiguchi-tax.jp

古都奈良の地で80年、お客様とともに歩んで参りました。

私たち東口会計事務所は、奈良県を中心に、中小企業の皆様をご支援している会計事務所です。「お客様第一優先」という理念を掲げ、会計・税務はもちろんのこと、日々起こってくるお悩み、お困りごとに耳を傾けてきました。蓄積された経験を活かして地域社会の未来に貢献したいと願っています。

代表者は、東口会計事務所三代目所長の東口哲夫。先代からの理念を受け継ぎ、さらに初代からの「税の教育者」としての使命を受け継ぎ、一人ひとりのお客様と向きあっています。

幅広い業種・顧客とともに経営の基礎を創造し、次世代へ。

東口会計事務所は昭和16年に東口保見により創業されました。初代は創業前、奈良県立奈良商業高等学校商業科の教諭でした。そこで学生に簿記などを教えていました。その時の教え子たちが開業し、お客様になったという経緯があります。

世代は変わっていますが、今もなお関わらせてもらっています。「経営に大切なのは、帳簿であり複式簿記である。」この風土が東口会計事務所には残っています。税の教育者としての使命は初代から受け継ぎ、帳簿の重要性をすべてのお客様に伝えています。お客様に満足して頂けるよう今も所員全員の力を借り日々奮闘しています。

経営者と向き合い後継者を育てる。

コロナ禍でお客様との距離は遠くなるかというと、そうではありません。より近くなりました。

経営に関する悩みは増えます。金融

事務所概要

所長　税理士　東口哲夫

東口会計事務所所長。税理士。昭和27年生まれ。同志社大学商学部卒。昭和52年、東口会計事務所入所。昭和54年、税理士試験合格。昭和55年2月、税理士登録。平成5年、所長就任。平成12年、行政書士登録。平成15年、2級FP技能士資格を取得。所長就任直後から会計事務所の電子化と顧客第一優先の業務に取り組む。縁を大切に、先代からのバトンを繋ぎます。近畿税理士会奈良支部所属。

東口会計事務所

創　業：昭和16年
代表者：東口哲夫
職員数：27名（税理士5名、司法書士1名、行政書士1名、AFP2名）

所在地
〒630-8114
奈良県奈良市芝辻町11番地
TEL 0742-23-3676　FAX 0742-23-8928

機関との関わり、資金繰り、事業承継に加え、事業そのものの見直し、業務効率、雇用の問題、生産性を高める取り組みなど、今まで後回しにしていたことが一気にのしかかってきます。

今こそ自分の事業に向き合う時です。経営者はもちろんですが、後継者、若い世代が新しい取り組みを始め、活躍するチャンスです。私たち会計事務所はお客様の話を傾聴し、寄り添い、導きたいと思っています。コロナで分断されてしまうのではなく、連帯を取り戻すことが大事だと痛感しています。

私たちとお客様のつながり、お客様とお客様のつながり、縦のつながり、横のつながり、世代を超えたつながり、地域社会とのつながりを意識し、大きな視点で考え決断することが中小企業に求められていると思います。

多様な価値観の集まりを事務所の力に変えていく。

東口会計事務所には20代前半から70代後半まで幅広い職員が在籍しています。またお客様も幅広い業種や年代の方がいらっしゃいます。この多様な価値観の集まりを事務所の力に変えるには、コミュニケーションが大切です。しっかりと自分の思いを伝える必要があります。そして相手の話をよく聞く、傾聴することが大切です。批判は何も生みません。素直に謙虚に話ができる。コミュニケーションを楽しめる。そういう雰囲気の事務所づくりを心掛けています。

四代目所長となる
東口晃三氏

御堂筋税理士法人

株式会社組織デザイン研究所

2015年度版から4回連続選出

事務所の特徴

- 徹底した経営サポートにより月次関与顧問先黒字率 87.2％！
- スタッフ 35 名中 10 名が税理士という専門家集団。
- 一人当たり生産性会計事務所平均 2 倍以上の実績。
- メガバンク系のセミナー講師・出版など実績多数。
- 経営サポートツールは社内で実証済みのツールのご提案。
- 労働時間内の 15％を毎月教育確保。
- すべては徹底した対話・ヒアリングから。

Web・SNS

Webサイト　http://www.management-facilitation.com/
E-Mail　info@mdsj.jp
Facebook　コンサルティングに強い　御堂筋税理士法人

すべては徹底した対話・ヒアリングから

私たちが仕事をしていく上で、もっとも大切にしていることが三つあります。その一つがコミュニケーションです。ご相談を受けたとき、まずお客様との徹底した対話によるヒアリングをしていきます。業績と財政状態、製品・顧客・仕入先・業界構造などのビジネスモデル、さらに経営者・販売力・生産力・人材・経理などの組織力についてお聞きし、そして経営の課題を特定し、私たちがお役に立てることをご相談していきます。

私たちがご相談をお受けしたら、ご訪問するなり、ご来所いただくなりして、まずじっくりとお客様のお話をお聞きします。そして、ホワイトボードなどにその内容をまとめていきます。この話し合いを通じて、お客様の経営の現況、そして課題を明らかにし、共有していきます。そして、お客様に「頭の整理ができました」「すっきりしました」「問題点が明確になりました！」と言っていただけることが、私たちのめざすところです。

小規模だがワンストップサービスを目指す

二つ目は税務会計サービスをベースとして、経営コンサルティングサービス、人事コンサルティングサービス、事業承継・Ｍ＆Ａサービス、個人資産対策サービス、ＩＴコンサルティングサービスと5つのサービス提供チームを構成。

各チーム間の連携もスムーズで、お客様からすると、主担当がメインでサポート役として、様々なチームのメンバーと課題解決を行うことによって、組織対組織のお付き合いが醸成され、お互いの信頼関係も深く、濃くできればと考えています。

社内で実証済みのツールをご提案

最後の三つ目は、わが社は企業経営の実験場という考え方です。社内で成功し

事務所概要

代表社員 税理士　才木 正之

御堂筋税理士法人代表社員（CEO）。株式会社組織デザイン研究所代表取締役。昭和46年生まれ。大阪府立大学経済学部経済学科卒業後、平成6年御堂筋税理士法人の母体となる税理士小笠原士郎事務所入所。財務管理をバックボーンに、経営計画の策定から実行管理、企業変革、会議指導を中心としたコンサルティング業務を行い、成果を上げる。平成29年3月御堂筋税理士法人代表社員（CEO）就任。税務会計のみならず、中小企業経営にドラッカー理論を展開することに尽力している。近畿税理士会東支部所属。

御堂筋税理士法人／株式会社組織デザイン研究所

創　業：平成3年6月

代表者：才木 正之

職員数：35名（うち税理士10名）

所在地

〒541-0042

大阪市中央区今橋4-1-1

淀屋橋三井ビルディング4F

TEL 06-6205-8960　FAX 06-6205-8961

たやり方をお客様のところで展開していきます。だから自信をもって、お客様にお勧めすることができるのです。月次決算や経理合理化・経営計画・経営会議・経営のコックピット・マーケティング・マネジメント教育・生産性向上など、すべてのサービスはここから生まれていきます。

私たちも、平成３年の設立以降、ずっと経営計画を立て、毎月会議をして、経営課題の共有と解決に取り組んできています。その中で、お客様の問題解決、学びと人材育成、新たなノウハウの摂取と蓄積、私たち自身の経営の発展を進めてきました。そしてそれらをサービスとしてまとめ、皆様に提供しているのです。

メガバンク系セミナーの講師・出版などの実績多数※

才木をはじめ、小笠原士郎・香取・小笠原知世の４名の税理士は、ＳＭＢＣコンサルティング、三菱ＵＦＪＲ＆Ｃ、りそな総研、さらに各地銀系の経済研究所、東京・大阪・京都などの商工会議所のレギュラー講師を務めています。

また機会を得て、経営に関する本の執筆もしています。その他の若い税理士も、さまざまな業界団体や企業内講師を務めています。そうした場面で、皆様の貴重なご意見やニーズをお聞きし、提供ノウハウの質を高め、また説明や指導のスキルも磨いています。

私たちがセミナーの講師を務めるのは、コンサルティングのスキルを磨くチャンスだからです。そのために私たちは、わかりやすく役に立つセミナーをしたいと考えています。「コミュニケーションは相手にわからなければ意味がない」（ドラッカー）、「大工に話すときは、大工の言葉を使え」（ソクラテス）。セミナーと実践活動は、ともに私たちの大切な学びの場であり、また成果を問う場でもあるのです。

※年間依頼件数１００件超

みんなの会計事務所

松本佳之公認会計士税理士事務所

事務所の特徴

- 会社設立から相続まで、どんなお悩みも対応いたします。
- 融資獲得もおまかせください。融資実行率90%以上です。
- 経験豊富な税理士による税務調査サポートもお問合せ増加中。
- 遠隔地対応できます。特に関東圏であれば訪問対応もできます。
- 社労士、宅建士在籍。経営をワンストップでサポート可。
- 2担当制でお客様のご質問に24時間以内にお返事いたします。

Web・SNS

Webサイト　https://office-kitahama.jp/
https://www.minna-souzoku.com/
E-Mail　office@minna.or.jp
Facebook　みんなの会計事務所
YouTubeチャンネル　http://m.mkmail.jp/l/i/nk/yneubtcmtest

難しい経理のこと、経営のことを　お客様目線でわかりやすく

私たち「みんなの会計事務所」は、法人税・所得税・相続税・税務調査対応・融資サポート・M&A・事業承継など、様々な相談にお応えできる総合会計事務所です。スタッフは総勢で12名、税務分野はもちろん、税務調査や社会保険、不動産関連などの各分野のスペシャリストが在籍しており、経営に関する様々なお悩みをワンストップでサポートしています。開業から10年以上が経ち、現在は、大阪・東京を中心に年間で４００件を超える申告を行っており、実績も豊富になってきました。

事務所は大阪梅田にありますが、最近はＷｅｂ会議システムを利用して遠隔地のお客様を対応させていただくことも増えてきました。また、関東圏のお客様は出張訪問をしています。

これまでの経験から断言できるのは、よりよい経営を行い強い会社を作るためには、経営者が「経理のことを理解し、会社の仕組みを作る」ことが不可欠だということです。単に税金の計算だけを行うのにとどまらず、難しい経理のこと、経営のことを「お客様目線でわかりやすく伝え、経営に活かしてもらうこと」にこだわって日々業務に取り組んでいます。

また、「ビジネスにはスピードが大事！」。お客様からの相談事には些細なことでも迅速に対応するように心掛けています。

会計を経営に活かす方法を　教えます！

「お客様目線でわかりやすく伝え、経営に活かしてもらうこと」を実践するために、面談時には過年度比較や資金繰り予測を行いながら、自社の強み・弱みを明確に把握し、資金繰りの不安にも事前に手を打つことができるようになります。また、必要なときは、金融機関の紹介や事業計画書の作成サポートなどの融資サポートも行っています。

事務所概要

代表　税理士・公認会計士　松本 佳之

みんなの会計事務所代表。税理士・公認会計士。1980年生まれ。関西学院大学商学部卒。在学中に公認会計士試験に合格し、2002年より大手監査法人にて上場支援を行う。2007年中小企業の経営サポートをしたいと監査法人を退職、みんなの会計事務所を設立。
現在に至るまで「スピードと情熱」「分かりやすく伝達」「積極的な提案」を大切にし、関西・関東を中心に合わせて400件以上お客様をサポートしている。
近畿税理士会北支部所属。

みんなの会計事務所（松本佳之公認会計士税理士事務所）

創　業：2007年
代表者：松本 佳之
職員数：12名（税理士2名、公認会計士1名、行政書士1名、社会保険労務士1名、宅地建物取引士1名）

所在地　〒530-0027
大阪府大阪市北区堂山町18-3
オオツジ堂山ビル4F
TEL 06-6809-1741　FAX 06-6809-1742

そして、決算前にはもちろん、納税準備と節税対策、決算後には経営分析を行い、単なる税金の計算ではなく、経営を徹底的にサポートしています。

各分野の様々なスペシャリストが会社経営を丸ごとサポートいたします。

その税理士報酬、納得していますか？
納得いただける明確な料金体系

私たちが最も大切にしている理念「お客様目線でのサービス」を、料金体系にも落とし込みました。その特徴は「業務ごとに細分化していること」と「明確であること」です。弊所の料金は、「何にいくらかかっているか」を明確にお答えすることができます。

会社の成長ステージに合わせて税理士に求めるものは変わってくるはずです。サービスごとの料金を明確にしておくことで、よくわからない顧問料を払い続けているというようなことを無くし、予算に合わせて必要なサービスをご提供することができています。

ビジネス環境の変化に対応し、
お客様と共に成長できる事務所へ

ビジネスを取り巻く環境は、目まぐるしく変化します。私たちのお客様は、その変化に対応しながら、成長していっています。私たちは、そのお客様をサポートする立場である訳ですから、お客様の成長の先回りをしなければなりません。「新しいことはよくわかりません」「お客様が大きくなったから対応できません」「お客様の抱える問題が複雑になったから対応できません」ではダメだと考えています。お客様が困っているときにお客様のサポートができないようでは私たちの存在意義がないからです。そうならないように、私たち自身が変化を恐れず、失敗し、試行錯誤しながらも日々チャレンジしています。

弊所では、各種ＩＴツールも積極的に導入しています。お客様の成長につながることは積極的に取り組み、お客様と共に成長できる事務所を目指しています。

あんの会計事務所

株式会社ビジネスプラン

4

2009年度版から4回選出

事務所の特徴

- 月次関与先・隔月関与先のお客様の65%が黒字です。
- 「どこに手を打てば利益が出るのか？」についてアドバイスいたします。
- 関与先には、無料で経営計画書の作成サポートを行います。
- セミナー・イベント活動に力を入れています。
- 若手後継者向けの勉強会を、無料で開催しています。

Web・SNS

Webサイト　http://annokaikei.com/

E-Mail　bplan@sx.miracle.ne.jp

2つの商品で 中小企業をサポート

あんの会計では、「中小企業を元気にすること」を経営ビジョンとして掲げています。具体的には、中小企業がしっかりと利益を出し、健全な経営で、そこで働く社員やそのご家族、そして取引先や関係者すべての方々が幸せを感じ、かつ、地域からも必要とされるような、明るい会社の未来をサポートしています。

そのための手段として用いているのが、「あんの式月次決算書」と「経営計画書」です。「あんの式月次決算書」では、たとえ決算書が読めなくても、図を用いて「儲けの仕組」をイメージとしてつかめるように工夫し、「どこに手を打てば利益が出るのか?」など、会社の未来についてシミュレーションします。

また、当社でサポートしている「経営計画書」は、巷でよく見かける、数字が並んだだけの銀行提出用のものとはまったく異なります。社員教育や事業承継を含め、経営に生かすことを目的とした「経営計画書」です。ちなみに当社では、お客様におすすめするだけではなく、自社でも「経営計画書」を作成・運用し、年に1回、外部の方を招いて経営計画発表会を開催しています。自らが実践することで、お客様にも説得力のあるアドバイスができると自負しています。

このように、当社には、「あんの式月次決算書」と「経営計画書」という2つの商品があり、それらに基づいた中小企業のサポートを行えることが強みです。

結果として、全国の中小企業の赤字割合が約70%と言われている中で、当社の月次関与先・隔月関与先のお客様は、65%が黒字となっています。

セミナー・勉強会に力を入れる

地方には学びの場が少ないため、代表の安野自身が、東京で働いていた経験とフットワークの軽さを生かして積極的に都会へ足を運び、そこで得た情報を地元に還元するべく、セミナーや勉強会の場

事務所概要

公認会計士・税理士　安野 広明

安野公認会計士税理士事務所所長。株式会社ビジネスプラン代表取締役。島根県益田市生まれ。
平成14年、朝日監査法人（現有限責任あずさ監査法人）入社。18年、公認会計士登録。19年、新日本アーンストアンドヤング税理士法人（現EY税理士法人）入社。22年10月、株式会社ビジネスプランに入社。同年12月、安野公認会計士税理士事務所を開業。中国税理士会益田支部所属。

あんの会計事務所／株式会社ビジネスプラン
創　業：昭和55年
代表者：安野 広明
職員数：10名

所在地
〒698-0041
島根県益田市高津1-1-1
TEL 0856-23-0022　FAX 0856-23-6674

を数多く企画しています。

具体的には、会計、税務、労務、ファイナンシャルプラン、遺言・成年後見制度、助成金など、専門的なテーマのものから、経営者や社員の「考え方」にプラスの影響を与える自己啓発的なテーマのものまで、様々です。

特に、年１回のビジネスプラン特別講演会では、毎回３００～４００名がご来場くださり、過去５年だけでも、約２０００名を集客しました。

今後も積極的に情報を仕入れ、地元のお客様に還元できればと思っています。

地域貢献活動について

地元に根を張って商売をする以上は、地域貢献は必要不可欠だと考えており、当社における地域貢献の形として、お正月に「コメディ・クラウン・サーカス」を開催しています。

「会計事務所がサーカスを主催している」というと、よく驚かれるのですが(笑)、様々なご縁が重なり、当社で主催することに決めました。「地元の子供たちに、地元で、楽しい思い出をつくってもらいたい」という想いで、毎年継続しています。こちらについては、過去３回で１８００名近く集客しました。いまでは半年前から楽しみにしてくれているお子さんもいらっしゃいます。

最後に

「先生業」ではなく、「パートナー」としてお客様と伴走することで、中小企業に元気になっていただくことが、わたしたちの使命です。

ぜひ、共に地域を盛り上げて参りましょう！

中堅・中小企業活性化アドバイザー

石井経営グループ

税理士法人 石井会計　石井公認会計士事務所
株式会社 石井経営　株式会社岡山M&Aセンター

2003年度版から10回連続選出

事務所の特徴

- 石井経営グループは令和3年7月に創業30周年を迎えます。
- 平成30年8月、中小企業の経営改善業務を担う株式会社石井経営と税務業務を担う税理士法人石井会計の２本柱とする『石井経営グループ』体制スタート、経営改善アドバイス業務を強化。
- 平成27年日本M&A協会シンガポール国際会議においてMVPを受賞。
- 月次決算にこだわった税務・会計・財務のコンサルティング会社です。
- 毎月、経営者の方にお会いして、経営状況を分かりやすく丁寧にご説明します。

Web・SNS

Webサイト　https://www.ishii-cpa.com/
E-mail　ishiicpa@mx4.et.tiki.ne.jp
Facebook　税理士法人石井会計

優秀なスタッフが経営に役立つ情報をスピーディーに提供し、経営アドバイスをきめ細やかにご提供します。

石井経営グループには多くの有資格者が在籍しており、様々な分野において「作業者」ではない「経営者のパートナー」を目指しています。

全43名のスタッフが常にお客様の考え方や価値観・判断基準を理解しようと努め、経営者に助言・提案を行い、信頼される真のパートナーとして業務に取り組みます。

また、コロナ禍の混迷の時代だからこそ、しっかりとした「経営計画」の策定が重要です。石井経営グループでは「経営戦略方程式（市場戦略×組織戦略×要素戦略×社風戦略）の確認と「管理会計の活用」が重要と考えています。

現在、経営者様向けの実践的経営塾として「黒帯経営者育成コース」、「ビジネス計数塾」を開講しています。

戦略的事業承継コンサルティングに特化した事務所として

中堅・中小企業の事業承継は、オーナー個人の問題に止まらず、従業員の雇用の確保、技術・ノウハウの継承、地域経済活性化など、日本経済にとって重要な問題であります。

石井経営グループでは、従来から、「中堅・中小企業活性化アドバイザー」として数多くの中堅・中小企業支援業務に取り組んで参りました。

株式会社岡山M&Aセンターでは「戦略的事業承継コンサルティング」として、石井会計での経験を活かした公正な企業価値の評価・問題の検証を行い、相続・事業承継対策に関するコンサルティング、企業再編・企業再生コンサルティング等の経営改善、企業の存続と発展を目的とした「友好的M&A（企業の合併・買収）」を提案いたします。

また、オーナーに後継者がいない場合の事業承継対策として、「株式譲渡」「事業譲渡」の支援を行っています。ハッピーリタイアのため、また経営戦略上の理由から、積極的なM&Aを展開しようとする地元中堅・中小企業を支援します。「事業承継で悩んでいるが、どうすれば良いのかわからない」という経営者のお悩みを解決します。

私たちは、従来の枠にとらわれない新しい発想、新しいサービスを提供します。

中堅・中小企業の経営の成否は１００％経営者の裁量に掛かっています。私たちは平成

事務所概要

代表社員 公認会計士・税理士
石井栄一

昭和34年生まれ。
慶應義塾大学経済学部卒業。
京都大学上級経営会計専門家（EMBA）プログラム修了。
監査法人勤務を経て平成3年開業。
中国税理士会岡山西支部
日本M&A協会 中四国支部 支部長

社員数：43名（公認会計士3名、税理士6名、科目合格者11名、中小企業診断士1名、宅地建物取引士1名）
所在地
〒700-0975
岡山市北区今八丁目11番10号
TEL 086-201-1211
FAX 086-201-1215
対応ソフト
弥生会計、MJS、TKC、freee
その他市販ソフト

石井会計3つのお約束

①サービスの品質管理は完全主義で臨みます。
②何事もスピード対応を徹底します。
③商品に独創性を持たせ、判断や意見の無い資料の提供は行いません。

会社の目指すところ

「人材と技術と資本の成長」

社員共通の価値観

「仕事を通じて人の役に立ち、人間として、成長し続けること」

3年の創業以来、「中堅・中小企業活性化アドバイザー」として、経営者の皆様に、「わかりやすく」「意思決定に役立つ」「活きた数字」をお届けしています。私たちが会社の数字を幹部・社員に分かりやすく説明することで、改善行動に結びつけることができます。

また、めまぐるしく変わる経済環境に「いち早く対応できる判断材料を提供」し、会社の成長・拡大と安定に貢献できると確信しております。

石井経営グループは、「決算前検討会」を行います。決算が近づくと社長や経営幹部の方とともに月次決算報告書をベースにした決算予測・納税予測を行い、適正な節税対策の立案・実行支援を行います。「事前の検討もなく決算をし、税金を払っている」という経営者のお悩みを解決できます。

石井経営グループは「経営計画書」を作ることをお勧めします。経営計画書は経営者のビジョンを明確にします。そして社員全員がそれを理解することで、一丸となって目標に邁進することができます。

さらに経営者自身が自社の数字に強くなり、マーケットと自身の考えのズレから、経営のヒントを発見できるようになります。結果として、「手探り経営」から「先見経営」（P・D・C・A）へと変わります。

さらに、「経営改善アドバイス」に注力し、経営者の皆様の成長・拡大と安定に貢献するべく、より質の高いサービスを提供しております。

お客様の多様なニーズにお応えする「専門家集団」として

医業コンサル部門では、新規開業支援から診療圏分析、医療法人設立、定款変更、経営相談までトータルにバックアップします。

保険サービス部門では、既契約の分析と共に、会社の財務分析を行い、必要保障額の算定から退職金準備のため、お客様にとって無駄のない最適な保険の提案を行います。

また、令和2年1月より青山財産ネットワークスグループと提携いたしました。企業オーナー様と個人資産家様に対して総合的なソリューションのご提供をいたします。

企業オーナーの立場で、事業の承継に関するあらゆる課題を解決します。

収益不動産に関する情報の提供、優良不動産の活用等財産構築に対する多彩な要求にお応えします。

また、個人資産家向けのコンサルティングとして、お客様の立場に立った最適な資産運用・相続対策をアドバイスします。

株式会社オフィスミツヒロ

光廣税務会計事務所

事務所の特徴

広く深い専門知識が必要とされる現在、会計・税務のスペシャリストとして《お客様の夢を実現》を基本理念に、最新情報を的確に提供し多角的かつ永続的なサポートをお約束いたします。また、弁護士をはじめとする外部ブレーンを多数揃えて、お客様のあらゆるニーズに即応できる体制を整えています。

Web・SNS

Webサイト　http://www.office-m.co.jp/

E-Mail　info@office-m.co.jp

お客様の経営羅針盤として

弊社は、先代が昭和36（1961）年に創立しました。

創立から今日までの60年、地域に根差し、時代の変化をいち早く察知し、お客様を健全な発展へと導く経営羅針盤となるよう邁進してきました。

経験豊かなスタッフが対応

現在、税理士資格を持っている者は、私を含めて5名在籍しています。それぞれが法人税、所得税、消費税、相続税のスペシャリストとしてお客様のご相談にあたっています。

また、最近多くなってきた不動産や株式などの投資関連や将来設計、生命保険などの相談に対応するため、ファイナンシャルプランナー上級資格（ＣＦＰ®）、ファイナンシャルプランナー（ＡＦＰ）が在籍しています。

その他にも行政書士や社会保険労務士などの資格を取得しているスタッフもおり、お客様のご相談にスムーズに対応できるよう、体制を整えています。

資産税対策から財務コンサルティングまで

弊社は、相続税等の資産税の分野を強みとしており、相続専門チームで、さまざまな軽減策を検討しています。最近では、年間約50件の相続税案件（その内、相続税申告は40件）のお手伝いをしています。

相続対策では、二次相続まで考えたトータルな分割案および相続人ごとの資金繰りを踏まえ、納税方法を提案しています。

相続税申告では、相続財産を正確に把握するために、不動産の評価については現地確認を行い、金融資産においては、過去の取引履歴により資金の流れを確認し、疑問点を精査したうえで適正な申告を行っています。また、納税者が不安になることがないよう細心の注意を払っていますので、安心してご相談いただけま

事務所概要

光廣昌史

昭和34年8月12日生まれ。広島県広島市出身。
昭和57年　香川大学経済学部卒業。
昭和60年　税理士資格取得。
平成13年　CFP取得。
モットー：笑顔を大切に心がけています。お客様のお役に立つことを実践します。
中国税理士会広島西支部所属。

〒730-0801
広島県広島市中区寺町5番20号
TEL 082-294-5000
FAX 082-294-5007

営業時間：月曜日～金曜日
9：00 ～ 17：00
（原則土・日・祝日休）
関連会社：株式会社DEPS
株式会社ウィル相続手続支援

す。

私たちの活動のもうひとつの柱である財務コンサルティング業務として、企業の再編、M&A、企業再生にも力を入れています。

税理士だけではなく弁護士、司法書士、行政書士、社会保険労務士、不動産鑑定士、土地家屋調査士といった外部の士業や、リスクマネージャー、ライフプランナーとも提携しており、案件ごとにプロジェクトチームを組んでいます。シンクタンクとしてお客様のさまざまなニーズに応え、問題を解決し、総合的な安心を導き出しています。

お客様の真のパートナーとして

弊社では、お客様のご相談に迅速に対応できるよう、常に最新情報を収集しています。また、これらの情報や業務実績を基に、独自の「会計・税務・相続」等の支援セミナーを開催しています。

私たちは、お客様の夢を実現する真のパートナーとして、税務はもとより法律、労務の面など、多角的かつ永続的なサポートを行うことをお約束します。

事務所の特徴

お客様は現在、法人300社、個人300名。オーナー企業から上場準備企業まで指導させていただいています。

相続対策を行っている個人のお客様も多数いらっしゃいます。

初選出

ソルト総合会計事務所

事務所の特徴

ソルト総合会計事務所は、どんなお悩みも気軽に相談でき、経営者にとって良きパートナーになれるような会計事務所を目指しています。

- お客様が話しやすい、相談しやすい環境作り
- 毎月の会計データに基づく業績報告、未来会計の支援
- 品質向上、業務の効率化を図るため、最新のITツールを活用
- 税務調査、相続、事業承継においても豊富な実績あり

Web・SNS

Webサイト　https://salt-cpa.com/

E-Mail　info@salt-cpa.com

Facebook　ソルト総合会計事務所/山口県防府市の公認会計士・税理士

東京・福岡で実績を積み 地元山口県で会計事務所を開業

ソルト総合会計事務所は、平成27年に山口県防府市で開業しました。開業前は、東京のみすず監査法人で上場企業を中心とした監査業務に従事していました。その際に、大手監査法人の解散という歴史的局面を当事者として経験しました。

　その後は福岡の新日本有限責任監査法人にて監査業務に従事しました。ここで金融機関の自己査定監査にも携わり、多くの経営計画・格付結果を目にする機会を得ました。監査法人で勤務したこの非常に濃い7年間の経験は、開業後、お客様の経営支援や融資サポートに大いに役立っています。

　地元の山口県防府市へ帰郷後は、株式会社ＹＫプランニングにお世話になり、財務分析や税務監査などが出来る「財務維新」を全国の会計事務所へ販売するといった仕事に尽力しました。営業経験や、最新のＩＴソフトに触れ体得した経験は大きな財産となり、また、会計事務所はサービス業であるといった今の理念を作り出しました。

経営者からの「ありがとう」が 最大の報酬

「お客様が望むサービスを提供する」ことが事務所の基本的なスタンスです。ニーズに合わせて記帳代行から始まり、自計化・クラウド化の支援、経営計画や予算実績管理、未来会計の支援に移行していくケースもあります。

　また、法人のお客様向けに、年に1度、格付診断を提供しています。経営者から「ありがとう」と喜んでいただけるのを事務所の喜びとしています。

話しやすい相談相手として 顧客とのコミュニケーションを重視

　その為には、お客様としっかりとコミュニケーションをとり、お悩みをお聞きして、解決案をご提案するプロセスを大切にしています。会社の立場で考え、今何が必要なのか、それに対し、税務会計のプロとして、どういったサービスや情報を提供すれば役立つのか、常に先手を

事務所概要

所長 公認会計士・税理士　山本 将之

ソルト総合会計事務所代表。
山口県防府市生まれ。宇部高専経営情報学科卒業。みすず監査法人、新日本有限責任監査法人（現在のEY新日本有限責任監査法人）、株式会社YKプランニングを経て2015年4月にソルト総合会計事務所を開業。2018年2月には防府市の「ほうふ幸せます 働き方推進企業」に認定された。趣味は、バスケットボールと山登り。中国税理士会防府支部所属。

ソルト総合会計事務所
創業：平成27年
代表者：山本 将之
職員数：6名（公認会計士1名、税理士1名）

所在地
〒747-0034
山口県防府市天神1丁目5-23　中村ビル4階
TEL 0835-28-7314　FAX 050-3730-8178

打って考え行動すること。事務所スタッフ全員の共通認識として、活動しています。

どんな経営者も様々な悩みを抱えています。従業員には打ち明けられない経営者の悩みに寄り添ってサポートを行えるよう、日々研鑚を積んでいます。

最新のITツールも積極的に導入し、業務効率化にも熱心に取り組む

最新のITツールを積極的に導入することで、事務所の品質向上、効率化を図っています。例えば、お客様カルテや相談内容、提案事項、対話内容、税務上の留意点等は、データベース化し、スタッフ全員で共有することで、事務所全体のレベルアップを図っています。

また、お客様がいつでも気楽に担当者と連絡がとれるよう、ChatworkやLINEを活用し、常に誰かがスタンバイしている状態にしています。お客様がチャットに入られる場合は、必ず誰かが返答できるので、スピーディな対応が実現できています。

新型コロナウイルスの感染拡大時には、会わずに面談可能なZoomを使ったオンライン面談を実施し、会計データはクラウド上で共有。オンライン面談はお客様からも大変好評でした。

事務所メンバーの平均年齢も30代と若いので、新しい分野にも積極的に取り組める体制が作れています。

信頼のワンストップサービスで会社の未来が変わる

相続や事業承継の分野におきましても、経験豊富なスタッフが対応しています。そして弁護士、司法書士、社会保険労務士といった他士業と連携することにより、当事務所へご相談いただければワンストップで課題解決できるよう、体制を整えております。

お客様が悩んでいる時には、良き相談者として一緒に問題解決に取り組む、ベストパートナーのような存在であり続けたいという想いをもって、今後も活動していきたいと思います。

山根総合会計事務所

2019年度版から2回連続選出

事務所の特徴

①総勢 35 名超の税理士・行政書士・医業経営コンサルタント・専門メンバーが、お客様の経営をトータルサポートさせて頂きます。
②若手税理士・国税 OB 税理士が複数在籍し、最新の会計税務アドバイスから節税、融資対応、経営相談まで幅広く対応させて頂きます。
コロナ融資、補助金、給付金もスピーディーに情報提供・申請サポートをさせて頂きます。
③広島市を中心に顧問先 600 社以上、累計相談件数 5,000 件以上、多数の事例をもとに最適なアドバイスをさせて頂きます。

Web・SNS

Webサイト　http://www.yamane-tax.jp　　Facebook　山根 陽介
E-Mail　y.yamane@yamane-tax.jp

総勢35名以上の税理士・専門スタッフを擁する山根総合会計事務所では、起業1年目のお客様から、年商100億円を超える上場を目指すお客様、業歴が100年超のお客様まで、広島市を中心に600社以上のお客様の税務・経営サポートをさせて頂いています。

コロナで経営環境が厳しい中で、経営サポートを提供し、税務だけでない経営全般のアドバイザーとして、1社でも多くの会社の成長のお手伝いをさせて頂くため、日々全員で取り組んでおります。

経験豊富な税理士が税務・経営・会計全般をサポート

顧問税理士として税務・経営・会計全般を山根総合会計事務所が担当し、お客様の業績アップと節税をベースにした資金の最大化のサポートをさせて頂いております。

税務、会計、経営相談・金融機関への交渉力が強い決算書作り・税務署からの信頼が高い申告書の作成に定評があります。また、事前に決算予測を緻密に行い、最大限の節税をします。

また、税務調査立会実績も豊富ですので、税務調査の際はお客様を徹底的に守ります。

金融機関対応実績を生かした融資サポート

山根総合会計事務所は融資サポートに力を入れております。各金融機関様と繋がりを有していますので、事業計画書の作成から金利交渉まで、スピーディーに対応させて頂きます。金融機関との対応実績も多く、資金繰りに関するアドバイスも得意としております。

融資の獲得、そして、その後の資金管理サポートも万全にしております。融資サポート実績は県内の会計事務所トップクラスです。

緻密な事業計画策定で会社を成長させる

公的機関の事業再生案件でアドバイザー経験のある税理士が、緻密な事業計画を策定させて頂きます。お客様の「今」と「未来」を映し出し、会社の目標の実現をしっかりサポートさせて頂きます。会社の目標を数字に落とし込むことで明確な目標が出来て、会社が未来に向けて勢いよく動き出します。また、事業計画を使うだけで危険性のかなりの部分に気づき、回避すること

事務所概要

代表 税理士 山根 陽介

山根総合会計事務所代表。税理士。1980年生まれ。早稲田大学政治経済学部卒。辻・本郷税理士法人、髙野総合会計事務所を経て、2013年より現職。中小企業の節税・資金繰り改善をベースとしたお客様の利益最大化のサポートを得意としている。広島県内では数少ない公的機関の事業再生プロジェクトの外部アドバイザー経験を生かし、顧問税理士の立場からお客様である中小企業の業績を向上させるコンサルティングを行う会計事務所として定評がある。また、毎年全国各地でセミナー講師を行っており、累計受講者は5,000名を超える。中国税理士会広島東支部。

山根総合会計事務所

創　業：1978年
代表者：山根 陽介
職員数：35名（税理士4名、税理士科目合格者6名、行政書士1名、社会保険労務士有資格者1名、医業経営コンサルタント1名）

所在地
〒730-0016
広島県広島市中区幟町10番25号 山根会計ビル
TEL 082-225-5755　FAX 082-225-5750
フリーダイヤル 0120-555-905

ができます。

財務を土台に原理原則に沿ったアドバイスで会社の成長をサポートします。

相続税申告にチームで対応 豊富な経験とノウハウで節税の実現

相続税申告に特化した相続チームを有しておりますので、相続税申告の実績とノウハウを活かして、お客様の申告手続きをお手伝いします。専門性が高く求められる土地評価による節税、書面添付制度適用による税務調査対策、節税や円満相続のための遺産分割案のご提案や二次相続を踏まえた税額のシミュレーション等、申告において必要な業務を、大手税理士法人で培った豊富な経験とノウハウでご対応させて頂きます。

医業経営コンサルタントが 医院の会計・税務・経営を 徹底サポート

山根総合会計事務所では多数の医院のお客様のサポートをさせて頂いております。医業経営コンサルタントを中心に、医院の会計・税務・経営を徹底的にサポートします。医療チームがスピーディーな対応で医院の課題解決と成長支援を行います。

財務コンサルティングの実績多数

公的機関の事業再生案件を手掛けてきた専任の税理士が、まず貴社の資金繰りを回せるように改善してお客様の成長を支援します。財務改善を行って経営者とともに会社を成長出来るようサポートさせて頂きます。代表税理士の山根は公的機関の事業再生アドバイザー経験があり、多数のコンサルティングの実績があります。

毎回満員御礼の経営セミナー

毎年全国各地の経営者・税理士の方々へのセミナー講師をさせて頂いております。事務所自主開催セミナーは毎回１００名以上の方々にご参加頂いております。累計受講者数は５０００名を超えております。一人でも多くの方に有用な情報と、経営・財務のポイントを提供することで、参加して頂いた方々の会社の成長をサポートします。

2003年度版から10回連続選出

生駒学税理士事務所

株式会社 生駒経営　株式会社 アイ・エス・ケイ
株式会社 生駒相続・事業承継研究所　株式会社 生駒事業再生プロジェクト
株式会社 生駒保険サービスシステム　株式会社 生駒ホールディングス
一般社団法人生駒給与計算・経理サポート協会

事務所の特徴

- 生駒会計は、四国で一番お客様から喜ばれる数の多い事務所になります。
- 生駒会計は、お客様及び従業員そしてその家族が幸せになるお手伝いをします。
- 生駒会計は、全従業員が、同じ価値観、使命感に燃えて熱き心で仕事をします。

Web・SNS

Webサイト　https://www.ikomamanabu.com　Facebook　生駒学税理士事務所
E-Mail　info@ikomamanabu.com

地元の中小企業を元気にしたい！平成3年に開業して30期になります。

生駒会計は、平成3年11月、高松市中心部、さぬきうどん店の2F、6坪の事務所で産声をあげました。開業当初、私とアルバイトの女性が1名、ただでもらった中古のコンピュータが1台、お客様はゼロ。そんな生駒会計も早いもので30期目に入りました。おかげさまで、皆様に支持されて、事務所は現在939社のお客様、79名のスタッフと共に仕事をさせていただいています。県下では最大クラスの会計事務所の一つだと思います。

現在生駒会計は、税務会計を中心に、相続・事業承継（M&A）、医療・介護、事業再生・経営計画を3本柱として地元の中小企業を元気にしたいと考えています。

社長に数字を！会社に元気を！皆様をご支援させてください。

さて、私たちの事務所の経営ビジョンは、「社長に数字を！会社に元気を！」です。長年会計事務所を経営して思うことは、中小企業の経営者の大部分の方が「数字」を理解していない。やはり、この厳しい時代、「数字」を理解しないことには生き残っていけません。中小企業の社長に「数字」の大切さをわかっていただきたい。これは税理士生駒学の切なる願いです。そのために、生駒会計では、「決算書の基本と月次試算表の見方」等のセミナーや個別相談会を年間50回以上開催しています。

また、中小企業は、松下幸之助翁のおっしゃる全員経営を目指さなければいけません。一人の百歩より百人の一歩です。経営者、経営幹部だけが血眼になって走り回るのではなく、社員全員が活躍できる、元気になれる環境を形成しなければなりません。すなわち、これこそが、「会社に元気を！」です。

コロナ禍の時代に

コロナによりすべての経営方針、経営

事務所概要

所長　生駒 学

昭和33年香川県坂出市生まれ。立教大学経済学部卒。昭和63年12月税理士試験合格。平成3年生駒学税理士事務所開設。ゼロからのスタートで県内最大クラスの会計事務所に育て上げる。社員79名（内アシスタント39名）、クライアント数939社。
四国税理士会高松支部所属。

生駒学税理士事務所　株式会社 生駒経営　株式会社 アイ・エス・ケイ　株式会社 生駒相続・事業承継研究所
株式会社 生駒事業再生プロジェクト　株式会社 生駒保険サービスシステム
株式会社 生駒ホールディングス　一般社団法人生駒給与計算・経理サポート協会

創　業：平成3年
代表者：生駒 学
職員数：79名

所在地：〒760-0050
香川県高松市亀井町4-2　岡内第2ビル2F
TEL：087-862-0322　FAX：087-862-0713

計画が崩壊してしまいました。我々が大切にしてきた経営理念、環境整備、挨拶、朝礼も全てです。しかし、我々はいい勉強をさせていただきました。

「世の中何が起こるかわからない」

私の事務所は香川県高松市にありますが、ついこの間までインバウンドで賑わっていた地方都市のひとつでした。しかし、コロナによって風景が一変しました。

一倉定先生の名言、「電信柱が高いのも郵便ポストが赤いのもすべて社長の責任だ」。非常に厳しい言葉ですが、社長には逃げ道がないことを改めて思い知らされました。

経営の原点回帰

社長は嘆いてばかりはいられません。とりあえず、この苦難を耐え忍んで、復活の準備をするしかありません。今は、コロナとの戦争状態、言わば厳戒態勢ですので、できることは限られているかもしれませんが、再度、経営方針、経営計画を作り直し、組織体制を見直し、環境整備、朝礼、挨拶等を日々の業務の中に少しずつ組み込んでいかなければいけません。

「企業は人なり」です。

また、皆様もご存知のように、こんなに景気が落ち込んだことは、１９２９年の世界大恐慌と１９４５年の第二次世界大戦後しかありません。また、日本に限らず、世界各国が財政支出をしてマネーがあふれています。このつけは、どこかで誰かが支払わなければなりません。つい少し前まで、「内部留保が貯まっている企業はイノベーションが起きていない」と批判されていました。ただ、何といわれても、我々は30年前のバブル崩壊で痛い目に遭っています。その当時、積極的に投資をしない社長は無能呼ばわりさえされました。やり過ぎた会社はどうなったか？歴史が教えてくれます。

今この時期だからこそ、我々は、アフターコロナのショック状態に耐えうる企業基盤を作らなければいけません。私たちにお手伝いさせてください。

初選出

越智《おち》聖《さとる》税理士事務所

株式会社聖会計

事務所の特徴

- 開業6年目、実務経験18年、40歳若手税理士です。
- 紹介による顧問先拡大で、その受注率は93%。
- “ヒトの為に動く”をモットーとした懇切丁寧な対応。
- 事業承継支援・後継者育成の実績も数多くあります。
- 相続税の申告も他の士業と連携してワンストップでの対応が可能です。

Web・SNS

Webサイト　http://satorukaikei.com/

E-Mail　ochi@satorukaikei.com

四国地域を中心に中小企業のヒト・モノ・カネのご支援

私たち越智聖税理士事務所は平成27年4月に松山で開業した、主に中四国全域の中小企業の皆様をご支援している会計事務所です。会計・税務はもちろんのこと、お客様のお悩み事を解決する総合的なコンサルティング、緻密な経営診断にもとづく経営コンサルティングなどを得意としており、お客様の成長と発展を末永くご支援いたします。

代表の越智聖は、前職において関与先の上場支援、多くの業種の税務経営支援、相続税、事業承継対策に従事し、12年の実務経験を経て独立開業しました。現在、職員6名の体制でお客様をご支援しています。〝みんなの幸せを願う〟をモットーに日々業務に励んでいます。

緻密な経営コンサルティングで医業のお客様をサポート

当事務所は開業以来、様々な業種の税務、ヒトを大切にする経営支援、黒字化のための経営指導に全力で取り組んできました。代表は特に医業を得意とし、開業準備から運営、経営分析、未来の構想など、医院の堅実経営のお手伝いをしております。

また、高齢化社会の要請である介護事業経営支援にも取り組み、新規事業立ち上げから財務体質改善、集客アドバイスなど、さまざまなサービスを提供しています。

仕事はほとんどが紹介取り扱い業種も豊富

当事務所は様々な業種のお客様がいらっしゃいます。建設業、飲食業、不動産業、社会福祉法人、酪農業、さらには漫画家、芸能関係などの珍しい業種にも対応しております。

私たちの仕事のほとんどが〝お客様や他士業の先生からの紹介〟です。現状では80%が紹介で、それ以外は直接お願いして頂いたり、ネットで集客したりして

事務所概要

四国のマネードクター 税理士　越智 聖

越智聖税理士事務所代表。株式会社聖会計代表取締役社長。税理士。昭和55年生まれ。香川大学経済学部卒。平成27年、越智聖税理士事務所を開業。同年、株式会社聖会計を設立、代表取締役社長に就任。事務所開業直後から会社設立及び事業承継支援に積極的に取り組み、豊富な財務分析資料と緻密な経営診断にもとづく総合経営コンサルティングを展開。分析に基づく経営アドバイス、懇切丁寧な対応に定評がある。
四国税理士会松山支部所属

越智聖税理士事務所／株式会社聖会計
創　業：平成27年
代表者：越智 聖
職員数：6名（税理士1名）

所在地
〒790-0951
愛媛県松山市天山3-2-31　ドラゴンビル2階南
TEL 089-961-4635　FAX 089-961-4634

います。私も税理士業務以外の仕事（保険、法人設立、建設業許可など）は、提携している専門家の方に積極的にお願いしています。私は税理士ですから、税理士業務以外のことは専門家の方にお願いしたほうが、円滑かつ確実なためです。

紹介されたからには、責任感及び誠意をもって取り組まなければなりません。開業してからずっと、このことに信念をもって取り組んだ結果、お客様や他士業の先生方から信頼して頂けているのだと確信しております。

顧問先の黒字化を徹底サポート

私たちは顧問先が〝黒字〟になるように、出来上がった試算表を基に徹底的に分析して改善すべき点をお伝えしています。また、多くの業種を取り扱っておりますので、周りの業界の様子も伝えることが可能です。これにより、一般的には7割が赤字企業といわれるなか、当事務所の顧問先の黒字率は、6割を超えています。

スタッフの教育にも注力

さらに、スタッフの教育にも力を入れています。毎月のミーティングでそのときの旬の項目を中心に勉強会を開催し、スタッフの力が少しずつ付くような環境を整えています。また礼儀に関しても徹底し、顧問先の皆様からお褒めの言葉を頂いております。

経営者の悩みは税金だけでない

経営者は顔が広いようであっても、実際は心を開いて相談できる人がいません。そのような相談を受けることができるのは、経営者の一番近くに寄り添う税理士であり、私も多くのご相談をお受けしています。

税金のことだけではなく、社会保険や生命保険、ときには人生相談を受けることもあります。税金以外の相談も多いのは、相談事の一つひとつに丁寧に対応しているからだと自負しています。

IG会計グループ

アイジータックス税理士法人

10

2003年度版から10回連続選出

事務所の特徴

グループの総称である“IG（Intelligent Group）”とは、「衆知を集め、世のため人のために貢献する」という想いを概念化したものです。自己差別化の戦い（＝あるべき姿の追求）は、変革期における企業の基本戦略です。そのために、自己革新力を徹底的にサポートし、持続可能な企業体質づくりに一丸となって貢献します。
IG会計グループは、つねに「目的・未来・関係性」をキーワードに思考し、行動します。

Web・SNS

Webサイト　https://www.ig-mas.gr.jp/　　Facebook　岩永会計グループ

E-mail　iwanaga-group@ig-mas.gr.jp

経営計画の策定による経営者の意思決定をサポート

ＩＧ会計グループでは、開業当初から『経営計画』をベースに経営者の意思決定をサポートし、企業の「リスク計算」を行うという、未来に軸足を置いたトップのための経営支援サービスの実践を目指してきました。このリスク計算には体系的な支援体制が必要であるため、次頁の図のような循環モデルを整備しています。

循環モデルによる体系的な経営支援

まず経理事務の課題を解決します。企業会計を経営に活かすためには、タイムリーで正確なデータ作成が不可欠であり、それを実行するツール「３点セット」（自計化指導・初期指導・経理処理マニュアルの作成）は、企業の経理を自立させると好評です。さらに「決算検討会」を実施し、お客様の決算に衆知を集めます。すなわち決算書を基に各専門分野のスタッフが集まり、会計・税務・経営の３つの視点から決算を分析評価し、結果を未来に活かすための報告をします。

課題を抽出し解決する

企業の免疫力を高める「ＭＡＳ監査」は〝未来志向〟であるグループのメインサービスです。行動計画も含めた堅牢な『経営計画』の作成をお手伝いすることで、経営課題を抽出した上での毎月の予実管理や会議支援を通して、企業の先見経営・先行管理の仕組みをつくり〝あんしん経営〟のサポートをします。

さらに中期５カ年計画策定セミナー「将軍の日」に参加頂き、社長自らの意思で未来の条件付けをして頂きます。理念・目的・ヴィジョンを浮き彫りにすることで、社長が組織の方向性を明確に示せるようになります。さらに「ＩＧ経営塾」や「ＩＧ後継者育成塾」という学習組織により、経営者の自己革新力の強化を直接支援させて頂きます。

事務所概要

所長 税理士　岩永經世

昭和23年生。早稲田大学大学院商学研究科修了。昭和59年、事務所開業。中小企業に「未来志向」の提案型業務を提供するとともに、「新しい時代のパラダイム」に貢献できる会計人ネットワークを創るために、全国各地で講演等の活動を行っている。「NN構想の会」理事長。

九州北部税理士会長崎支部

IG 会計グループ
岩永会計グループ（長崎）
中村会計グループ（宮崎）
株式会社 アイジー・ブレインズ（兵庫）
株式会社 IGブレーン大分（大分）
IGブレーン宮崎 株式会社（宮崎）

【長崎事務所】
〒850-0035
長崎県長崎市元船町14-10 橋本商会ビル4F
TEL 095-826-1311　FAX 095-826-3225

『経営計画』をベースとしたMAS監査は企業の健康管理的なものですが、既に何らかの〝病気〟にかかっているときは緊急外科手術が必要です。事業承継対策・M&A・再生支援・資金繰り改善などの「特化MAS」サービスを提供します。

限界をつくらない支援体制

この「特化MAS」業務は一刻も早い対応が必要ですので、内部の専門スタッフのほか外部ブレーンも加わって、短期集中的に取り組みます。代表の岩永は会計人のネットワーク組織「NN構想の会」の理事長を務めており、次の15の支持団体とは深い関係性を持っております。

「あんしん経営をサポートする会、MJS税経システム研究所、MPS－OJTクラブ、OBC会計人パートナー制度[A'SO'S]、軍師の会、財務維新研究会、CML／コンサル技連、Ja－BIG未来会計実践塾、JENCA：BtoBビジネス研究会、日本M&Aセンターグループ、日本経営アドバイザー協会、磐石経営会、ファミリーオフィス実践研究会、MyKomon、弥生プロフェッショナルアドバイザープログラム」（令和2年6月末現在）

またIG会計グループでは令和2年度より中期ヴィジョン『Breakthrough 10』（R2〜R6）を掲げ、次世代への円滑な事業承継を視野に入れたチームワーク強化のもと、異次元のステージを目指していきます。

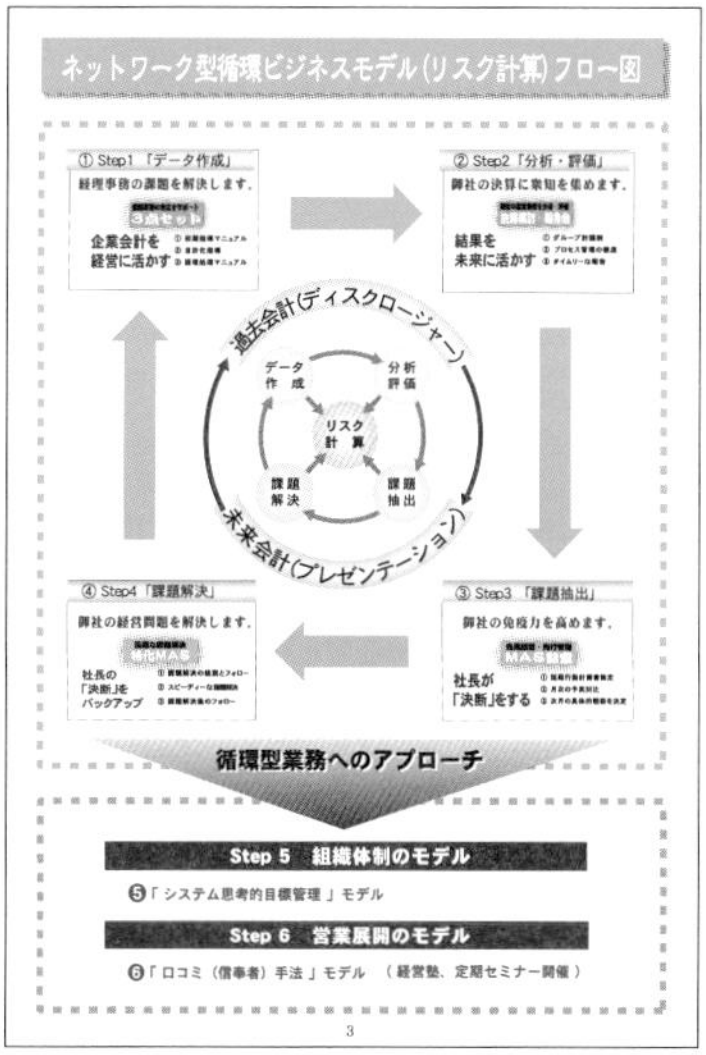

2007年度版から8回連続選出

創業52周年

SKC会計グループ

税理士法人SKC　株式会社さかい経営センター
株式会社北九州経理代行センター　SKC北九州M&Aセンター
一般社団法人相続・贈与相談センター

事務所の特徴

「勇気・元気・覇気」お客様と明るく元気に快活に関わり、「即行・励行・続行」お客様に感動あるサービスを提供する、この「三気三行」が私たちの行動指針です。お客様の夢の実現のお役に立つため一生懸命取り組みます。

Web・SNS

Webサイト　https://www.sakaikeiei.co.jp/　Facebook　税理士法人ＳＫＣ

E-Mail　main@sakaikeiei.co.jp

北九州最大の税理士法人として

昭和44年に父が堺幸雄税理士事務所を開業して52年。昨年４月に古川直樹税理士事務所と合流したことで、我が社は職員数約50名の北九州最大規模の税理士法人となりました。

コロナ禍の続く経済不況の中ではありますが、お客様の気持ちに寄り添い、経営をしっかりとサポートしてまいります。

行動指針「三気三行」

我々の仕事は「お客様の夢の実現」のお役に立つことです。そして、夢の実現のお手伝いをするうえで大切にしていることが「元気で明るい前向きな姿勢」であり、それが我が社の行動指針「三気三行」です。三気とは「勇気・元気・覇気」、三行とは「即行・励行・続行」を意味します。勇気をもって、元気で明るく、胸を張って生きる。そして、すぐやる、一生懸命にやる、やり続けるという宣言です。お客様に「君と話していると元気になるね、やる気が出てくるよ」と言っていただけることが私どもの喜びであり、行動の原点です。

中小企業の何でも相談窓口に

中小企業の経営環境は人材不足が叫ばれており、外部委託やアウトソーシングの需要が大きくなっています。

私たちは中小企業経営者の問題解決をサポートし、将来の方向性を斟酌《しんしゃく》するための羅針盤のようでなければなりません。

混迷の時代を少しでも紐解き、可能性を導き出し、リスクを明らかにして経営者の皆様のお悩みを解決していきます。

月次決算書は現状把握から目標の策定

企業の足元を明るく照らし、未来を少しでも見え易くするために、どんなお手伝いができるでしょうか。

私どもが最も大切にしているのは、毎月のお客様との対話です。クラウド会計・クラウド監査の導入により、監査の

事務所概要

代表 税理士　堺 俊治

昭和24年生まれ、長崎県出身。明治大学政経学部卒業。昭和60年、㈱さかい経営センター設立。平成16年、税理士法人SKC設立。SKC会計グループ代表。九州北部税理士会八幡支部所属。

代表 税理士　古川 直樹

昭和25年生まれ、福岡県出身。平成元年、古川直樹税理士事務所開業。令和2年4月、税理士法人SKC代表税理士に就任。九州北部税理士会八幡支部所属。

税理士法人SKC
創　業：昭和44年
職員数：52名
本店 戸畑オフィス
〒804-0003
福岡県北九州市戸畑区中原新町3-3
TEL 093-482-5588
FAX 093-482-5566

古川直樹税理士事務所
〒806-0032
福岡県北九州市八幡西区筒井町12-21
TEL 093-631-8555
FAX 093-631-8557

効率化とともに、より適時性のあるデータの作成につながったことで、月次決算書をお客様が企業の現状を把握するのに不可欠なツールとして提供することができています。

企業の現状把握ができたら、次にお手伝いしたいのが企業目的・目標の策定です。経営計画策定をお手伝いしながら、経営者や幹部の方々と毎月の経営会議などで目標達成のための検討を積み重ねています。

その他、さまざまな業務

○事業の承継問題を解決します

相続税対策とともに、会社の分割・合併、M&Aやその仲介業務を行っています。

○企業の再生をお手伝いします

企業の再生を行うために、再生支援協議会や銀行と連携して、財務、事業デューデリジェンスを行い、再生のための経営計画を立案します。また、立案された再生計画の完全実施のためのコンサルティング業務を行い、確実な成果を上げています。

○医業、社会福祉法人の経営を専門的にサポートします

日本医業経営コンサルタント協会認定のコンサルタント3名が、開業支援から認可申請、設立、診療圏調査、経営分析と計画策定、人事制度の構築までフルサポートいたします。

○農業経営をお手伝いします

一般社団法人全国農業経営専門会計人協会の一員として、農業経営のサポートを行っています。

○相続贈与のお悩みについて総合的に支援します

相続贈与にまつわる多くのお悩みの声に対応すべく、一般社団法人相続・贈与相談センターを設立しました。弁護士ほか各分野の専門家と提携することにより、ワンストップで迅速に問題解決いたします。

初選出

エンジョイント税理士法人

株式会社ENJOINT　growseeds株式会社

事務所の特徴

- クラウド会計導入率 90%
- 全国トップクラスのクラウド会計導入実績
- フルリモートで全国対応可能
- SaaS を活用したバックオフィス構築が得意
- 税理士が全員 30 代

Web・SNS

Webサイト　https://enjoint.tax/

E-Mail　info@enjoint.tax

Facebook　@enjoint.tax

Twitter　Chihara74

福岡を中心に中小企業の皆様をサポート

私たちエンジョイント税理士法人は、福岡を中心に、全国の中小企業のサポートをしている税理士事務所です。会計・税務はもちろんのこと、SaaSを活用したバックオフィス業務の効率化支援を得意としており、顧問先様が本業に集中できる環境づくりも提案させていただいております。

代表社員税理士の智原翔悟は、SNSなどでSaaSやクラウド会計などについて積極的に発信を行い、多くの方に支持されています。在籍している税理士3名は30代前半と業界では、かなりの若手事務所ですので、顧問先様と共に成長していけるような事務所運営を目指しています。

全国トップクラスのクラウド会計導入実績

昨今、クラウド会計が注目を集めており、普及が進んでいます。当事務所では、前身である智原翔悟税理士事務所と磯山大樹税理士事務所の頃からクラウド会計を推奨しており、約4年間の導入実績があります。

クラウド会計freeeは「五つ星認定アドバイザー」。マネーフォワードクラウドは「プラチナメンバー」と、どちらも最高ランクの称号を取得しています。

顧問先様のクラウド会計導入率は90%で、多くの業種の方への導入実績があります。また、クラウド会計を導入する際は、他のツールも導入することでより効果を発揮する場合が多いため、業務フローを見直し、再構築・提案をさせていただいております。

クイックレスポンスを心掛けています

当事務所では、顧問先様とのメインのコミュニケーションツールとして、ChatworkとSlackを利用していま

事務所概要

代表社員　税理士　智原翔悟

エンジョイント税理士法人代表社員。growseeds株式会社代表取締役社長。税理士。昭和62年生まれ。平成29年、智原翔悟税理士事務所を開業。平成31年、磯山大樹税理士事務所との経営統合によりエンジョイント税理士法人を設立、代表社員に就任。クラウド会計やSaaSの導入を強みとしている。顧問先のバックオフィス改善に取り組むことで、月次決算の早期化を支援している。九州北部税理士会博多支部所属。

エンジョイント税理士法人／株式会社ENJOINT／growseeds株式会社

創　業：平成29年
代表者：智原翔悟
職員数：17名（税理士3名）

所在地
〒812-0011
福岡県福岡市博多区博多駅前3丁目28番4号
K.U.D.博多401号
TEL 092-710-8270　FAX 092-710-8271

す。チャットは非同期型のコミュニケーションツールなので、お互いの時間を気にすることなくやりとりが可能です。顧問先様毎のグループチャットがあり、気になることや疑問点があればすぐにチャットへ投稿していただいています。チャットグループには当事務所のスタッフが数名参加しているため、担当者が対応できない場合でも他のスタッフが対応するなどクイックレスポンスを心掛けており、大変好評をいただいています。

　また、チャットでのご回答が難しい内容の場合はＷＥＢ会議で画面を共有しながらサポートさせていただきます。

フルリモートで全国対応

　当事務所の顧問先様は、福岡だけでなく全国に（中には、海外在住の方も）いらっしゃいます。どのように対応させていただいているかというと、日々のやりとりはチャット。面談はＷＥＢ会議ツール。書類やデータはクラウドストレージを共有することで、実際にお会いしたり、郵送したりといったことがなくても、対応が可能です。

　フルリモート対応のノウハウがあったため、コロナ禍の状況下でも自社のテレワーク導入などもスムーズに行うことができました。

月次決算の早期化を支援

　クラウド会計を導入すると、効率化や人件費カットにフォーカスされがちなのですが、本来の目的は月次決算を早期化することにあると私たちは考えています。クラウド会計を導入し運用することで、リアルタイムで試算表を確認することができるため、意思決定や分析に活用することができます。

　これまで多くの顧問先様にクラウド会計をはじめ数々のSaaS導入支援を行ってきた実績とノウハウで、中小企業の発展に貢献したいと考えています。

税理士法人新日本

熊本創業融資センター　熊本税務調査センター
（一社）熊本相続相談センター　熊本相続贈与相談センター

事務所の特徴

3本柱の支援
①創業融資に熊本で初めて特化した事務所で熊本NO.1の実績
②税務調査（無申告の解消、税理士がいない税務調査対応）
③相続税・不動産（仲介手数料軽減の対策、不動産の支援）、相続税（遺言書の支援）

Web・SNS

Webサイト　https://www.kumamoto-zeirishi.jp/
https://kumamoto-zeimucyousa.com/
E-Mail　shinnihon@bestzeirishi.jp
Facebook　税理士法人新日本
熊本 創業融資センター

税理士法人新日本の特徴

熊本市を中心に中小企業の皆様をご支援します。「税理士はどこに頼んでも同じ」ではありません。税理士にも得意不得意があります。その中で左記に特化することで、高品質にすることができるようになりました。創業融資は熊本県の会計事務所・税理士事務所でナンバーワンです!! 年間で4億円の実績を誇ります。熊本経済にも毎月掲載されるなど、熊本市で注目されています。

3本柱として

①「開業支援・創業融資」
②熊本税務調査センター（無申告の解消、突然の税務調査の対応）
③不動産の相続税（生前対策・遺言書の作成支援）

次の支援を主に行っています。

・開業・創業・会社設立サポート（合同会社、株式会社）
・開業融資・創業融資サポート・事業計画書作成支援（元銀行マン在籍）
・銀行借り入れのご相談
　※各金融機関の担当者についていただいております。
・突然の税務調査対応

会計・税務はもちろんのこと、お客様のキャッシュをいかに残すかのお手伝い、お客様の成長と発展を末永くご支援いたします。

代表者・職員の特徴

代表者は、若くてフットワークが軽く何でも相談できる税理士の藤本尚士。従業員は10人を数えます。選ばれている事務所だからこその安心感を実感してください。常にお客様の支援を第一に考え対応しています。

当事務所の強み

事務所が熊本市中央区下通りといった中心部にあるということもあり、各金融機関の中心に位置します。したがって、皆さんが熊本で考える金融機関との連携を密にしております。融資や借り入れの

事務所概要

代表社員　税理士　藤本尚士

税理士法人新日本代表社員。行政書士藤本尚士法務事務所代表。熊本経営サポート株式会社代表取締役。税理士・行政書士。昭和49年生まれ。税理士法人新日本を平成26年開業。現在10名を抱える事務所へ成長させる。①創業融資、②税務調査（無申告の解消や税務調査対応）、③相続税の支援に注力している。〈主な資格〉税理士、行政書士、経営融資相談士、相続診断士、宅建取引士、不動産投資・運用アドバイザー®、税務調査士®、FP2級　南九州税理士会熊本西支部

税理士法人新日本／熊本経営サポート株式会社／行政書士藤本尚士法務事務所

創　業：平成26年8月
代表者：藤本尚士
職員数：熊本のみ10名（税理士1名・全国では7名、行政書士3名、宅建取引士4名）

所在地
〒860-0807
熊本市中央区下通1−12−11第二タカラヤビル4階
TEL 096-288-4080　FAX 096-288-4641

相談、会社設立から記帳代行まで一貫して本業に専念できます。認定支援機関登録による創業時の金利優遇、借入期間の変更にも対応できます。

このような問題を解決します

税理士事務所ができる経営者にとって必要なこと

- 不動産の売却、相続、購入の相談（不動産を会社ごと売却ができます。）
- 相続税の相談（相続は事前に対策が必要です）
- 融資・借入金の相談（資金繰り）
- 相続税の相談（不動産の運用・売却）
- 開業時の支援
- 法人か個人かのご相談

社風

当事務所は若くて相談しやすい環境作りを心がけております。初回相談料は無料です。税理士が必要かどうかの相談に乗ります。当事務所は偉そうな態度はとりません。専門用語もなるべく使わずに、お客様に解り易くて丁寧な説明をいたします。そしてきちんとした料金体系を設けています。あいまいな料金体系はあとあと不満となる原因です。代表者も職員も若く、相談しやすい敷居の低い事務所です。ますますバランスよくなりました。簡単な相談でもご相談ください。守秘義務絶対なので、他に漏れることもありません。一緒に解決して一緒に成功を喜びたい。そんな事務所です。

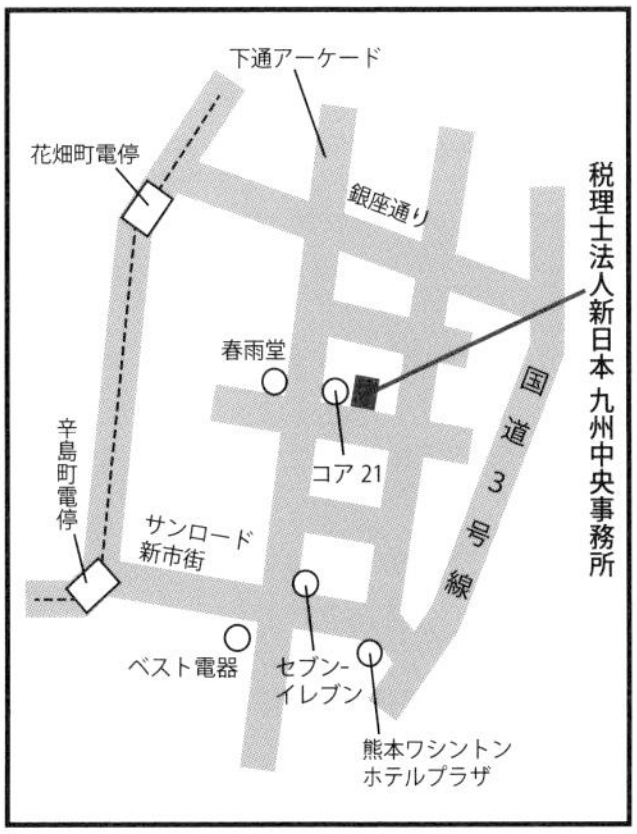

マネジメント・サポート株式会社

松田恭介税理士・行政書士事務所

2015年度版から3回選出

事務所の特徴

【経営理念】

一．私たちは、会計・コンサルティングを通じて、お客様と共に成長し、明るい未来を創ります。

一．私たちは「ありがとう」の心を大切にする集団になります。

【業務分野】

・財務業務の指導を徹底し、会社経営の健全化に特化した経営指導を行います！
・ＡＳＰＯ（アジア士業共同体）を通じて海外進出支援業務を行っています。
・他士業と連携し、どんな相談にもワンストップで対応。
・事業承継支援・経営者及び後継者育成のための勉強会を主催。
・財務会計のセカンドオピニオン業務。

Web・SNS

Webサイト　http://managements.jp/index.html　**E-Mail**　info@managements.jp

熊本を中心に中小企業の皆様をご支援

私たちマネジメント・サポート株式会社・松田恭介税理士事務所は、熊本県内を中心に、中小企業の皆様をご支援している財務コンサルティング会社です。財務会計・税務は勿論のこと、お客様の企業経営について様々な角度から企業診断を行い、財務指導などを得意としており、お客様の成長と発展を末永くご支援いたします。

コロナ禍における支援

コロナ禍における事業計画書の作成を経営者や経営幹部者と共に行い、今後の会社の方向性を再検討できる金融面や財務面での支援を行い、原点回帰を行うことにより将来の経営をサポートしています。

お客様の経営理念・経営指針を基にビジョンのある会社作りを応援します

会社を継続的に経営していくうえで、『出口戦略』が必要と言われますが、会社の存在目的や意義も必要な事柄と考え、お客様へのサポートを行っています。将来（出口戦略）を見据えた、会社の方向性を社内に浸透させ継続し続けることの出来る会社環境を支援します。

お客様の未来を創る財務を目指します

決算書は会社経営の『羅針盤』

会社の経営の方向性を創造する為にも決算書は必要です。過去の決算書は事業実績における成績表ですが、今後の未来の経営の計画を立てる為にも必要ではないでしょうか。数字が並んでいる決算書は、税務申告の為に作るものではありません。お客様の経営判断の為の決算書です。決算書をわかりやすく解読を行って理解してもらうことで、将来の経営戦略の武器の一つとして役立つものになるのではないでしょうか。

企業にとって、目的や目標を定めるうえでも必要な羅針盤と言えると思います。

事務所概要

代表　松富 智春

マネジメント・サポート株式会社代表取締役。松田恭介税理士事務所 副所長。昭和48年生まれ。近畿大学短期大学部卒。平成8年に職業会計人として勤務し、平成17年に記帳代行及びコンサルティング会社を設立。開業当初より弁護士・税理士・公認会計士・社会保険労務士等、さまざまな士業のネットワークを構築し、経営支援に積極的に取り組み、熊本市を中心に地場企業の発展に尽力している。また、地域企業への貢献の為、様々な情報を収集する為、国内は勿論のこと、海外とのネットワーク創りを行っている。

マネジメント・サポート株式会社／松田恭介税理士・行政書士事務所

創　業：平成17年
代表者：松富 智春
　　　　松田 恭介（南九州税理士会熊本西支部）
職員数：13名（税理士1名、行政書士1名）

所在地
〒862-0972
熊本市中央区新大江2丁目8番28号
TEL 096-288-2700　FAX 096-288-2701

お客様にとっての ワンストップサポートの提供

私たちは、お客様にとってのワンストップサポートを考えています。良きパートナー（相談相手）として、些細なことから相談に対応するように努めています。経営者は「多忙」「相談相手がいない」等とよく言われますが、そんな心配は無用です。本音をぶつけられるパートナーとしてご活用ください。

また専門的な相談に関しても、相談内容に合わせた専門家の紹介を行い、お客様の良きパートナーとしてお役立ちを提供します。弁護士・公認会計士・弁理士・司法書士・社会保険労務士・不動産鑑定士等のネットワークで素早い対応を目指しています。

記帳代行業務

中小企業の方で、自計化（自社で経理業務等を行うこと）が出来ない等のお悩みはございませんか？　そのような方に、当社で記帳代行のサポートをいたします。

私たちは、全てのお客様に自計化が必要とは思っていません。確かに、いち早く月次の収支やキャッシュフロー計算書等を基に分析し、新たな計画や修正等を行うのは重要です。だからこそ、外部委託しスムーズな財務処理が必要ではないでしょうか？お客様の財務書類（羅針盤）は経営の判断や決断を行う為にも大切なものだからこそ、その支援業務として、記帳代行業務は必要であると考えています。

会計ソフト等の導入サポート

お客様に合った会計システムを選定し、クラウドを使ったシステム導入やＡＩ機能を持った会計処理により、スムーズな帳簿作成を支援します。

業務

・経営サポート業務、起業支援業務
・事業計画書の作成補助
・財務コンサルティング業務
・記帳代行業務
・事業再生業務、セカンドオピニオン
・税務申告、税務調査立ち会い
・建設業等の許認可の申請
・公会計コンサルティング業務ｅｔｃ．

3

2017年度版から3回連続選出

LONG AGE税理士法人

一般社団法人 日本経営支援協会

事務所の特徴

- 理念経営の実現のもと長寿企業のサポート体制あり。
- 医業・介護経営支援に豊富な実績あり。
- 他士業と連携し、どんな相談にもワンストップで対応。
- 事業承継支援・後継者育成のための勉強会を主催。
- 豊富な知識と経験により組織再編に強い。

Web・SNS

Webサイト　http://www.matusita-ao.jp/
E-Mail　matu@alto.ocn.ne.jp

熊本地域を中心に
全国の中小企業の支援

私ども（LONG AGE税理士法人）は、熊本地域を中心に、中小企業の皆さまをご支援している税理士法人です。

代表者はあらゆる方面の豊富な経験を生かし、税務会計はもちろんのこと、お客様の立場に立った財務コンサルティング、緻密な経営診断に基づく経営コンサルティングにより、お客様の成長、そして長寿企業を目指し、お客様に寄り添ったご支援を提供致しております。

また事務所内には公認会計士・税理士が2名、税理士が1名在籍、社員等含め30名のメンバーが在籍しており、さらに大都市圏の税理士法人や専門家集団との業務提携による高度な知識・経験の提供も致しております。

私たちと百年企業、
長寿企業を目指しませんか

起業すると組織を存続させ、従業員の雇用を維持し、社会貢献していくための責務が生じます。そして存続の中で企業は百年企業を通過点として行きます。弊所におきましては、お客様の税務を支えることは当然のことながら、百年企業・長寿企業の実現のためのお手伝いもさせていただいております。弊所お客様に百年企業が何社かいらっしゃる中で、当該企業の共通点が見られます。

①企業と家族とコミュニティとの共存共栄を実現している

②経営理念を中心に据え、一貫性を持った組織運営が行えている

③時代に合わせた会社形態の適切な選択を行っている

弊所におきまして、これら3点について以下のように考え、サポート体制を構築しております。

企業と家族とコミュニティとの
共存共栄について

企業と代表家族、地域や関わりのある方々との共存共栄を図り続けることが日

事務所概要

代表社員　公認会計士・税理士　松下英司

平成21年に公認会計士試験に合格後、KPMG 有限責任あずさ監査法人に就職、大手上場企業の会計監査とIPO、企業再生関連の業務に従事。平成25年に松下欣司税理士事務所に入所後、税理士の父と共に、他士業との連携を深め、医療・社会福祉関係も含めた企業再編、事業承継、相続対策のサポートにて地元企業に寄与。令和2年にLONG AGE税理士法人の代表社員に就任。現在、地元企業の上場支援にも動いている。
南九州税理士会熊本東支部所属。

LONG AGE税理士法人／一般社団法人　日本経営支援協会
創　業：昭和63年（個人事務所から）
代表者：松下英司
職員数：30名（税理士3名、公認会計士2名）
所在地
〒862-0913
熊本県熊本市東区尾ノ上1-8-27
TEL 096-368-7111　FAX 096-368-6100

本の中での長寿企業に繋がる秘訣だと考えます。特に「三方よし」というキーワードを基軸に事業承継・一族承継のための流れ・企業活動がその言葉に寄り添うか、常に判断し続けるべきです。そのような考え方を身につけていただくために、提携先との連携の下、経営者塾や後継者育成への取り組みも熱心に行っております。

経営理念を中心に据え、一貫性を持った組織運営について

経営理念を中心に据え、一貫性を持った組織運営を行うことを「理念経営」と一般的にはいいますが、長寿企業において一般的な経営手法である「理念経営」を行うためのサポートのサービス展開を行っております。

目標達成する経営体質を構築するために、経営計画を機軸とした経営サイクル(Plan-Do-See)の確立と運営を支援するサポートです。具体的には、「未来からの逆算」というキーワードをもとに、経営計画の作成、実行した結果の検証、生み出された課題への対策、社員のモチベーション向上など、様々な面から経営サポートを行い、目標に向かって突き進むための支援を致します。

時代に合わせた会社形態の適切な選択について

会社法の改正等を中心とし、近年組織の在り方は自由度が増しております。組織形態によって、企業と家族とコミュニティとの共存共栄の実現に寄与出来たり、社長の会社に対する想いや一族に対する想いの実現の反映が可能となります。

よって弊所においては、適時適切な会社形態を選んでいただけるように、お客様の情報を精査・分析しサポートしております。

【編者プロフィール】

株式会社実《じつ》務《む》経《けい》営《えい》サービス

実務経営サービスは、中小企業の経営支援に取り組む会計人の研究会「実務経営研究会」の事務局運営会社です。実務経営研究会は、会計事務所が中小企業にさまざまな支援を行うための研修会を多数開催しており、全国約 1400 の会計事務所が参加しています。また、会計事務所向けの経営専門誌「月刊実務経営ニュース」を発行しており、優れた取り組みをしている全国の会計事務所を広く紹介しています。

会社名：株式会社実務経営サービス
住　所：〒 170-0013　東京都豊島区東池袋 1-32-7　大樹生命池袋ビル 7F
電　話：03-5928-1945
ＦＡＸ：03-5928-1946
メール：info@jkeiei.co.jp
ＵＲＬ：https://www.jkeiei.co.jp/

お役立ち会計事務所 全国100選 2021年度版

2021 年　4　月　20　日　　第 1 版第 1 刷発行

編　者　　株式会社 実務経営サービス
発行者　　高　橋　考
発行所　　三　和　書　籍

〒 112-0013　東京都文京区音羽 2 - 2 - 2
TEL 03-5395-4630　FAX 03-5395-4632
info@sanwa-co.com
http://www.sanwa-co.com/
編集／制作　千種伸子（実務経営サービス）
印刷／製本　中央精版印刷株式会社

ISBN978-4-86251-424-0　C0034